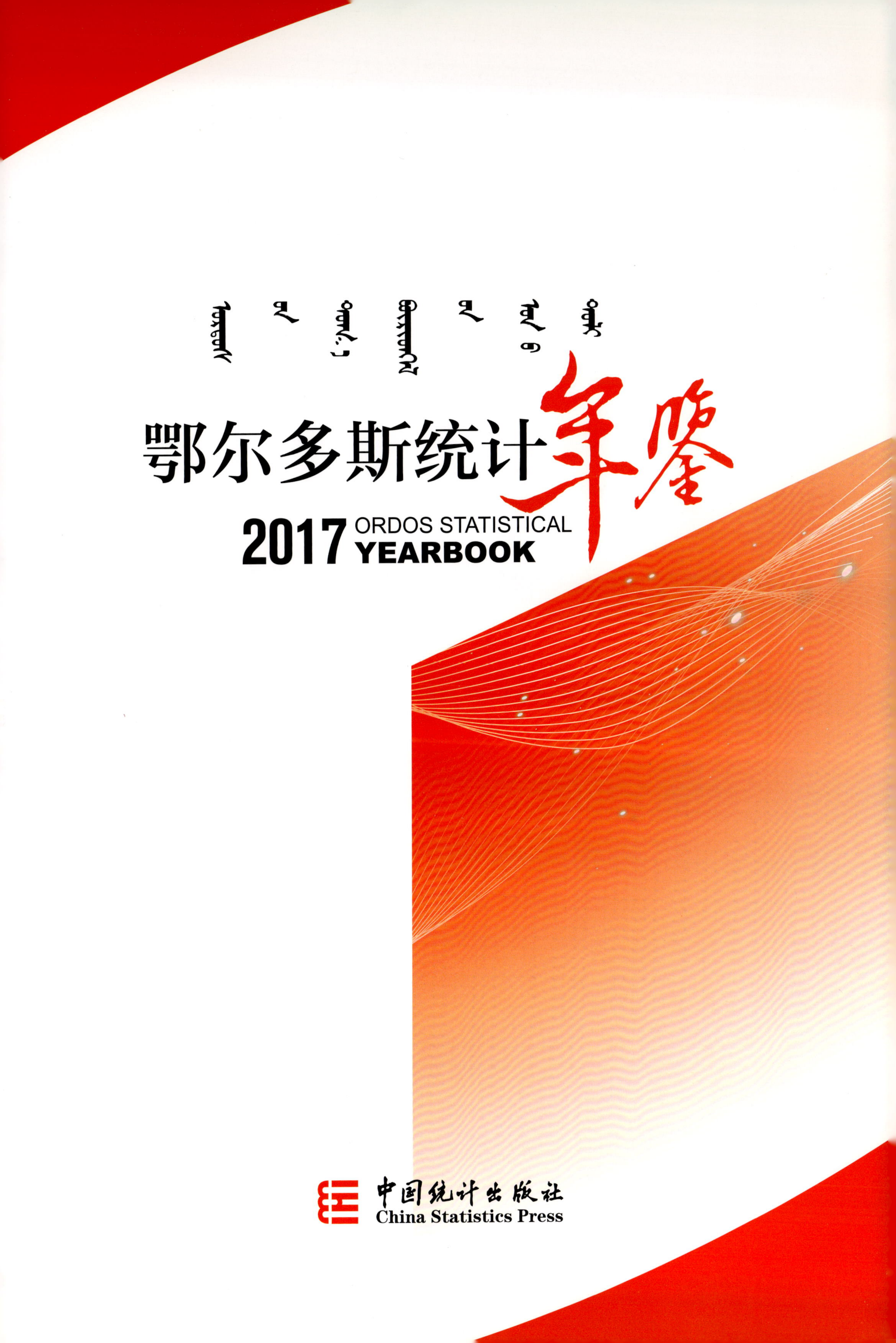

鄂尔多斯统计年鉴

2017 ORDOS STATISTICAL YEARBOOK

中国统计出版社
China Statistics Press

图书在版编目（CIP）数据

鄂尔多斯统计年鉴. 2017 / 鄂尔多斯市统计局编
—北京：中国统计出版社, 2017.9
ISBN 978-7-5037-8243-5

Ⅰ. ①鄂…
Ⅱ. ①鄂…
Ⅲ. ①统计资料 - 鄂尔多斯市 - 2017 - 年鉴
Ⅳ. ①C832.263-54

中国版本图书馆CIP数据核字（2017）第186699号

鄂尔多斯统计年鉴-2017

作　　者	鄂尔多斯市统计局
责任编辑	陈越月
装帧设计	内蒙古翰墨传媒（0477）8345975
出版发行	中国统计出版社
地　　址	北京市丰台区西三环南路甲6号　邮政编码/100073
电　　话	邮购（010）63376909　书店（010）68783171
网　　址	http://csp.stats.gov.cn
印　　刷	鄂尔多斯市桥头堡印刷有限责任公司（0477）8321097
经　　销	新华书店
开　　本	880mm × 1230mm　1/16
字　　数	602千字
印　　张	23.75张
版　　别	2017年9月第1版
版　　次	2017年9月第1次印刷
书　　号	ISBN 978-7-5037-8243-5
定　　价	280元

如有印装差错，由本社发行部调换。

《鄂尔多斯统计年鉴》编辑委员会

四、人　口

五、就业人员和职工工资

六、固定资产投资

七、工业企业能源购进、消费及库存

八、财　政

九、物价指数

十、人民生活

十一、城镇概况

十二、农牧业

十三、工 业

十四、建筑业

十五、交通运输和邮电

十六、国内贸易

十七、对外经济贸易和旅游

十八、金融和保险

十九、教育、科技和文化

二十、体育、卫生、社会福利、环境保护和其他

二十一、旗县(区)资料

二十二、盟市资料

第一部分 特载

鄂尔多斯市2017年政府工作报告

——龚明珠在鄂尔多斯市第三届人民代表大会第五次会议上

（2017年2月14日）

各位代表：

现在，我代表市人民政府向大会报告工作，请予审议，并请市政协委员和其他列席人员提出意见。

一、2016年工作回顾

过去一年，是我市经受考验、逆势奋进、取得丰硕成果的一年。一年来，全市上下认真学习贯彻习近平总书记系列重要讲话和考察内蒙古重要讲话精神，深入落实中央、自治区和市委重大决策部署，积极应对挑战，奋力攻坚克难，较好地完成了各项目标任务，经济社会发展取得新成效，实现“十三五”良好开局。

——*整体经济稳中向好*。完成地区生产总值4417.9亿元，增长7.3%，增速高于全国、全区平均水平；公共财政预算收入451亿元，同口径增长3.8%；固定资产投资3050亿元，增长12%；几项主要经济指标继续保持全区第一，实现了高基数上的平稳较快增长。

——*发展后劲显著增强*。蒙西至天津南、上海庙至山东两条特高压电力通道顺利推进，京东方二期等项目即将建成，中煤烯烃、伊泰精细化学品、中天合创煤炭深加工等26个项目正式投产，一批构筑多年、投资巨大、引领转型升级的重大项目取得突破性进展，为全市产业发展奠定了更加坚实基础。

——*现代服务业蓬勃发展*。响沙湾莲花酒店、万家惠欢乐世界等一批特色文旅项目投入运营，国际创意文化大会、美丽乡村旅游节等一批品牌节庆活动成功举办，全市旅游人数首次突破千万人次，被列为国家全域旅游示范区创建单位。天津港、天津物产等国内大型物流企业入驻，电子商务交易量成倍增长，物流业发展势头迅猛。

——*发展环境全面改善*。康巴什区正式经国务院批准设立。呼包鄂动车开通运行，鄂尔多斯机场升级为国际机场，国际航空口岸正式对外开放，综合保税区申报取得重大进展，大开放格局初步形成。“十个全覆盖”任务基本完成，脱贫攻坚取得决定性胜利，农村牧区面貌焕然一新，获评中国美丽乡村建设示范地区。

——*社会大局和谐稳定*。坚持将80%以上的可用财力用于民生保障，重点民生工程全面完成。解决了一批社会保障、环境保护、食药安全等涉及群众切身利益的突出问题。城乡常住居民人均可支配收入分别增长7.4%和7.3%，达到40221元和15480元，人民群众生活更加殷实。

一年来，我们主要做了以下工作：

（一）*全力保持经济平稳运行*。集中精力抓项目扩投资，组织实施亿元以上重大项目210项。创新投融资方式，对接设立产业基金15支，总规模近500亿元，新增社会融资703.8亿元。用改革的办法破解要素制约，置换黄河用水指标1.25亿立方米；59个项目开展排污权交易；17家企业参加京蒙跨区域碳排放权交易。加大招商引资力度，引进项目200项，总投资590亿元；实际利用外资19.5亿美元，总量居全区第一。努力扩大消费和贸易，社会消费品零售总额增长10%；进出口贸易额增长80%，成为自治区唯一的全国外贸百强城市。

（二）*加快供给侧结构性改革*。完成30万吨煤炭、108万吨水泥、25万吨电石产能退出任务。大力推进棚户区改造，化解存量商品房589.8万平方米，被住建部确定为房地产去库存试点城市。积极稳妥去杠杆，企业直接融资达到151.1亿元。出台了支持工商企业降本增效一系列政策措施，累计降低企业用电成本14.7亿元，减免税费59.8亿元，落实各类补贴11.3亿元，规模以上工业企业利润增长29.3%。优化煤炭供给结构，成功注册“鄂尔多斯煤”商标，全年销售煤炭5.4亿吨。实施补短板系列工程，基础设施、科技创新等地区发展的薄弱环节明显增强。

（三）积极推进产业转型升级。持续优化工业结构。新增电力装机164万千瓦，煤化工产能540万吨，煤炭就地转化率提高1个百分点。大力发展装备制造、电子信息等战略性新兴产业，非煤产业增加值占到规模以上工业增加值的48.3%。加快发展现代服务业。旅游人数和收入分别增长19.9%和22.7%，成为国内旅游度假和休闲养生热点地区。存款余额首次突破3000亿元。我市被确定为国家第一批医养结合试点城市。稳步发展现代农牧业，粮食产量、牧业年度牲畜存栏量实现“十二连增”，农牧民与龙头企业利益联结更加紧密。

（四）持续加大改革创新力度。在全区率先编制并公布权责清单，率先推行个体工商户“两证合一”和企业“五证合一、一照一码”登记制度改革，全面实行“单一窗口”受理模式，企业和群众办事时间缩短80%以上，市场主体注册资本增长1.5倍。建成了覆盖市、旗、乡、村四级的政务服务网络，获评全国优秀政务服务平台。不动产统一登记制度正式施行。国有企业整合重组全面完成。出台了促进科技创新30条政策措施，建成院士专家工作站2个、技术转移中心3个、自治区级以上众创空间15家，新增国家高新技术企业13家，申请专利数增长84.7%，大众创业、万众创新蓬勃展开。

（五）推动城乡区域协调发展。中心城区一体化步伐加快。率先在公共交通、电力保障等方面实现一体化运营。新建改造市政管网186.1公里、城镇道路102.9公里，新增城区绿地575万平方米。国家智慧城市、信息消费试点城市、“宽带中国”示范城市建设扎实推进，进入全国智慧城市建设50强。深化户籍制度改革，常住人口城镇化率达73%以上。全面改善农村牧区环境，735个行政村和较大自然村实现基本公共服务全覆盖，健全后续管护长效机制，建成自治区级美丽宜居示范镇村8个，乌审旗无定河镇获评“中国最美乡镇”。加快基础设施建设，新增高等级公路186公里、农村牧区公路3570公里、铁路运营里程114公里。

（六）全面提升绿色发展水平。加大生态建设力度，完成林业建设145万亩、草原建设385万亩，治理水土流失180.5万亩，森林覆盖率提高0.2个百分点。深入开展国家环保模范城市创建，新标准下空气质量优良天数达到317天。全面完成年度节能减排任务。强化环保执法能力建设，建立污染防治区域部门联动机制，在全区率先建立网格化管理平台，环保重点企业实现在线监控全覆盖。推进生态文明体制改革，自然资源资产负债表编制、领导干部自然资源资产离任审计试点进展顺利，《鄂尔多斯市环境保护条例》正式出台。

（七）稳步提高民生保障能力。新增城镇就业2.86万人，城镇登记失业率控制在2.88%较低水平。回购各类保障性住房15392套。企业职工基础养老金人均提高167元，城镇居民医保和新农合筹资标准每人每月分别提高64.4元和66元。更加关注特殊困难群体利益，在全区率先施行困难残疾人生活补贴和重度残疾人护理补贴制度。加快社会事业发展。新建、续建中小学幼儿园55所，学前教育入园率提高到96%。高考普通类本科上线率达到69.4%，位居全区第二。公立医院改革向纵深推进，在全区率先推行医疗服务价格和药品招标采购机制改革。两孩政策全面实施。“十个一”文化工程扎实推进，被文化部列为全国首批文化消费试点城市。

（八）全力防范化解风险隐患。出台防控地方金融风险工作方案，帮扶95家重点困难企业化解兑付担保风险，企业转贷续贷306.6亿元，银行不良贷款余额、不良率实现“双下降”，守住了不发生区域性金融风险的底线。加快金融纠纷案件处置，有力保障了群众合法利益。高度重视政府债务风险，争取政府债券置换资金641.8亿元，增长71.2%。持续开展安全生产大检查，安全形势总体平稳。建成市、旗两级食品药品综合监管平台，保障了人民群众“舌尖上的安全”。

加大矛盾排查化解力度，一批信访积案得到有效解决。刑事和治安案件下降16.8%和3.7%，社会治安形势持续向好。

（九）不断加强政府自身建设。坚持依法行政，自觉接受市人大及其常委会的法律监督和工作监督，定期向人大报告工作，提请人大审议制定地方性法规2部。自觉接受市政协民主监督，主动听取各方面意见建议。人大代表建议和政协委员提案全部办结。严格执行“三重一大”集体决策制度，法律顾问制度全面推行。扎实开展“两学一做”学习教育，严格执行作风建设有关规定，政府系统作风明显改善。狠抓决策执行和工作落实，出台了提高政府执行力的实施意见，行政效能和服务水平不断提升。严控行政支出，党政机关和参公事业单位公车改革全面完成，“三公”经费下降7.6%。加强审计监督和行政监察，廉政建设和反腐败斗争取得积极成效。

此外，精神文明和民主法治建设全面加强，国防动员、人民防空、民族宗教、新闻广电、外事侨务、史志档案、气象地震、妇女儿童、老龄事业等各项工作均取得新进展。

各位代表，回首过去的一年，困难前所未有，成绩弥足珍贵。这是中央、自治区坚强领导、关怀支持的结果，是市委总揽全局、科学决策的结果，是全市各族干部群众同心同德、奋力拼搏的结果。在此，我代表市人民政府，向全市各族人民和所有关心、支持、参与鄂尔多斯建设发展的社会各界人士，表示衷心的感谢，并致以崇高的敬意！

在肯定成绩的同时，我们也清醒地认识到，当前我市发展中还面临一些突出的问题和挑战。主要是：产业规模还不大，层次低、链条短，竞争力不够强，转型升级任务艰巨；科技创新能力弱，对外开放程度低，资源环境和要素制约进一步加大，经济增长内生动力不足；城乡发展不够协调，农村牧区相对落后，城市治理水平仍有待提升；环境保护、安全生产、信访维稳等领域风险隐患还很大，一些关系群众切身利益的问题还亟待解决；政府自身建设和干部作风转变与人民群众期盼还有一定差距。对此，我们将采取有力措施，认真加以解决。

二、2017年工作安排

今年，是实施“十三五”规划的重要一年，是供给侧结构性改革的深化之年。我们面临的形势依然错综复杂，有利条件和不利因素并存。新的形势，需要我们自加压力，主动担当，以改革创新的精神和一往无前的勇气，响应习近平总书记号召，撸起袖子加油干，落实自治区党委、政府要求，跳起来摘桃子，抓住重点，攻克难点，聚焦热点，打造亮点，以新的思路、方法和举措，不断解决前进道路上的新矛盾、新问题，积极进取，扎实工作，确保圆满完成全年各项目标任务。

今年政府工作的总体思路是：**全面贯彻党的十八大和十八届三中、四中、五中、六中全会精神，紧紧围绕自治区第十次党代会、自治区党委十届二次全会和市第四次党代会、市委四届三次全会决策部署，统筹推进“五位一体”总体布局，协调推进“四个全面”战略布局，坚持稳中求进工作总基调，牢固树立和贯彻落实新发展理念，适应把握引领经济发展新常态，以提高发展质量和效益为中心，以推进供给侧结构性改革为主线，坚决守住发展、生态、民生底线，振兴实体经济，深化转型发展，大力促进“五化协同”，全力做好稳增长、促改革、调结构、惠民生、防风险各项工作，全面推动经济社会发展再上新水平，以优异成绩迎接自治区成立70周年和党的十九大胜利召开。**

主要预期目标是：地区生产总值增长7.5%左右，规模以上工业增加值增长8.5%左右，固定资产投资增长12%左右，公共财政预算收入同口径增长6%左右，社会消费品零售总额增长10%左右，城乡常住居民人均可支配收入分别增长8%和8.5%左右。

今年，市政府将重点做好八个方面工作：

（一）坚持供需两侧发力，引领经济发展新常态。

持续扩大有效投资。把项目建设作为重中之重，组织实施亿元以上重点项目304项，形成新的项目建设热潮。加大项目前期工作力度，力争纳林河矿区、准格尔中部矿区等重大规划获批，北控煤制气等项目核准。建立重大项目动态储备、调整机制，制定项目滚动投资计划，确保项目建设连续性。创新招商引资方式，通过产业链招商、平台招商、以商招商等方式，在煤化工产业延伸、高新技术产业、产学研一体、现代服务业等领域再引进实施一批重大项目，力争引资规模达到600亿元以上。拓宽投融资渠道，支持企业上市融资，新增社会融资750亿元以上；继续做大产业基金规模，为项目建设提供资金保障。

不断深化供给侧结构性改革。坚定不移推进“三去一降一补”，切实提高经济发展活力。去产能方面，依法依规退出不合规、不达标产能，严格控制新增过剩产能。继续推进煤炭企业兼并重组，引导退出煤炭落后产能90万吨。优化煤炭产品供给，分级分质对接市场需求，原煤洗选率提高到90%以上，进一步扩大我市优质煤炭市场占有率。去库存方面，把去库存与推进城镇化结合起来，统筹解决好房屋产权登记、项目重组、兑换凭证互通互用等问题，积极拓宽融资渠道，扩大棚改货币化安置比例，实施棚户区改造1.6万户，再消化房地产库存500万平方米左右，引导我市房地产市场回归健康发展轨道。去杠杆方面，继续强化政府、银行和企业之间的合作，突出抓好金融风险防范，设立地方金融资产管理公司，开展风险企业帮扶和不良贷款化解专项行动，维护好广大企业和金融机构的合法权益。严格规范政府举债行为，坚决不允许出现政府贷款违约现象，确保不发生系统性、区域性金融风险。降成本方面，打好政策“组合拳”，进一步降低企业税费负担和融资、人工、物流、用地、用能成本。引导企业通过强化管理和创新，降低成本、提高效益。补短板方面，围绕科技创新、公共服务、民生改善等领域，组织实施补短板专项工程，全面提高发展的协调性和平衡性。

积极释放消费潜力。加快综合保税区、内陆港和跨境电子商务基础设施建设，建成运营一批进口商品体验馆。推动北京动物园服装批发市场入驻，确保康巴什康镇、东胜铜川二手车交易市场等重点项目建成投用，培育新的消费热点。办好绒博会、煤博会等活动，聚集人气商气，促进节庆会展消费。加强苏木乡镇物流配送网点建设，挖掘农村牧区消费潜力。发扬工匠精神，打造百年老店，开展质量提升行动和“商标品牌培育年”活动。加快创建放心消费城市，严格市场监管和质量监管，严惩商业欺诈、制假售假等行为，全面改善地区消费环境。

大力发展非公经济。把非公经济发展摆在更加重要的位置，认真落实促进非公经济发展的各项优惠政策，建立行业准入负面清单，鼓励非公经济通过PPP等模式依法平等进入清单之外的领域。全力扶持中小微企业发展，构建大企业顶天立地、中小企业铺天盖地的发展格局。保护好企业家精神，进一步营造亲商、敬商、安商、富商的良好社会氛围，让民企在地区发展大潮中扛大梁、挑重担、作出更大贡献。

（二）不断优化产业结构，实现转型发展新突破。

促进传统产业提质增效。推动煤矿绿色生产，推广安全高效开采方式，煤矿采区回采率提高到80%以上，机械化开采程度提高到95%以上。加快清洁能源电力外送基地建设，抓好山东能源盛鲁电厂、国电双维电厂等电源点项目，确保蒙西至天津南、上海庙至山东特高压电力通道建成。加快煤电铝一体化，积极推进鑫恒铝业产能置换，开工建设蒙泰一期45万吨铝板带项目。大力发展精细化工，推动伊泰200万吨煤制油、神华煤制油二三线、国电投烯烃等项目建设，确保中天合创煤炭深加工、伊泰精细化学品、新能稳定轻烃等项目达产达效。稳步推进煤层气、页岩气勘探开发，常规天然气产能保持在300亿立方米左右。持续推进羊绒产业振兴计划，依靠科技创新提升陶瓷、冶金、建材等传统优势产业发展水平。

促进新兴产业做大做强。提升装备制造业发展层次。积极申报“中国制造2025”试点示范城市。加强与以色列集团等大型企业合作，引进新能源汽车、智能机器人等项目。加快国际航空口岸建设，培育发展航空器生产和航空培训、航空物流等新型业态。加快培育发展云计算、大数据产业，把我市建成自治区大数据产业发展的重要增长极。加大新能源开发力度，争取达拉特旗库布其沙漠光伏发电基地启动建设。积极引进培育石墨烯、高纯氧化铝、碳纤维等新材料产业。力争非煤产业增加值占比再提高5个百分点左右。

促进现代服务业融合配套。实施全域旅游发展战略，高起点编制全域旅游发展规划和品牌线路、自驾车营地、公共服务体系建设等专项规划，加快国家旅游改革先行示范区建设，举办好鄂尔多斯旅游推介会暨世界旅游城市形象大使选拔赛、冰雪旅游节、库布其沙漠主题和红色旅游主题等重大活动，加紧实施黄河大峡谷、蒙古源流文化产业园等重点项目，集中打造10个乡村旅游示范村和50个乡村旅游特色农牧家乐，继续加强旅游基础设施建设，拓展旅游市场，提升鄂尔多斯旅游品牌影响力。年内旅游接待人数和旅游收入分别增长18%和15%以上。大力发展现代物流业，深化与天津物产、天津港等大型物流企业合作，集中推进空港、棋盘井等现代物流集聚区建设。发展文化创意产业，推进国家文化消费试点城市建设，办好国际创意文化大会、文博会等活动。发展壮大金融业，大力引进金融机构，积极筹建民营银行，深化农信社改革，推动市内大企业集团发起设立消费金融公司、融资租赁公司等新型金融机构。拓展健康养老产业发展内涵，加快仕博国际健康城等项目建设，打造健康产业集约发展示范区。

促进现代农牧业转型升级。优化农牧业产业布局，在两河流域、西部牧区、城郊区分别集中发展种养结合大农业、现代草原畜牧业和休闲观光农业。强化耕地保护和质量提升，发展适度规模经营，年内流转土地10万亩、草牧场160万亩以上，建成公司化养殖园区10处、养殖大户300家、家庭农牧场100家。推进农牧业供给侧结构性改革，深入落实“粮改饲”及“稳羊增牛”战略，新打造100个产业结构调整及产业发展典型示范村。促进农牧业品牌化发展，建立农牧业标准化体系，建成市级农畜产品质量安全检测中心。推进农畜产品精深加工，培育10个年产值超亿元的农牧业产业链条，力争加工转化率达到60%以上。完善农畜产品流通体系，新建网上农贸市场10家、冷链流通仓库5个、专业合作社100家，带动农牧户增收致富。

（三）全面深化改革创新，培育支撑发展新动能。

加快推进基础性关键性改革。突出抓好总书记指示自治区先行先试的三项重点改革任务，确保在建立生态环境损害责任终身追究制度、提高农牧民产业化经营收益率、扩大与俄蒙合作交流等方面取得新突破。继续深化“放管服”改革，完善权责清单，全面推行“双随机、一公开”监管制度。进一步简化审批程序，做到审批信息互联互通、服务事项网上运行，真正实现“推开一扇门，办成一揽子事”。深化商事制度改革，实现工商登记全程电子化和简易注销登记。持续推进电力多边交易、碳排放权交易、水权交易等改革，破解发展要素制约。深化农村牧区综合改革，推动土地草牧场“三权分置”和国有林场改革，完成农村牧区土地草牧场确权登记颁证任务。

深入实施创新驱动发展战略。深化科技体制改革，设立科技创新基金，营造有利于创新驱动发展的市场和社会环境。加快市高新区发展步伐，吸引高端研发机构和高新技术企业入驻。健全产学研协同创新机制，积极推动与北京协同创新研究院、中科院深圳先进技术研究院等合作设立创新中心。实施高新技术企业培育行动计划，新增高新技术企业8家、自治区级研发机构3家以上。强化重大关键技术攻关，着力攻克不同煤种气化、煤炭分级利用、高盐废水处理等共性关键技术难题。组建全市众创空间联盟，推动各类科研平台向社会开放，共享创新创业资源，建设创新之城、创业之城。加大各类人才培养引进力度，满足地区发展需求。

全方位扩大对外开放。主动对接、全面融入呼包鄂协同发展战略，实现优势互补、协同共进。加强产业协作，联合呼包二市申建内陆自贸区，合作共建西部装备制造基地、国家大数据综合试验区。加快基础设施互联互通，打造呼包鄂中心城区1小时快速铁路圈和2小时公路圈。加强生态共建，建立环境污染防治联防联控机制。推进就业、教育、医疗等公共服务共建共享。加强与“一带一路”国家和京津冀、长江经济带、珠三角、晋陕宁蒙等区域协作，主动参与呼包银榆经济区建设，积极承接发达地区高端、环保产业转移，提升区域合作水平。

（四）全面改善基础条件，构建协调发展新格局。

推进以人为核心的新型城镇化。加快中心城区一体化进程。编制并实施中心城区道路、绿化、供水等一体化规划。推进东胜至机场轻轨、东胜吉劳庆川和康巴什环城水系景观等项目建设。巩固全国文明城市创建成果,提高城市精细化管理水平,出台城市绿化、物业管理条例,深入开展住宅小区文明创建和城市精细化治理行动。大力发展县域经济,加快县域城镇化进程,开展“生态宜居美丽县城”创建行动,培育一批国家和自治区特色小镇。实施美丽乡村三年行动计划,推进美丽乡村建设与产业发展深度融合。推动城市优质公共服务向基层延伸,改造农村牧区危房3000户以上,在全市150个行政村开展垃圾、污水集中收集和治理试点,全面改善农村牧区生产生活条件,努力让农牧民共享城市公共服务。

推进基础设施网络互联互通。重点抓好“七网”建设。铁路网方面,全力推进包西铁路客运专线包榆段前期工作,力争“十三五”开工建设。加快蒙华、鄂前旗至上海庙铁路等项目建设进度,确保沿河、准朔铁路等项目完工,呼准鄂改客专项目建成,新增铁路运营里程200公里。公路网方面,启动实施包茂高速包头至东胜改扩建工程、呼市至鄂尔多斯高速等项目,加快通史至靖边、龙口至大饭铺、敖镇至东道梁等出省通道建设,确保沿黄公路一级改高速、察汗淖至棋盘井一级改高速等项目建成通车。新增高速公路260公里,改建农村牧区公路500公里。航空网方面,优化航线网络布局和运力结构,增加通航城市和国际航线。启动建设鄂前旗、杭锦旗2个通用机场。市政网方面,加大对城市老旧管网改造力度,制定地下综合管廊和海绵城市建设方案,在中心城区率先试点。水利网方面,实施黄河内蒙古段二期防洪工程、西北节水增效项目等重点水利工程,完成盟市水权转让一期和拦沙换水试点工程建设,增强区域水资源保障能力。能源网方面,加快陕京四线天然气管输工程建设,力争鄂安沧输气管道、蒙西煤制气外输管道获批开工。全面实施“气化鄂尔多斯”等工程,提高农村牧区清洁能源普及率。通信网方面,加强信息基础设施建设,确保鄂尔多斯至北京直通光缆建成运行。创新机制、整合资源,加大信息化平台建设力度,基本完成“智慧鄂尔多斯”、“宽带中国”示范城市建设任务。

(五)秉持绿色发展理念,开创生态文明新局面。

更大力度保护生态。实施好京津风沙源治理、天然林保护等重点生态工程,突出抓好沿黄河绿化风光带、环城区城镇绿化带、沿沙漠沙地绿化带和沿路沿线绿化带“四带工程”,完成林业建设120万亩、草原建设396万亩、水土流失治理180万亩。加强生态资源保护力度,实施灌木林平茬工程,推进自然保护区开发建设活动清理整治。严格执行禁牧、休牧、划区轮牧及草畜平衡制度,严厉打击非法开垦、破坏野生动植物资源等行为,切实巩固生态建设成果。

更严措施治理环境。认真贯彻落实《鄂尔多斯市环境保护条例》,保护好鄂尔多斯的蓝天净土绿地。实施工业污染全面达标排放工程,抓好煤化工和焦化行业脱硫升级改造、燃煤电厂超低排放改造等重点工作,确保空气质量优良率保持在85%以上。加强重点流域水污染和农村牧区环境综合整治。推进矿区地质环境治理和露天煤矿复垦绿化。持续提升环保监管能力,建成环境数据资源中心及生态环境监测监管系统。强化重点环境问题集中整治,加快棋盘井蒙西地区环境综合治理,切实抓好中央环保督察反馈问题整改落实。

更高水平利用资源。加强生态文明制度建设,健全生态保护补偿机制。开展环境污染第三方治理,发展生态环保产业。严格落实节能减排约束性指标,全面推进企业循环式生产、产业循环式组合、园区循环式改造,力争工业固废综合利用率达到80%以上。实施城市污水处理厂提标改造工程,再生水利用率达到60%以上。大力发展公共交通,引导居民低碳绿色出行。

(六)持续保障和改善民生,共享社会发展新成果。

巩固脱贫攻坚成果。坚持力度不减、措施不变、投入不降,聚焦脱贫人口和市低保线下贫困人口,继续落实好“六个精准”和“五个一批”要求,因户因人精准施策,“扶上马、再送一程”,确保脱贫群众不返贫,力争市低保线下贫困人口年收入增长20%以上。设立产业扶贫基金,全面实施产业扶贫项目,扶持脱贫人口发家致富，提高贫困户自我发展能力。

推动充分就业创业。深入实施“创业鄂尔多斯”行动，完善创业扶持政策和激励机制，加强创业创新平台建设，创业带动就业1万人以上。实施就业服务工程，积极开发就业岗位，加大对高校毕业生、返乡农民工、化解过剩产能下岗职工等重点群体的就业帮扶力度。全年新增城镇就业2.9万人，城镇登记失业率控制在3.1%以内。

提高社会保障水平。深化收入分配制度改革，建立机关事业单位基本工资正常增长机制，全面落实最低工资标准，切实增加城乡居民收入。建成全民参保数据库，扩大社会保险覆盖范围。城乡低保标准再提高6%，农村牧区特困人员集中和分散供养标准分别提高到每人每年1万元和6852元。完善城乡医疗救助和临时救助制度，促进社会福利、妇女儿童、残疾人事业健康发展，大力发展红十字等慈善公益事业。

办好人民满意教育。不断改善办学条件，新建、改扩建中小学、幼儿园26所，推进寄宿制学校生活设施标准化，完成市三中新校区整体搬迁。发展普惠性学前教育，提升基础教育质量，大力发展高等教育。深化校企合作，推进职业教育改革发展。加快教育信息化建设，实现城域网教育教学全覆盖。加强师资队伍建设，实施“名师梯队工程”。进一步改善农村牧区教师生活条件。

建设健康鄂尔多斯。深化公立医院改革，建立现代医院管理制度，完善基本药物制度，健全药品供应保障体系。建立全市统一的健康档案数据库，推进同级医疗机构检查检验结果互认，逐步实现异地住院医疗费用直接结算。改善群众就医环境，开工建设市儿童医院项目，确保市中医院新住院大楼投入使用。完善计划生育服务管理。加快蒙中医药事业发展，建设一批知名蒙中医药馆。

繁荣发展文体事业。持续推进“十个一”文化工程，推出一批文艺精品，开展好文化下乡、文化进社区活动。大力发展民族文化，做好文化遗产保护和传承工作。弘扬红色文化，确保鄂前旗“1+6”红色培训教育基地建成开放。扎实推进足球运动改革发展，建成自治区级足球训练基地。完善基本公共体育服务体系，引导全民重视健康、主动参与健身。

(七)创新社会治理方式，构筑平安稳定新优势。

不断提高安全生产水平。“天大地大，安全最大”。始终保持安全生产高压态势，严格落实安全生产责任制，督促企业落实主体责任，深入开展安全隐患明察暗访、专家巡查和第三方监管，坚决消除安全隐患。提升安全监管信息化水平，建成国内领先的公共安全信息化指挥调度平台，实现市内重点企业、重点部位、重大危险源实时监控，坚决杜绝重特大安全事故发生。

积极创建食品安全城市。加强检验检测能力建设，健全完善市、旗、苏木乡镇三级信息化综合监管平台，构建从源头到消费全过程监管格局。推进专项整治和综合治理，严厉打击食品药品安全违法犯罪行为，争创国家食品安全试点城市。

切实维护社会大局稳定。深化“七五”普法，落实“谁执法、谁普法”责任制。完善公共法律服务体系。深入开展矛盾纠纷排查化解，妥善解决群众反映的突出问题。强化应急预案管理和演练，提高突发事件防范应对能力。完善社会治安防控体系，建设平安鄂尔多斯。认真落实党的民族宗教政策，全面创建全国民族团结进步示范市。巩固双拥共建成果，促进军民深度融合发展。

(八)加强政府自身建设，营造干事创业新环境。

全力建设法治政府。严格按照法定权限和程序履行政府职能，坚决执行市人大及其常委会的决议和决定，坚持重大事项报告制度，组织实施政府协商计划，认真办理议案建议和提案。落实好市人大常委会立法工作计划。深化行政执法体制改革，全面推进综合执法。完善社会监督和舆论监督机制，做好政务公开工作，确保权力在法治轨道上规范运行。

全力建设效能政府。大力推进简政放权，推行互联网+政务服务，全面提升服务效率。强化执行力建设，实行政府目标管理，建立部门信息共享和协同配合机制。强化行政问责和效能监察，严肃整治不作为、慢作为和乱作为等行为。进一步精简会议和文件，办有效的事，开务实的会，发管用的文。探索建立合理的容错机制，鼓励干事，支持创新，最大限度激发广大干部干事创业热情。

全力建设责任政府。深入开展纠风行动和专项治理，坚决打击损害群众利益的不正之风和突出问题。大力推进政务诚信建设，认真履行政府承诺。严格执行“三重一大”制度，发挥市决策咨询委员会作用，开展重大行政决策第三方评估。厉行勤俭节约，反对铺张浪费，严控“三公”经费支出，集中更多财力用于民生改善、帮扶困难群众。

全力建设廉洁政府。自觉执行《准则》和《条例》，把纪律和规矩挺在前面。严格落实党风廉政建设主体责任和“一岗双责”，切实加强资源配置、土地出让、工程建设等重点领域监管，对各类违法违纪案件始终做到零容忍、严惩治。加大审计、监察力度，对公共资金、国有资产、国有资源和领导干部履行经济责任情况实行审计全覆盖。坚持用制度管权、管事、管人，切实做到干部清正、政府清廉、政治清明。

今年，我们将迎来自治区成立70周年大庆，这是全市人民政治生活中的一件大事，我们将以迎庆为契机，多为老百姓办实事好事，努力增加百姓福祉，进一步增强全市各族人民的荣誉感和使命感，激发起同心协力建设美丽家园的强大动力。同时，今年联合国防治荒漠化公约第十三次缔约方大会将在我市举行，这是国家“一带一路”战略的重要组成部分，我们将举全市之力承办好这次会议，讲好中国故事，讲好内蒙古故事，讲好鄂尔多斯故事，为党的十九大胜利召开创造良好的国际外交环境。

各位代表！做好今年工作，任务繁重，责任重大。让我们在中央、自治区和市委的坚强领导下，坚定信心，团结奋斗，开拓创新，一往无前，奋力开创各项工作新局面，为把鄂尔多斯打造成为祖国北疆亮丽风景线上更加璀璨的明珠而努力奋斗！

鄂尔多斯市 2016 年国民经济和社会发展统计公报

鄂 尔 多 斯 市 统 计 局

国家统计局鄂尔多斯调查队

（2017 年 3 月 6 日）

2016 年，面对复杂多变的宏观经济环境，在市委、市政府的正确领导下，全市上下认真贯彻中央和自治区各项决策部署，坚持稳中求进的工作总基调，主动适应经济发展新常态，推进供给侧结构性改革，进一步扩大对外开放，扎实抓好保障民生和防控风险工作。全市经济运行平稳，稳中向好，稳中提质，经济发展质量和效益不断提升，人民生活持续改善，社会大局和谐稳定，实现了“十三五”的良好开局。

一、综合

2016 年末全市常住人口 205.53 万人，其中城镇人口 151.15 万人，乡村人口 54.38 万人，城镇化率为 73.54%。全年出生人口为 2.15 万人，出生率为 10.49‰；死亡人口为 1.05 万人，死亡率为 5.13‰；自然增长率为 5.36‰。年末户籍人口 159.4 万人，比上年末增加 2.1 万人。

初步核算，2016 年全市地区生产总值 4417.9 亿元，扣除价格因素，比去年增长 7.3%。分产业看，第一产业完成增加值 107.6 亿元，增长 3.2%，对经济增长的贡献率为 1.0%，拉动 GDP 增长 0.1 个百分点。第二产业完成增加值 2461.4 亿元，增长 7.5%，对经济增长的贡献率为 57.7%，拉动 GDP 增长 4.2 个百分点。第三产业完成增加值 1848.9 亿元，增长 7.5%，对经济增长的贡献率为 41.3%，拉动 GDP 增长 3.0 个百分点。三次产业增加值比例调整为 2.4∶55.7∶41.9。

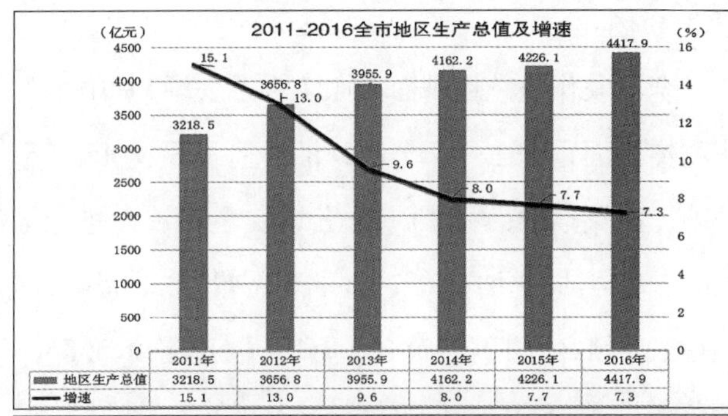

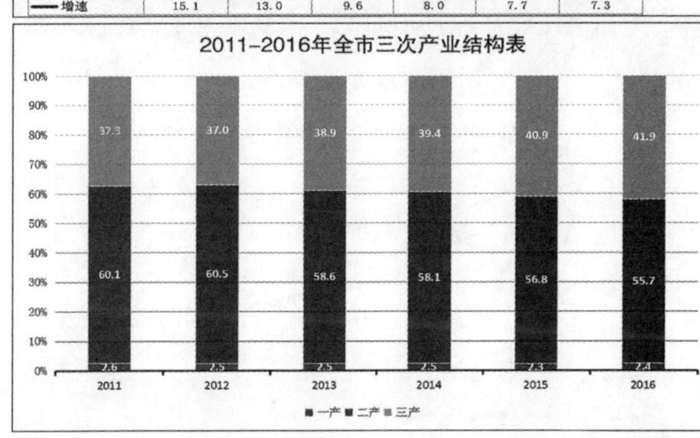

全市公共财政预算收入 451.0 亿元，同比增长 1.1%，剔除营改增等政策性减收因素的影响，同口径增长 3.8%。其中，税收收入 298.9 亿元，占公共财政预算收入 66.3%，同比增长 0.3%；非税收入 152.1 亿元，占公共财政预算收入的 33.7%，同比增长 2.8%。全市公共财政预算支出 563.4 亿元，同比下降 1.7%。

全市新增就业 30224 人，失业人员再就业 3097 人,就业困难人员再就业 4236 人。年末全市城镇实有登记失业人员 22690 人,比上年减少 141 人。城镇登记失业率为 2.89%,比上年下降 0.2 个百分点。

二、农牧业

全年现价农、林、牧、渔及服务业总产值 182.9 亿元,按可比价格计算比上年增长 3.1%。其中,农业产值 102.4 亿元;林业产值 7.3 亿元;牧业产值 67.0 亿元;渔业产值 2.5 亿元;农、林、牧、渔服务业产值 3.6 亿元。

全市农作物总播种面积 437.2 千公顷。其中粮食作物播种面积 251.9 千公顷，油料播种面积 48.2 千公顷，蔬菜播种面积 10.8 千公顷。全年粮食总产量 148.0 万吨,同比增长 0.7%。油料产量 12.2 万吨,同比增长 2.4%;甜菜产量 8.2 万吨,同比下降 5.5%;蔬菜产量 47.8 万吨,同比增长 4.0%。(详见附表 1)

附表 1

全市拥有农业机械总动力 332 万千瓦,同比增长 6.0%。全市拥有大中型拖拉机 4.3 万台，增长 5.0%;农用排灌机械 11.1 万台(套),增长 1.8%,其中,节水灌溉类机械 5776 套,增长 2.4%;联合收获机 1621 台,增长 5.3%;农用运输车 5.9 万台,下降 1.7%。机械耕地面积占农作物总播种面积的比重为 98.5%,机械播种面积占比为 87.7%,机械收割面积占比为 55.9%，农业耕种收综合机械化水平达到 82.5%。

三、工业

全市工业完成增加值 2180.0 亿元,增长 7.9%。规模以上工业企业 383 家,较去年增加 8 家。总产值达到 4930.3 亿元,同比增长 9.3%;销售产值 4808.6 亿元,增长 9.3%;工业产品产销率 97.50%。

全年规模以上工业增加值按可比价比上年增长 8.9%。按轻重工业分,轻工业下降 27.1%、重工业增长 10.1%;按经济类型分,国有企业增长 5.4%,集体企业增长 30.2%,股份制企业增长 8.6%,外商及港、澳、台投资企业增长 1.9%,其他经济类型工业企业增长 26.2%。(规上工业主要产品产量详见附表 2)

附表 2

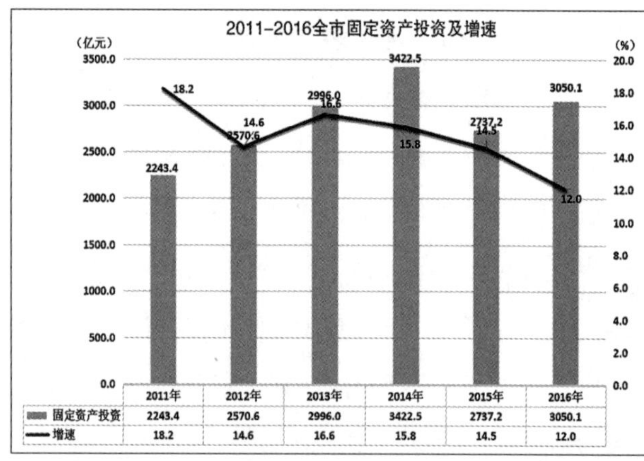

规模以上工业企业实现主营业务收入 4653.9 亿元,同比增长 11.3%;利税总额 938.8 亿元,同比增长 14.0%。亏损企业 115 户,比上年减少 18 户。企业亏损面 30.0%,比上年末缩小 3.6 个百分点;亏损企业亏损额 64.9 亿元,同比下降 26.5%。

四、建筑业和房地产开发

年末全市具有资质等级的建筑施工企业 219 个,全年总承包和专业承包建筑业总产值 170.9 亿元,同比增长 10.9%,竣工产值 92.8 亿元,下降 17.5%。建筑业企业房屋建筑施工面积 253.0 万平方米，增长 13.4%;竣工面积 131.4 万平方米,增长 8.7%。

全年房地产开发施工面积 1585.3 万平方米,同比增长 1.2%;房屋竣工面积 81.5 万平方米,同比下降 14.1%。

五、固定资产投资

全市 500 万元以上固定资产投资完成 3050.1 亿元,同比增长 12.0%。全年新增固定资产 1791.9 亿元,固定资产交付使用率 58.8%,共有 3056 个项目建成投产,项目建成投产率 65.2%。全市亿元以上开工项目265个,比上年下降19.9%,完成投资1293.1亿元,比上年下降34.4%。

从投资主体看,国有经济投资1609.3亿元,增长39.6%;非国有投资1440.8亿元,下降8.0%;其中民间投资1205.8亿元,下降13.9%,民间投资占固定资产投资的比重达47.2%,比上年下降5个百分点。

投资方向侧重工业。第一产业完成投资145.7亿元,同比增长35.2%;第二产业完成投资1958.2亿元,同比增长5.1%,其中,工业投资完成1879.6亿元,同比增长1.6%;第三产业完成投资946.1亿元,同比增长26.6%。主要工业行业投资中,制造业完成投资851.7亿元,下降20.0%;采矿业完成投资495.7亿元,增长14.7%;电力、燃气及水的生产和供应业完成投资532.2亿元,增长50.8%。第三产业投资中,交通运输仓储和邮政业投资239.4亿元,增长8.3%;房地产业投资135.0亿元,增长12.9%;水利、环境和公共设施管理业投资391.5亿元,增长71.6%;教育投资26.7亿元,增长78.1%。(详见附表3)

附表3

六、国内贸易

全市实现社会消费品零售总额726.8亿元,同比增长10.1%。其中,城镇实现消费品零售额607.7亿元,同比增长10.1%;乡村实现消费品零售额119.2亿元,同比增长10%。

限额以上企业实现社会消费品零售总额387.1亿元,同比增长8.0%。按商品类值分,粮油食品类完成零售额16.5亿元,同比增长32.6%;服装类完成零售额13.7亿元,同比下降18.9%;日用洗涤品类完成零售额4.6亿元,同比下降12.1%;汽车类完成零售额97.3亿元,同比增长22%;石油及制品类完成零售额110.4亿元,同比下降7.9%。

七、对外经济

全年新批准外商投资企业7家,利用外资新签项目数7个。实际使用外商直接投资19.5亿美元,同比增长12.6%。

全市完成进出口总额(不含煤炭)84.1亿元,同比增长90.9%。其中进口总额55.1亿元,同比增长5.9倍;出口总额29.0亿元,同比下降19.5%。

八、交通、邮电业和旅游

鄂尔多斯机场全年共营运航线39条,通航城市39个。铁路通车里程达2001公里;全市公路总里程22840公里,其中高速公路里程1136公里,公路网密度为26.3公里/百平方公里。全年各种运输方式完成货运量47215.6万吨,比上年增长3.5%。其中,铁路完成货运量29788.5万吨,增长11.6%;公路货运量17425.8万吨,增长9.3%;民航货运量1.3万吨,增长21.6%。全年各种运输方式完成客运量936.6万人,比上年下降1.1%。其中,铁路完成客运量119.2万人,增长23.2%;公路客运量646.7万人,下降7.3%;民航客运量170.7万人,增长12.1%。全市机动车拥有量54.3万辆,同比减少1.0%,其中新注册3.8万户。

全年实现邮电业务收入20.8亿元,同比增长3.1%。其中,邮政业务收入2.5亿元,增长32.9%;电信业务收入18.2亿元,增长0.2%。年末固定电话用10.8万户,手机电话用户208.8万户,其中,3G移动电话用户34.2万户,下降2.6%;4G移动电话用户111.9万户,增长52.2%;宽带用户达到25.7万户,增长5.7%。

全市A级旅游景区和全国工农业旅游示范点50个,其中,国家5A级旅游景区2个,4A级旅游景区27个,3A级旅游景区11个。全市旅行社106家,其中具有出境经营权的旅行社14家。全市共接待旅游者

1040.6 万人次，同比增长 19.9%。实现旅游收入 313.9 亿元,同比增长 22.7%。

九、金融和保险业

全市共有银行法人机构 26 家，银行营业网点 671 个,共有从业人员 10409 人。年末金融机构各项存款余额(人民币)3118.2 亿元,同比增长 15.5%。其中，非金融企业存款余额 770.7 亿元，同比增长 7.6%;住户存款余额 1574.8 亿元,同比增长 11.2%。年末金融机构各项贷款余额 2909.8 亿元，同比增长 7.7%。其中,非金融企业及机关团体贷款 2504.2 亿元,同比增长 11.0%;住户贷款 405.6 亿元,同比下降 8.9%。

全市保险公司中心支公司 33 家，中支以下各级保险机构 243 家。保险业实现保费收入 49.1 亿元,同比增长 15.7%。其中,财产险收入 16.2 亿元,同比增长 1.5%;寿险收入 27.5 亿元,同比增长 21.4%;健康险收入 4.6 亿元,同比增长 44.1%;意外伤害险收入 0.8 亿元，同比增长 27.0%。各项赔付支出 12.8 亿元,同比增长 16.0%。其中财产险赔付支出 8.0 亿元,同比增长 8.6%;寿险赔付支出 3.2 亿元,同比增长 33.0%；健康险赔付支出 1.4 亿元，同比增长 27.3%；意外伤害险赔付支出 0.2 亿元，同比增长 21.0%。

十、教育和科技

全市有普通高校 4 所,在校生 7982 人;普通中等专业学校 3 所,在校学生 7731 人;普通高中 22 所,在校学生 32718 人；普通初中 46 所，在校学生 47266 人;职业高中 7 所,在校学生 9009 人;普通小学 131 所，在校学生 135326 人；幼儿园 308 所，在校学生 87427 人;特殊教育学校 3 所,在校学生 277 人。各级各类学校(含幼儿园)共有在校生 32.8 万人。

全市共取得各类科技成果 40 项，全年提交专利申请 1529 件,同比增长 85.0%。其中,授权专利 913 件,同比增长 66.0%。技术合同认定登记 22 项,成交金额 4626 万元,分别同比增长 46.7%和 136.7%。年内新认定国家级高新技术企业 13 家，自治区级企业研究开发中心 4 家，自治区级工程技术研究中心 1 家,自治区院士专家工作站 2 家。

十一、文化、卫生和体育

全市拥有文化馆、群众艺术馆 10 个,组织文艺活动 2156 场次,乡镇文化站 50 个,公共图书馆 9 个,博物馆 6 个，艺术表演团体 9 个，组织开展演出活动 1165 场次。广播、电视综合覆盖率分别达到 99.1%和 99.0%。有线电视用户数达 34 万户。全市直播卫星户户通用户达到 8.7 万户，地面数字电视用户达 18.2 万户。全市免费放电影 12274 场次,观众人数达 110 万人次。

全市共有公立医院 25 家,社区卫生服务中心 36 个,社区卫生服务站 61 个,乡镇卫生院 93 个,村卫生室 655 个,疾病预防控制中心 9 个,妇幼保健机构 9 个,卫生监督所 9 个。公立医院床位数 6642 张,乡镇卫生院床位数 1468 张。卫生技术人员 16171 人,其中注册医师 5101 人,注册护士 4965 人。

全市国家一级社会体育指导员 269 人,国家二级社会体育指导员 560 人。年内成功举办 26 项国内重要体育赛事。我市 9 个旗区共有 202 个社区全民健身点,全民健身体系日趋完善。

十二、环境保护

节能减排取得新成效。大力实施节能减排重点工程,鼓励发展循环经济,严格控制高耗能项目,加快淘汰落后产能，初步核算我市单位 GDP 能耗同比下降 3.45%,圆满完成自治区下达的节能降耗目标任务。

城市环境空气质量全年好于国家二级标准优良天数 321 天,污染 45 天,其中重度污染 3 天。全市二氧化硫均值为 15ug/m³，二氧化氮均值为 23ug/m³，分别同比下降 25.0%和 4.2%。可吸入颗粒物年平均浓度63ug/m³，全市城镇集中式饮用水源地的水质达标率 100%。城镇区域环境噪声等效声级均值为 48.2 分贝,道路交通噪声等效声级均值为 59.9 分贝。

全年共完成造林面积 96.7 千公顷，森林总面积 2320 千公顷,森林覆盖率为 26.7%。完成新一轮退耕还林面积 5.3 千公顷。全市有各级自然保护区 10 个,其中国家级自然保护区2个，自治区级保护区有7个,总面积达897.9千公顷。

十三、人民生活和社会保障

抽样调查资料显示，全体居民人均可支配收入32860元,同比增长7.7%;城镇常住居民人均可支配收入达到40221元,同比增长7.4%;农村牧区常住居民人均可支配收入为15480元，同比增长7.3%。全体居民人均消费性支出23304元,同比增长1.7%;城镇居民人均消费性支出26486元,同比增长1.6%; 农牧民人均生活消费支出14571元,同比增长2.4%。城镇居民家庭食品消费支出占家庭消费总支出的比重为23.9%,农村为22.5%。城镇居民人均住房建筑面积38.3平方米，农牧民人均住房面积46.4平方米。每百户城镇居民拥有家用汽车74辆,较上年增长9.6%;每百户农牧民拥有家用汽车52辆,比上年持平。

全市参加城镇职工基本养老保险35.7万人,参加城乡居民养老保险52.2万人；参加新型农村牧区合作医疗保险91.8万人，参加生育保险24.5万人，参加工伤保险26.2万人，参加失业保险20.4万人。年内企业离退休人员月人均养老金水平为2998元，“城镇居民”和“农牧民”每月人均领取待遇为580元和340元。

全市享受城市最低生活保障8954人，享受农村最低生活保障30187人。城镇最低生活保障标准提高到每人每月534元,农村最低生活保障标准提高到每人每月414元。全市公办社会福利机构26家，床位2823张;民办社会福利机构128家,床位12404张。社会福利企业1家,职工86人。

注:1.本公报部分数据为初步统计数。

2.地区生产总值、增加值绝对数均按现价计算,增长速度按可比价格计算。

3.规模以上工业企业是指年主营业务收入2000万元及以上的全部法人工业企业;限额以上批发零售企业是指年末从业人员20人以上，年主营业务收入2000万元及以上的批发企业和年末从业人员60人以上,年主营业务收入500万元及以上的零售企业。

4.城镇单位统计范围主要有国有经济、城镇集体经济、联营经济、股份制经济、外商和港、澳、台投资经济和其他经济单位,不包括乡镇企业、私营单位和个体户。

5.部分数据因四舍五入的原因,存在与分项合计不等的情况。

6.经济作物播种面积和农产品产量都为上报数,注册医师和护士均为上报数。革创新和法治精神,加强学习实践、加强统筹谋划、加强担当作为、加强具体落实,更加扎实有效地推动各项事业发展。希望同志们对市委常委会的工作提出意见和建议。

第二部分
统计数据

一、行政区划和自然资源

资料整理员：郝东娜

■ 成吉思汗广场

1－1 全市行政区划(2016年)

单位:个

地区	办事处、镇、乡、苏木					社区(居委会)、村嘎查		
	合计	办事处	镇	乡	苏木	合计	社区居委会	村嘎查
全市	77	26	43	2	6	959	224	735
东胜区	15	12	3			104	77	27
达拉特旗	15	6	8		1	156	26	130
准格尔旗	14	4	7	2	1	187	28	159
鄂托克前旗	4		4			84	16	68
鄂托克旗	6		4		2	97	22	75
杭锦旗	6		5		1	89	13	76
乌审旗	6		5		1	73	12	61
伊金霍洛旗	7		7			153	15	138
康巴什区	4	4				16	15	1

1－4 分月气象情况(2016 年)

月 份	月降水量(0.1mm)	平均气温(℃)	最高气温(℃)	最低气温(℃)	平均风速(m/s)
1月	0.5	-11.7	-4.9	-16.8	2.4
2月	8.6	-7.0	0.2	-12.7	2.9
3月	10.6	2.9	10.0	-3.1	2.9
4月	2.9	12.3	19.5	4.9	3.0
5月	27.7	15.6	22.5	8.9	3.3
6月	58.4	20.0	26.1	13.8	2.8
7月	138.0	22.4	28.3	16.9	2.8
8月	135.1	21.9	27.1	17.4	2.5
9月	37.9	16.0	23.2	10.1	2.2
10月	42.0	8.9	15.4	3.8	2.5
11月	0.8	0.3	7.9	-5.0	2.8
12月	1.4	-4.1	2.9	-9.3	2.4

主要统计指标解释

行政区划　指国家对行政区划的划分。根据宪法规定,我国的行政区划分如下:(1)全国分为省、自治区、直辖市;(2)自治区分为自治州(盟)、县(旗)、自治县(旗)、市(3)自治州分为县、自治县、市;(4)旗县、自治县(旗)分为乡、民族乡、镇:(5)直辖市和较大的市分为区、县(旗);(6)国家在必要时设立特别行政区。

自然资源　指人类可以直接从自然界,并用于生产和生活的物质资源。自然资源一般可以分成可再生产资源和非再生资源两大类。可再生资源指在较短时间内可以再生、可以循环利用的资源,包括土地资源、水资源、气候资源、生物资源和海洋资源等。非再生资源指在使用后不能再生的资源,包括矿产资源和地热能源。

土地资源　土地指陆地的表层部分,它主要由岩石、岩石的风化物和土壤构成。土地资源按利用类型可以分为农用地、建筑用地和未利用地。农用地包括耕地、园地、林地、牧草地和水面。建筑用地包括居民点及工矿用地、交通用地和水利设施用地。未利用地指农用地和建筑用地以外的土地,包括滩涂、荒漠、戈壁、冰川和石山等。

耕地面积　指种植各种农作物的土地面积,包括灌溉水田、望天田、水浇地、旱地、菜地等。

森林资源　指森林、林木、林地以及依托森林、林木、林地生存的野生动物、植物和微生物。是集生的乔木及共同作用的植物、动物微生物和土壤、气候等的总体。

森林覆盖率　指一个国家或地区森林面积占土地面积的百分比。在计算森林覆盖率时,森林面积包括郁闭度0.2以上的乔木林地面积和竹林地面积,国家特别规定的灌木林地面积、农用林网以及四旁(村旁、路旁、水旁、宅旁)林木的覆盖面积。森林覆盖率是反映森林资源的丰富程度和生态平衡状况的重要指标。计算公式为:

森林覆盖率(%)=森林面积/土地总面积×100%

水资源　水在自然界中以固体、液体和气体三种聚集状态存在,分布于海洋、陆地(包括土壤)以及大气之中,通过水循环形成水资源。水资源包括经人类控制并直接可供灌溉、发电、给水、航运、养殖等用途的地表水和地下水,以及江河、湖泊、井、潮汐、港湾和养殖水域等。水资源是发展国民经济不可缺少的重要自然资源。

地表水和地下水　陆地上的水因空间分布不同,可以分为地表水和地下水指分别在于河流、湖泊、沼泽、冰川和冰盖等水体中水的总称,又称陆地水。地下水指储存地面以下饱和岩土孔隙、裂隙及溶洞中的水。

矿产资源　矿产指由地质作用形成,富集于地壳中或出露于地表达到工农业利用要求的有用矿物。矿产是一种重要的自然资源,是社会发展的重要物质基础。从某种意义上讲,个国家对矿产资源的开发利用的广度和深度,可以作为这个国家经济发展水平的标志。

矿产保有储量　指探明的矿产储量(包括工业储量和远景储量),扣除已开采部分和在下损失量后的年末实有储量,是反映国家矿产资源现状的重要指标。

气温　指空气的温度,我国一般以摄氏度(℃)为单位表示。气象观测的温度表是放在离地面约1.5米处通风良好百叶箱里测量的。因此,通常说气温指的是离地面1.5米处百叶箱的温度。其统计计算方法为:

月平均气温是将全月各日的平均气温相加,除以该月的天数而得。

年平均气温是将12个月的月平均气温累加后除以12而得。

相对温度　指空气中实际水气压与当时气温下的饱合水气压之比。其统计方法与气温相同。

降水量　指从天气降落到地面的液态固态(经融化后)水,未经蒸发、渗透、流失而在地面上积聚的深度。其统计计算方法为:

月降水量是将全月各日的降水量累加而得。

年降水量是将12个月的月降水量累加而得。

二、综 合

资料整理员：刘书嘉 郝东娜 王 蕾

内蒙古大学鄂尔多斯学院

2-1 按行业大类分组汇总单位数(2016年)

指 标	法人单位				产业活动单位	
	单位数(个)	单产业法人	多产业法人	#规模、资质或限额以上单位	单位数(个)	#多产业法人所属产业活动单位
总 计	**30612**	**29607**	**1005**	**1680**	**34248**	**4641**
农、林、牧、渔业	**3801**	**3788**	**13**	**13**	**3859**	**71**
农业	1300	1298	2	5	1307	9
林业	240	238	2	1	248	10
畜牧业	1178	1172	6	4	1185	13
渔业	71	70	1		74	4
农、林、牧、渔服务业	1012	1010	2	3	1045	35
采矿业	**1110**	**1070**	**40**	**193**	**1207**	**137**
煤炭开采和洗选业	475	440	35	177	545	105
石油和天然气开采业	39	39		4	44	5
黑色金属矿采选业	32	32			33	1
有色金属矿采选业	1	1			15	14
非金属矿采选业	502	500	2	9	509	9
开采辅助活动	45	43	2	1	45	2
其他采矿业	21	20	1	2	21	1
制造业	**2294**	**2238**	**56**	**191**	**2348**	**110**
农副食品加工业	94	92	2	4	96	4
食品制造业	120	116	4	5	121	5
酒、饮料和精制茶制造业	65	62	3	6	66	4
烟草制品业	1	1			1	
纺织业	134	126	8	7	136	10
纺织服装、服饰业	70	68	2	1	71	3
皮革、毛皮、羽毛及其制品和制鞋业	18	18		1	19	1

2－1 续表 1

指　　标	法人单位				产业活动单位	
	单位数（个）	单产业法人	多产业法人	# 规模、资质或限额以上单位	单位数（个）	# 多产业法人所属产业活动单位
木材加工和木、竹、藤、棕、草制品业	40	37	3	1	42	5
家具制造业	18	18			18	
造纸和纸制品业	8	8			8	
印刷和记录媒介复制业	31	31		2	32	1
文教、工美、体育和娱乐用品制造业	13	13			14	1
石油加工、炼焦和核燃料加工业	51	47	4	12	51	4
化学原料和化学制品制造业	218	213	5	75	224	11
医药制造业	19	17	2	5	21	4
化学纤维制造业	2	2			2	
橡胶和塑料制品业	69	68	1	7	70	2
非金属矿物制品业	789	775	14	19	810	35
黑色金属冶炼和压延加工业	28	27	1	4	28	1
有色金属冶炼和压延加工业	31	31		4	32	1
金属制品业	116	114	2	5	117	3
通用设备制造业	43	43		3	43	
专用设备制造业	79	79		7	79	
汽车制造业	34	34		11	34	
铁路、船舶、航空航天和其他运输设备制造业	3	3		1	3	
电气机械和器材制造业	32	29	3	5	33	4
计算机、通信和其他电子设备制造业	11	11		3	11	
仪器仪表制造业	8	8			9	1
其他制造业	44	44		2	44	
废弃资源综合利用业	66	64	2	1	70	6
金属制品、机械和设备修理业	39	39			43	4

2-1 续表2

指　标	法人单位				产业活动单位	
	单位数（个）	单产业法人	多产业法人	# 规模、资质或限额以上单位	单位数（个）	# 多产业法人所属产业活动单位
电力、热力、燃气及水生产和供应业	**388**	**369**	**19**	**78**	**535**	**166**
电力、热力生产和供应业	199	191	8	47	286	95
燃气生产和供应业	79	76	3	19	81	5
水的生产和供应业	110	102	8	12	168	66
建筑业	**1357**	**1308**	**49**	**219**	**1444**	**136**
房屋建筑业	231	213	18	82	267	54
土木工程建筑业	430	415	15	90	451	36
建筑安装业	163	161	2	8	172	11
建筑装饰和其他建筑业	533	519	14	39	554	35
批发和零售业	**8876**	**8727**	**149**	**289**	**9440**	**713**
批发业	3789	3735	54	61	3931	196
零售业	5087	4992	95	228	5509	517
交通运输、仓储和邮政业	**1229**	**1178**	**51**	**154**	**1494**	**316**
铁路运输业	26	23	3	9	30	7
道路运输业	871	840	31	132	987	147
水上运输业	2	2			3	1
航空运输业	7	7		1	7	
管道运输业	2	2		1	2	
装卸搬运和运输代理业	146	145	1	3	168	23
仓储业	65	62	3	7	83	21
邮政业	110	97	13	1	214	117
住宿和餐饮业	**625**	**607**	**18**	**112**	**695**	**88**
住宿业	187	183	4	28	209	26
餐饮业	438	424	14	84	486	62

2－1 续表3

指　标	法人单位				产业活动单位	
	单位数（个）	单产业法人	多产业法人	#规模、资质或限额以上单位	单位数（个）	#多产业法人所属产业活动单位
信息传输、软件和信息技术服务业	**369**	**362**	**7**	**11**	**531**	**169**
电信、广播电视和卫星传输服务	62	57	5	4	207	150
互联网和相关服务	111	110	1	4	122	12
软件和信息技术服务业	196	195	1	3	202	7
金融业	**344**	**291**	**53**		**936**	**645**
货币金融服务	191	160	31		632	472
资本市场服务	48	47	1		50	3
保险业	74	53	21		214	161
其他金融业	31	31			40	9
房地产业	**1018**	**932**	**86**	**238**	**1148**	**216**
房地产业	1018	932	86	238	1148	216
租赁和商务服务业	**2291**	**2251**	**40**	**51**	**2380**	**129**
租赁业	280	276	4	2	283	7
商务服务业	2011	1975	36	49	2097	122
科学研究和技术服务业	**698**	**678**	**20**	**28**	**778**	**100**
研究和试验发展	59	59		5	63	4
专业技术服务业	452	435	17	16	510	75
科技推广和应用服务业	187	184	3	7	205	21
水利、环境和公共设施管理业	**541**	**520**	**21**	**34**	**602**	**82**
水利管理业	74	70	4	3	82	12
生态保护和环境治理业	66	65	1	7	69	4
公共设施管理业	401	385	16	24	451	66

2-1 续表4

指　　标	法人单位				产业活动单位	
	单位数（个）	单产业法人	多产业法人	# 规模、资质或限额以上单位	单位数（个）	# 多产业法人所属产业活动单位
居民服务、修理和其他服务业	**1056**	**1049**	**7**	**7**	**1083**	**34**
居民服务业	294	292	2	4	309	17
机动车、电子产品和日用产品修理业	220	218	2	1	230	12
其他服务业	542	539	3	2	544	5
教育	**660**	**648**	**12**	**5**	**669**	**21**
教育	660	648	12	5	669	21
卫生和社会工作	**390**	**386**	**4**	**12**	**496**	**110**
卫生	314	310	4	11	404	94
社会工作	76	76		1	92	16
文化、体育和娱乐业	**481**	**474**	**7**	**10**	**523**	**49**
新闻和出版业	15	15			16	1
广播、电视、电影和影视录音制作业	91	89	2	1	96	7
文化艺术业	188	188		1	213	25
体育	29	29		2	31	2
娱乐业	158	153	5	6	167	14
公共管理、社会保障和社会组织	**3084**	**2731**	**353**	**35**	**4080**	**1349**
中国共产党机关	39	28	11	1	73	45
国家机构	1183	921	262	34	2098	1177
人民政协、民主党派	7	6	1		11	5
社会保障	17	17			24	7
群众团体、社会团体和其他成员组织	863	856	7		897	41
基层群众自治组织	975	903	72		977	74

2－2 平均每天主要社会经济活动

指　　标	1990	1995	2000	2005	2006	2009	2010	2011	2012	2013	2014	2015	2016
全市每天创造的财富													
地区生产总值(当年价格,万元)	407	1363	4112	16297	22535	59205	72417	88179	100186	108380	111109	115784	121039
第一产业	195	465	672	1113	1180	1661	1940	2278	2470	2671	2728	2711	2948
第二产业	104	540	2300	8560	12045	34534	42505	52978	60634	64913	64555	65754	67435
工业	75	437	2106	7370	10073	31017	38113	47207	54019	57795	57366	58389	59727
建筑业	28	104	194	1190	1972	3517	4392	5771	6615	7117	7447	7648	7997
第三产业	109	358	1140	6623	9309	23011	27972	32923	37083	40796	43826	47322	50656
公共财政预算收入(万元)	35	82	277	1264	2254	4439	6550	9484	10288	12055	11783	12216	12357
主要工农业产品产量													
粮　食(吨)	1272	1870	1828	3219	3348	3740	3863	3905	3974	4249	4099	4027	4055
油　料(吨)	104	154	321	216	171	188	191	207	215	246	282	325	334
肉　类(吨)	124	172	244	443	484	382	404	408	411	404	432	421	452
原　煤(万吨)	2	5	7	42	48	93	123	161	175	172	173	169	156
发电量(万千瓦时)	22	396	2480	6373	7535	11937	13356	15272	15619	18923	20099	20230	19477
烧　碱(吨)	32	96	74	61	37	686	1003	909	902	1163	2457	2652	2942
氮　肥(折 100%. 吨)	19	50	21	54	53	3285	1586	1859	1700	1465	1343	5034	4578
水　泥(吨)	105	509	3452	10019	12212	23375	22573	26680	16704	17992	13327	11755	14002

2-2 续表

指　标	1990	1995	2000	2005	2006	2009	2010	2011	2012	2013	2014	2015	2016
羊绒衫(万件)	0.05	0.46	0.96	2.20	2.34	1.42	3.22	3.73	2.77	3.26	3.44	3.78	3.80
原　盐(吨)	82	123	142	253	146	207	46	146	—	28	27	27	30
每天人口变动与婚姻													
出生人口(人)	66	44	45	47	40	58	80	53	64	62	64	62	76
死亡人口(人)	24	17	24	24	10	16	27	17	54	21	22	22	19
人口自然增长(人)	42	27	21	23	30	43	53	36	10	41	42	40	57
结　婚(对)		27	23	32	33	42	40	40	40	34	31	26	30
离　婚(对)		1	1	3	5	6	6	8	8	8	10	9	12
每天其他活动													
社会消费品零售额(万元)	247	744	1526	4156	5005	8580	10197	12055	13737	15172	16698	18091	19913
固定资产投资额(万元)	220	1210	1368	11060	16895	42946	52011	61464	70427	82083	93768	74991	83564
公路客运量(万人)	1	1	2	5	6	5	6	6	7	8	3	2	2
公路货运量(万吨)	1	3	9	43	58	51	64	83	97	110	47	52	48
每日净增加储蓄余额(万元)	39	123	201	1173	1018	3845	3330	5325	6876	4047	34752	34500	35820

2－3　社会经济主要指标人均水平

指　　标	1985	1990	1995	2000	2005	2006	2009	2010	2011	2012	2013	2014	2015	2016
地区生产总值(当年价格,元)	526	1245	3992	11505	37774	50582	117274	138109	163012	182680	196723	200152	207163	215488
公共财政预算收入(元)	31	107	240	1130	2967	5059	8794	12490	17533	18757	21880	19902	21858	22027
农牧业生产														
粮食产量(公斤)	218	389	548	512	746	752	741	737	722	725	771	738	721	720
油料产量(公斤)	25	32	45	90	50	38	37	36	38	39	44	51	58	59
甜菜产量(公斤)	127	118	158	66	89	73	46	45	53	54	47	48	49	40
年末大牲畜(头)	0.28	0.22	0.19	0.17	0.20	0.24	0.13	0.13	0.13	0.13	0.13	0.13	0.13	0.14
年末羊(只)	3.90	3.68	3.45	2.70	4.52	4.99	4.03	3.97	3.51	3.41	3.43	3.43	3.43	3.31
年末生猪(头)	0.25	0.26	0.40	0.34	0.32	0.31	0.23	0.22	0.22	0.22	0.21	0.21	0.20	0.20
猪、牛、羊肉产量(公斤)	25.35	37.13	49.36	65.54	100.46	106.45	73.70	75.19	73.68	73.40	77.34	75.51	75.28	78.33
山羊绒产量(公斤)	0.43	0.37	0.52	0.43	1.09	1.07	0.98	1.37	1.34	1.27	1.35	1.32	1.36	1.38

2－3 续表

指 标	1985	1990	1995	2000	2005	2006	2009	2010	2011	2012	2013	2014	2015	2016
工业产品产量														
原 煤(万吨)	2	5	16	21	103	97	158	184	298	319	313	311	302	277
原 盐(吨)	0.01	0.02	0.04	0.04	0.06	0.06	0.01	0.04	0.03	—	0.01	4.84	4.90	5.35
发电量(千瓦小时)	47	66	1161	6939	14771	16913	23644	25472	28233	28480	34348	36206	36196	34589
烧 碱(吨)	0.01	0.01	0.03	0.02	0.01	0.01	0.14	0.19	0.17	0.16	0.21	0.44	0.47	0.52
羊绒衫(件)	0.2	0.15	1.35	2.7	5.10	5.29	2.81	6.14	6.89	5.05	5.91	6.20	6.76	6.74
水 泥(吨)	0.02	0.03	0.15	0.97	2.32	2.74	4.63	4.30	4.93	3.05	3.27	2.40	2.10	2.49
在岗职工平均工资(元)	1057	1809	4406	7951	21628	27074	44205	53015	59306	66892	68231	69955	70583	74496
城镇常住居民人均可支配收入(元)	541	1032	2926	5502	11025	13002	21883	25205	29283	33140	36132	34983	37432	40221
农村牧区常住居民人均可支配收入(元)	357	600	1251	2453	4601	5308	7803	8756	10047	11416	12800	13439	14420	15480
城乡居民储蓄存款余额(元)	107	407	1657	4110	10293	12253	25224	30637	39541	51539	58650	62602	61728	63613
社会消费品零售额(元)	343	754	2180	4269	9709	11413	16994	19447	22285	25048	27541	30080	32369	35362
固定资产投资总额(元)	190	672	3544	3826	25636	37923	85067	99192	113626	128416	148990	168914	134175	148402

注：人均指标 2005 年(包括 2005 年)以后按常住人口计算。

指　　标	总量指标							
	1985	1990	1995	2000	2005	2010	2011	2012
人口和从业人员								
年末户籍总人口	113.38	120.40	125.28	131.25	137.86	152.38	154.18	152.08
按非农业和农业分								
非农业人口	15.56	22.00	28.15	38.09	45.00	48.35	48.87	47.99
农业人口	97.82	98.40	97.13	93.16	92.86	104.03	105.31	104.09
社会从业人员(万人)	52.42	58.65	65.43	72.37	83.95	98.01	102.15	102.39
按三次产业分								
第一产业	39.21	41.10	42.05	43.42	31.93	27.19	26.66	26.42
第二产业	4.88	6.70	10.39	12.52	21.09	28.26	31.46	31.03
第三产业	8.33	10.85	12.99	16.43	30.93	42.56	44.03	44.95
按职工和非职工分								
#职工	10.00	13.20	16.54	13.05	13.93	16.89	19.57	22.02
#国有单位	8.23	11.08	13.64	9.74	8.86	11.18	12.51	14.09
农村从业人员	41.71	44.65	47.15	52.81	42.08	34.61	38.05	39.14
国民经济核算(当年价,万元)								
地区生产总值	59211	148678	497404	1500922	5948300	26432300	32185400	36568006
第一产业	28851	71248	169560	245272	406400	708100	831600	901374
第二产业	14605	37809	197221	839396	3124500	15514400	19336800	22131321
第三产业	15755	39621	130623	416254	2417400	10209800	12017000	13535311

发展总量与速度指标

				速度指标(%)						
				发展速度（2016年比2015年）	平均增长速度					
2013	2014	2015	2016		1986-1990	1991-1995	1996-2000	2001-2005	2006-2010	2011-2016
154.34	155.90	157.32	159.44	101.3	1.2	0.8	0.9	1.0	2.0	0.8
48.85	49.48	52.82	55.33	104.8	7.2	5.1	6.2	3.4	1.4	2.3
105.49	106.42	104.50	104.11	99.6	0.1	-0.3	-0.8	-0.1	2.3	…
103.08	105.17	107.38	109.45	101.9	2.3	2.2	2.0	3.0	3.1	1.9
26.65	27.31	27.96	28.72	99.1	0.9	0.5	0.6	-6.0	-3.2	0.9
31.10	30.91	29.65	30.51	103.5	6.5	9.2	3.8	11.0	6.0	1.3
45.33	46.96	49.77	50.22	102.6	5.4	3.7	4.8	13.5	6.6	2.8
30.45	30.71	31.23	30.53	97.8	5.7	4.6	-4.6	1.3	3.9	10.4
15.44	14.90	14.01	14.53	106.1	6.1	4.2	-6.5	-1.9	4.8	4.5
39.29	41.32	40.45	42.67	105.5	1.4	1.1	2.3	-4.4	-3.8	3.6
39559000	40554873	42261269	44179341	104.5	10.6	16.9	20.3	24.8	23.4	10.1
975000	995892	989650	1076035	108.7	7.2	5.1	3.2	9.4	5.1	3.7
23693300	23562626	24000114	24613825	102.6	6.1	29.3	28.5	25.0	24.6	11.4
14890700	15996355	17271519	18489481	107.1	19.3	18.4	19.8	30.7	24.0	8.3

指　标	总量指标							
	1985	1990	1995	2000	2005	2010	2011	2012
固定资产(万元)								
固定资产投资	21334	80244	441614	499192	4036867	18983954	22434230	25705760
#国有经济单位(万元)	11969	69717	386721	237942	1556487	7499337	7232621	8581999
城镇集体经济单位(万元)	310	312	810	2120	8312	2940	24456	7858
财政(万元)								
公共财政预算收入	3530	12793	29889	100955	461208	2390774	3461762	3755121
公共财政预算支出	16754	31666	58587	161036	652654	3187910	4466232	4832535
农牧业								
乡村从业人员(万人)	41.71	44.65	47.15	52.81	42.08	34.61	38.05	39.14
农、林、牧、渔业增加值(当年价,亿元)	2.89	7.12	16.96	24.53	40.64	70.81	83.16	90.14
农　业	1.32	3.00	8.60	11.51	21.20	35.43	40.90	46.06
林　业	0.61	0.68	0.97	1.83	1.83	4.1	4.68	4.58
牧　业	0.94	3.40	7.18	10.82	16.55	29.28	35.08	36.74
渔　业	0.01	0.04	0.20	0.37	0.36	0.67	0.98	1.10
主要农作物产量(万吨)								
粮　食	24.57	46.43	68.26	66.73	117.50	141.00	142.53	145.04
油　料	2.76	3.78	5.60	11.71	7.89	6.96	7.55	7.83
甜　菜	14.26	14.05	19.69	8.66	14.01	8.62	10.49	10.77

续表 1

2013	2014	2015	2016	速度指标(%)						
				发展速度（2016年比2015年）	平均增长速度					
					1986-1990	1991-1995	1996-2000	2001-2005	2006-2010	2011-2016
29960428	23904453	27191694	30500757	111.4	30.3	40.6	2.5	51.9	36.3	15.1
10025794	12310492	11352808	15117816	133.2	42.3	40.9	-9.3	45.6	37.0	12.4
2493	6313	5708	627	11.0	0.1	21.0	21.2	31.4	-18.8	-22.7
4400151	4300782	4458999	4510191	101.1	29.4	18.5	27.6	35.5	39.0	11.2
5184663	5417523	5783920	5634393	97.4	13.6	13.1	22.4	32.3	37.3	10.0
39.52	41.32	40.45	42.67	105.5	1.4	1.1	2.3	-4.4	-3.8	3.6
97.50	101.51	100.99	109.73	108.6	19.8	19.0	7.7	10.6	11.7	3.8
49.33	52.94	52.90	65.83	124.4	17.8	23.4	6.0	13.0	10.8	-
4.56	4.93	5.11	5.07	99.2	2.2	7.4	13.5		17.5	-
40.46	40.20	39.35	35.04	89.0	29.3	16.1	8.5	8.9	12.1	-
1.34	1.53	1.61	1.66	103.1	32.0	38.0	13.1	-0.5	13.2	-
155.10	149.60	147.00	147.95	100.7	13.6	8.0	-0.5	12.0	3.7	0.8
8.75	10.29	11.87	12.15	102.8	6.5	8.2	15.9	-7.6	-2.5	9.7
9.46	9.76	8.65	8.18	82.0	-0.3	7.0	-15.1	10.1	-9.3	-0.9

指　标	总量指标							
	1985	1990	1995	2000	2005	2010	2011	2012
猪、牛、羊肉产量(万吨)	2.85	4.43	6.15	8.55	15.82	14.39	14.55	14.69
山羊绒(吨)	486	441	649	559	1723	2620	2654	2549
水产品产量(吨)	335	1403	2719	4340	5933	9800	11724	14387
工　业								
主要工业产品产量								
原煤(万吨)	261.70	610.61	1969.75	2678.91	15252.72	44934.20	58793.75	63937.90
原盐(万吨)	1.45	2.98	4.48	5.19	9.25	1.69	5.33	-
发电量(亿千瓦小时)	0.53	0.79	14.47	90.53	232.60	487.50	557.44	570.11
烧碱(100%,万吨)	0.59	1.17	3.49	2.71	2.24	36.61	33.16	32.92
羊绒衫(万件)	22.43	18.35	167.80	405.90	803.17	1174.30	1360.21	1010.51
建筑业								
建筑业总产值(万元)	2175	9484	22677	134155	684870	2758006	4108635	4350358
施工房屋面积(万平方米)	15.91	24.96	42.54	158.10	341.02	957.63	1684.92	1140.64
竣工房屋面积(万平方米)	9.01	15.10	25.72	104.50	215.66	650.95	555.89	490.12
交通运输								
公路客运量(万人)	257	300	254	861	2001	2095	2305	2423
公路货运量(万吨)	201	353	1093	3319	15800	23450	30356	35258
公路旅客周转量(万人公里)	23001	25245	17433	71280	148935	289554	318700	335066
公路货物周转量(万吨公里)	17564	35998	84069	250560	1203277	4367811	5680800	6877146

注:公路运输从2013年起计算口径有变化,所以和以前年份不可比。

续 表 2

2013	2014	2015	2016	速度指标(%)						
				发展速度(2016年比2015年)	平均增长速度					
					1986-1990	1991-1995	1996-2000	2001-2005	2006-2010	2011-2016
15.55	15.30	16.05	16.51	104.5	9.2	6.8	6.8	13.1	-1.9	2.3
2710	2678	2783	2829	101.7	-1.9	8.0	-2.9	25.2	8.7	1.3
15573	15776	15580	15053	96.6	33.2	14.1	9.8	6.5	10.6	7.4
63000	63000	61600	57000	92.5	18.5	26.4	6.3	41.6	24.1	4.0
1.02	0.98	1.00	1.10	110.0	15.5	8.5	3.0	12.3	-28.8	-6.9
690.70	733.60	738.40	710.90	96.3	8.3	78.9	44.3	20.8	16.0	6.5
42.47	89.67	96.79	107.37	110.9	14.6	24.5	-4.9	-3.7	74.8	19.6
1189.05	1255.70	1379.80	1385.50	100.4	8.3	55.7	19.3	14.6	7.9	2.8
4718022	3633000	1540324	1708525	110.9	34.2	19.0	42.7	38.5	32.1	-7.7
652.62	547.30	223.08	253.00	113.4	9.4	11.3	30.0	16.6	22.9	-19.9
266.84	323.77	120.89	131.36	108.7	10.9	11.2	32.4	15.6	24.7	-23.4
1305	1063	840	647	77.0	3.1	-3.3	27.7	18.4	0.9	—
13328	16996	18951	17426	92.0	11.9	25.4	24.9	36.6	8.2	—
240971	209720	156541	159972	102.2	1.9	-7.1	32.5	15.9	14.2	—
1808106	1944995	2181465	2225061	102.0	15.4	18.5	24.4	36.9	29.4	—

指　　标	总量指标							
	1985	1990	1995	2000	2005	2010	2011	2012
邮电通信业								
报刊累计份数(万份)				2453	2163	2414	2702	2257
固定电话用户(万户)	0.49	0.97	3.54	12.37	23.60	24.49	25.03	25.04
移动电话用户(万户)				8.83	76.01	296.22	299.43	301.24
国内商业								
社会消费品零售总额(万元)	38610	90080	271601	556934	1528822	3721770	4399977	5013886
对外经济贸易								
进出口总额(万美元)		1093	8163	18354	58332	43068	61500	42260
出口总额		1093	6723	17202	55087	31668	31026	22903
进口总额			1440	1152	3245	11400	30474	19357
旅　游								
旅游人数(万人)					310	444.80	506.30	592.91
入境旅游人数(万人)		0.12	0.47	0.66	1.10	2.23	3.15	3.43
旅游总收入(亿元)					18.60	76.10	95.02	125.39
旅游外汇收入(万美元)					354	1155	1687	1912
金融保险								
金融机构各项存款(万元)	21019	74930	292183	775576	3059224	17608770	20215390	21949177
金融机构各项贷款(万元)	41926	143161	722482	939224	2755548	15854036	19613277	22181093
保险公司保费收入(万元)	200	1180	5325	17284	64123	310794	370777	340408
教育科技								
在校学生数								
小学(人)	148242	143224	141073	114255	96361	103193	106216	107485
普通中学(人)	48106	57557	60212	66832	97769	96350	98260	86985
中等专业学校(人)	3333	5240	3755	5384	7991	14588	10734	8822

续表 3

2013	2014	2015	2016	速度指标(%) 发展速度(2016年比2015年)	平均增长速度 1986-1990	1991-1995	1996-2000	2001-2005	2006-2010	2011-2016
2374	2474	2489	2416	97.1				-2.5	2.2	...
23.34	22.43	21.60	10.80	50.0	14.9	29.4	28.5	13.8	0.7	-12.8
306.21	249.82	137.50	208.80	151.9				53.8	31.3	-5.7
5538138	6094847	6603243	7268069	110.1	18.5	24.7	15.4	22.4	19.5	11.8
113600	72200	71131	127877	179.5		49.5	17.6	26.0	-5.9	19.9
34578	47500	58271	44160	75.9		43.8	20.7	26.2	-10.5	5.7
79100	24700	12862	83717	649.2			-4.4	23.0	28.6	40.8
650.70	751.20	868.30	1040.57	120.1					7.5	15.2
3.10	3.11	3.20	3.47	108.4		31.4	7.0	10.8	15.2	7.6
152.40	197.10	255.86	313.91	122.7					32.5	26.6
2139	2507	2536	2723	107.4					26.7	15.4
23256906	24942640	27009157	31181803	115.4	28.9	31.3	21.6	31.6	41.9	10.0
23685646	25887252	27020246	29097655	107.7	27.8	38.2	5.4	24.0	41.9	10.7
323700	339612	424542	491097	115.7	42.6	35.2	26.6	30.0	37.1	7.9
111939	116065	123155	135326	109.9	-0.7	-0.3	-4.1	-3.3	1.4	4.6
85301	83748	82033	79984	97.5	3.7	0.9	2.1	7.9	-0.3	-3.1
8620	8059	8167	7731	94.7	9.5	-6.4	7.5	8.2	12.8	-10.0

指　　标	总量指标							
	1985	1990	1995	2000	2005	2010	2011	2012
县以上部门属科研开发机构基本情况								
机构数(个)	8	8	8	9	9	9	9	8
职工人数(人)	726	826	1194	420	456	314	340	378
经费支出总额(万元)	721	4967	6694	1713	2603	7091	10325	89435
生　活								
城镇常住居民人均可支配收入(元)	541	1153	2926	5502	11025	25205	29283	33140
农村牧区常住居民人均可支配收入(元)	357	600	1251	2453	4601	8756	10047	11416
城乡居民储蓄存款(万元)	12080	48604	206482	536252	1620865	5863378	7807046	10316736
工　资								
在岗职工工资总额(万元)	10019	22915	71651	103229	304053	895475	1160473	1476596
#国有经济单位	8587	20134	62828	80162	190074	631500	793917	984166
在岗职工平均工资(元)	1057	1809	4406	7951	21628	53015	59306	66892
卫　生								
医院、卫生院数(个)	157	155	156	149	132	156	158	170
床位数(张)	2646	3042	3315	4025	4613	7287	7191	8669
医生数(人)	2044	2464	2910	3515	3043	5479	6031	6427

续表 4

2013	2014	2015	2016	速度指标(%)						
				发展速度（2016年比2015年）	平均增长速度					
					1986-1990	1991-1995	1996-2000	2001-2005	2006-2010	2011-2016
8	8	8	7	87.5			2.4			-4.1
378	452	447	485	108.5	2.6	7.6	-18.9	1.7	-7.2	7.5
9234	11064	12060	12854	106.6	47.1	6.1	-23.9	8.7	22.2	10.4
37564	34983	37432	40221	107.5	16.3	20.5	13.5	14.9	18.0	10.2
12800	13439	14420	15480	107.4	10.9	15.8	14.4	13.4	13.7	11.0
11793909	12684487	12592562	13074318	103.8	32.1	33.5	21.0	24.8	29.3	14.3
2113100	2148095	2207228	2363298	101.1	18.0	25.6	7.6	24.1	24.1	17.6
1163071	1114187	1122223	1263663	112.6	18.6	25.6	5.0	18.8	27.1	12.3
68231	69955	70583	74496	105.5	11.3	19.5	12.5	22.2	19.6	5.8
175	176	171	175	102.3	-0.3	0.1	-0.9	-2.4	3.4	1.9
9872	10198	10593	11022	104.0	2.8	1.7	4.0	2.8	9.6	7.1
6893	7227	7559	5109	67.6	3.8	3.4	3.8	-2.8	12.5	-1.2

2-5 国民经济主要比例关系

单位:%

指　标	1985	1990	1995	2000	2005	2006	2009	2010	2011	2012	2013	2014	2015	2016
生产总值中三次产业比例														
第一产业	48.73	47.92	34.09	16.34	6.83	5.39	2.80	2.68	2.58	2.46	2.46	2.39	2.34	2.44
第二产业	24.67	25.43	39.65	55.93	52.53	54.95	58.33	58.69	60.08	60.52	59.89	59.18	56.79	55.71
第三产业	26.60	26.65	26.26	27.73	40.64	39.66	38.87	38.63	37.34	37.01	37.64	38.43	40.87	41.85
社会从业人员中三次产业比例														
第一产业	70.08	64.27	60.00	38.03	36.12	31.26	27.74	26.10	25.80	25.86	25.96	26.04	26.24	26.20
第二产业	11.42	15.88	17.29	25.12	26.18	27.28	28.83	30.80	30.30	30.17	29.39	27.61	27.88	27.90
第三产业	18.5	19.85	22.71	36.85	37.7	41.46	43.42	43.10	43.90	43.97	44.65	46.35	45.88	45.90
农业总产值中农、林、牧、渔业比例														
农　业	44.00	50.69	51.43	49.17	46.77	47.73	44.85	45.39	44.56	51.10	45.68	47.36	47.68	55.99
林　业	15.19	9.11	4.53	5.9	3.81	4.09	5.23	4.88	4.73	5.08	4.01	4.17	4.36	3.99
牧　业	40.63	39.39	43.16	43.83	46.90	45.51	47.08	47.00	47.86	40.76	47.26	45.24	44.56	36.65
渔　业	0.18	0.81	0.88	1.10	0.77	0.87	0.77	0.83	1.04	1.23	1.22	1.34	1.41	1.39
农、林、牧、渔服务业					1.75	1.80	2.07	1.89	1.81	1.84	1.84	1.89	2.00	1.98
工业总产值中轻重工业比例														
轻工业	64.95	60.44	38.88	38.35	15.71	14.69	6.84	7.48	5.67	4.96	5.51	4.90	4.70	4.30
重工业	35.05	39.56	61.12	61.65	84.29	85.31	93.16	92.52	94.33	95.04	94.49	95.10	95.30	95.70
公共财政预算收入占生产总值比例	5.96	8.60	6.01	6.73	7.75	10.00	7.50	9.04	10.76	10.27	11.41	10.63	10.55	10.21
文教卫生科学事业费占财政支出比例	28.64	29.66	32.07	19.79	14.21	12.10	22.84	24.48	21.79	21.19	21.24	21.34	17.95	17.32

注:本表按当年价格计算。

主要统计指标解释

当年价格 指报告期的实际价格,如工厂的出厂价格,商业的零售价格等。按当年价格计算,是指一些货币表现的实物量指标,如社会总产值、国民收入、国民生产总值等,按照当年的实际价格来计算总量。使用当年价格计算的数字,是为了使国民经济各项指标相互衔接,便于考虑当年效益,便于对生产和流通、生产和分配、生产和消费进行经济核算和综合平衡。

按当年价格计算的价值指标,在不同年份之间进行对比时,因为包含有各年价格变动的因素,不能确实的反映实物量的增减变动。必须消除价格变动的因素后,才能真实反映经济发展动态。因此,在计算增长速度时都使用按可比价格计算的数字。

不变价格 用某一时期的同类产品的平均价格作为固定价格,来计算各个时期的产品价格。新中国成立后,随着工农业产品价格水平的变化,国家统计局先后五次制定了全国统一的工业品不变价格和农产品不变价格,从 1949 年到 1957 年使用 1952 年工(农)业产品不变价格,从 1957 年到 1971 年使用 1957 年不变价格。从 1971 年到 1981 年使用 1970 年不变价格,从 1981 年到 1990 年使用 1980 年不变价格。从 1990 年开始使用 1990 年不变价格。

可比价格 指在不同时期的价值指标对比时,扣除了价格变动的因素,以确切表示物量的变化。按可比价格计算有两种方法:一种是直接按产品产量乘其不变价格计算:一种是物价指数换算。

平均每年增长速度 在我国计算平均增长速度有两种方法,一种是习惯上经常使用的"水平法",又称几何平均法,是以间隔期最后一年的水平同基期水平对比来计算平均每年增长(或下降)速度。另一种是"累计法",又称代数平均法或方程法,是以间隔期内各年水平的总和同基期水平对比来计算平均每年增长(或下降)速度。

在一般正常情况两种方法计算的平均每年增长速度比较接近,但在经济发展不平衡,出现大起大落时,两种方法计算的结果差别较大。

三、国民经济核算

资料整理员：赵利兵

全民健身中心

3－1　主要年份地区生产总值

单位:万元

年　份	地区生产总值	第一产业	第二产业			第三产业	人均地区生产总值(元)
				工　业	建筑业		
1957	14588	6557	4139	2897	1242	3892	263
1965	16802	7552	4767	3337	1430	4483	230
1970	23737	10670	6734	4714	2020	6333	285
1975	30787	13839	8734	6114	2620	8214	322
1978	34633	15568	9825	6877	2948	9240	344
1980	34191	15369	9700	6790	2910	9122	330
1981	35467	15942	10062	7043	3019	9463	337
1982	42013	18885	11919	8343	3576	11209	393
1983	41386	18603	11741	8219	3522	11042	382
1984	48936	21997	13883	9718	4165	13056	444
1985	59211	28851	14605	10223	4382	15755	526
1986	69049	31292	19260	13482	5778	18497	605
1987	83372	34737	24369	17060	7309	24266	718
1988	120385	54192	35241	26485	8756	30952	1026
1989	140510	61235	42761	35317	7444	36514	1193
1990	148678	71248	37809	27505	10304	39621	1245
1991	177461	70041	69175	39143	30032	38245	1465
1992	206843	76513	74806	45831	28975	55524	1691
1993	258566	82383	98789	49772	49017	77394	2016
1994	368592	140693	122694	87084	35611	105205	2987
1995	497404	169560	197221	159392	37829	130623	3992
1996	641471	196572	291379	259618	31761	153520	5091
1997	792246	218507	373600	341531	32068	200139	6293
1998	1002603	240050	493825	451522	42303	268728	7875
1999	1181153	221087	627391	573636	53756	332675	9165
2000	1500922	245272	839396	768738	70658	416254	11505
2001	1718362	243751	954425	875791	78634	520186	13014
2002	2047691	281131	1103026	1017219	85808	663534	15324
2003	2784642	331111	1417312	1267441	149871	1036219	20596
2004	3959644	367218	1965051	1693167	271884	1627375	25961
2005	5948300	406400	3124500	2690100	434400	2417400	37774
2006	8225100	430800	4396400	3676800	719600	3397900	50582
2007	11731600	477800	6331000	5350500	980500	4922800	69744
2008	16902000	576500	9445500	8439000	1006500	6880000	95933
2009	21610000	606100	12604900	11321100	1283800	8399000	117274
2010	26432300	708100	15514400	13911300	1603100	10209800	138109
2011	32185400	831600	19336800	17230500	2106300	12017000	163012
2012	36568006	901374	22131321	19716821	2414500	13535311	182680
2013	38558993	956900	22605281	20095299	2597982	14996812	191755
2014	40554873	995892	23562626	20938507	2718000	15996355	200152
2015	42261269	989650	24000100	21311875	2791439	17271519	207163
2016	44179341	1076035	24613825	21800425	2919000	18489481	215488

注:2012年及以前年度三次产业分类按照《国民经济行业分类》(GB/T4752-2002)。2013年以后年度三次产业分类按照《国民经济行业分类》(GB/T4754-2011)。

3-2 主要年份地区生产总值构成

单位:%

年 份	地区生产总值	第一产业	第二产业	工 业	建筑业	第三产业
1957	100	44.95	28.37	19.86	8.51	26.68
1965	100	44.95	28.37	19.86	8.51	26.68
1970	100	44.95	28.37	19.86	8.51	26.68
1975	100	44.95	28.37	19.86	8.51	26.68
1978	100	44.95	28.37	19.86	8.51	26.68
1980	100	44.95	28.37	19.86	8.51	26.68
1981	100	44.95	28.37	19.86	8.51	26.68
1982	100	44.95	28.37	19.86	8.51	26.68
1983	100	44.95	28.37	19.86	8.51	26.68
1984	100	44.95	28.37	19.86	8.51	26.68
1985	100	48.73	24.67	17.27	7.40	26.61
1986	100	45.32	27.89	19.53	8.37	26.79
1987	100	41.67	29.23	20.46	8.77	29.11
1988	100	45.02	29.27	22.00	7.27	25.71
1989	100	43.58	30.43	25.13	5.30	25.99
1990	100	47.92	25.43	18.50	6.93	26.65
1991	100	39.47	38.98	22.06	16.92	21.55
1992	100	36.99	36.17	22.16	14.01	26.84
1993	100	31.86	38.21	19.25	18.96	29.93
1994	100	38.17	33.29	23.63	9.66	28.54
1995	100	34.09	39.65	32.04	7.61	26.26
1996	100	30.64	45.42	40.47	4.95	23.93
1997	100	27.58	47.16	43.11	4.05	25.26
1998	100	23.94	49.25	45.03	4.22	26.80
1999	100	18.72	53.12	48.57	4.55	28.17
2000	100	16.34	55.93	51.22	4.71	27.73
2001	100	14.19	55.54	50.97	4.58	30.27
2002	100	13.73	53.87	49.68	4.19	32.40
2003	100	11.89	50.90	45.52	5.38	37.21
2004	100	9.27	49.63	42.76	6.87	41.10
2005	100	6.83	52.53	45.22	7.30	40.64
2006	100	5.24	53.45	44.70	8.75	41.31
2007	100	4.07	53.97	45.61	8.36	41.96
2008	100	3.41	55.88	49.93	5.95	40.71
2009	100	2.80	58.33	52.39	5.94	38.87
2010	100	2.68	58.69	52.63	6.06	38.63
2011	100	2.58	60.08	53.54	6.54	37.34
2012	100	2.46	60.52	53.92	6.60	37.01
2013	100	2.46	59.89	53.33	6.57	37.64
2014	100	2.46	58.10	51.63	6.70	39.44
2015	100	2.34	56.79	50.43	6.61	40.87
2016	100	2.44	55.71	49.35	6.61	41.85

注:本表按当年价格计算。

3－3 主要年份地区生产总值指数

上年=100

年 份	地区生产总值	第一产业	第二产业	工 业	建筑业	第三产业	人均地区生产总值
1957	67.9	65.8	66.2	57.5	72.2	73.3	65.7
1965	89.5	86.0	86.8	84.5	89.0	87.5	86.8
1970	100.0	110.1	107.8	110.8	100.2	81.2	97.7
1975	109.4	107.9	113.1	109.2	119.4	108.1	107.5
1978	102.5	103.8	99.4	97.1	101.9	103.6	100.9
1980	100.5	99.9	102.6	103.8	99.5	99.4	99.1
1981	100.8	102.1	99.8	104.5	73.6	99.7	99.4
1982	121.5	120.0	122.8	129.0	113.8	122.8	119.5
1983	99.0	98.5	100.7	101.8	94.6	98.1	97.7
1984	108.7	109.3	106.9	107.5	102.1	109.7	106.7
1985	111.5	106.6	115.4	110.5	120.7	115.6	109.2
1986	111.9	97.0	124.2	102.7	135.4	125.1	110.3
1987	110.4	96.9	115.0	117.4	111.3	124.2	108.5
1988	115.8	128.4	105.2	116.6	100.7	112.9	113.6
1989	108.2	101.4	88.2	101.4	79.4	135.9	107.4
1990	106.7	115.9	101.5	104.8	97.4	101.4	105.3
1991	121.4	99.9	180.9	107.8	210.6	93.9	119.7
1992	115.3	109.0	108.6	115.6	101.4	142.1	114.2
1993	113.8	98.2	123.6	119.6	131.5	123.1	118.9
1994	115.3	108.6	114.2	140.2	66.3	124.2	114.7
1995	119.1	110.9	130.3	137.3	103.1	114.1	117.9
1996	123.1	107.7	140.2	152.7	75.9	114.9	121.8
1997	118.3	105.5	123.1	124.7	106.1	121.8	118.4
1998	120.0	107.0	125.2	126.1	113.7	121.5	118.6
1999	118.0	95.1	126.2	126.2	125.8	119.7	116.6
2000	122.1	101.3	128.7	128.7	128.2	121.1	120.7
2001	113.0	97.0	112.9	113.2	109.8	122.5	113.0
2002	117.4	114.9	114.2	115.2	102.9	124.6	116.0
2003	127.1	114.6	126.7	123.4	167.5	133.1	125.6
2004	131.0	115.7	132.2	127.2	177.9	134.1	127.7
2005	137.0	106.2	141.5	139.8	152.9	139.8	132.7
2006	126.2	104.2	129.7	128.0	140.5	125.3	122.2
2007	125.8	103.4	128.7	128.3	131.0	125.0	121.6
2008	122.9	108.3	121.9	127.2	92.8	125.8	117.3
2009	123.0	105.2	122.9	122.0	130.1	125.0	117.6
2010	119.0	104.5	119.9	120.1	118.0	119.1	114.6
2011	115.1	104.9	116.8	116.3	121.5	113.2	111.6
2012	113.0	103.6	115.4	115.6	113.5	109.8	111.4
2013	109.6	103.3	111.4	111.9	107.3	107.0	109.1
2014	108.0	104.1	109.9	110.3	105.7	105.1	107.2
2015	107.7	103.3	108.0	108.3	105.7	107.5	107.0
2016	107.3	103.1	107.5	107.8	105.0	107.5	106.8

注:本表按不变价格计算。

3－4 地区生产总值(2016年)

指　标	绝对数(亿元)	构成(%)	指数(上年=100)
地区生产总值	4417.93	100.00	7.3
农、林、牧、渔业	109.74	2.48	3.2
采矿业	1600.99	36.24	9.6
制造业	409.35	9.27	3.5
电力、热力、燃气及水生产和供应业	169.70	3.84	3.1
建筑业	291.90	6.61	5.0
批发和零售业	473.44	10.72	6.7
交通运输、仓储和邮政业	471.14	10.66	3.5
住宿和餐饮业	81.91	1.85	7.9
信息传输、计算机服务和软件业	26.22	0.59	7.0
金融业	160.78	3.64	12.5
房地产业	86.87	1.97	7.3
租赁和商务服务业	85.49	1.93	20.3
科学研究和技术服务业	18.29	0.41	1.4
水利、环境和公共设施管理业	24.56	0.56	5.6
居民服务、修理和其他服务业	191.08	4.32	13.6
教育	43.79	0.99	5.8
卫生和社会工作	28.66	0.65	9.4
文化、体育和娱乐业	14.30	0.32	17.3
公共管理和社会组织	129.73	2.94	4.0

3－5　分旗区地区生产总值(2016 年)

单位:亿元

地　区	地区生产总值	第一产业	第二产业			第三产业	人均地区生产总值(元)
				工业	建筑业		
东胜区	942.72	1.46	346.27	285.44	60.83	595.15	185886
达拉特旗	490.80	35.28	271.57	246.75	24.82	185.94	147809
准格尔旗	1143.20	10.06	675.32	616.40	58.92	457.82	307023
鄂托克前旗	136.42	12.20	81.99	65.78	17.23	42.22	191871
鄂托克旗	453.46	8.18	342.06	310.18	31.88	103.21	282090
杭锦旗	100.23	19.20	40.78	32.10	10.31	40.24	88582
乌审旗	412.46	13.71	307.83	275.48	32.35	90.91	310004
伊金霍洛旗	681.42	7.51	400.38	358.92	41.46	273.50	329029
康巴什区	83.99	...	16.41	12.66	3.75	67.58	54717

注:本表按当年价格计算。

3－6 分旗区地区生产总值构成(2016 年)

单位:%

地 区	地区生产总值	第一产业	第二产业	工业	建筑业	第三产业
东 胜 区	100.0	0.2	36.7	30.3	6.5	63.1
达拉特旗	100.0	7.2	55.3	50.3	5.1	37.5
准格尔旗	100.0	0.9	59.1	53.9	5.2	40.0
鄂托克前旗	100.0	8.9	60.1	48.2	12.6	31.0
鄂托克旗	100.0	1.8	75.4	68.4	7.0	22.8
杭 锦 旗	100.0	19.2	40.7	32.0	10.3	40.2
乌 审 旗	100.0	3.3	74.6	66.8	7.8	22.0
伊金霍洛旗	100.0	1.1	58.8	52.7	6.1	40.1
康巴什区	100.0	…	19.5	15.1	4.5	80.5

注:本表按当年价格计算。

3－7 分旗区地区生产总值指数(2016 年)

上年 =100

地 区	地区生产总值	第一产业	第二产业	工业	建筑业	第三产业	人均地区生产总值
东 胜 区	107.5	103.0	106.3	106.8	103.5	108.2	112.9
达拉特旗	107.1	103.5	107.5	107.9	103.3	107.1	106.9
准格尔旗	107.1	103.5	107.3	107.6	103.8	106.8	106.9
鄂托克前旗	108.1	103.4	108.6	109.7	104.2	109.0	108.1
鄂托克旗	108.2	103.4	108.5	109.0	103.9	107.3	107.9
杭 锦 旗	109.1	103.1	113.7	117.7	103.7	107.7	109.2
乌 审 旗	107.3	103.2	107.7	108.1	103.8	106.4	107.9
伊金霍洛旗	107.5	103.2	106.9	107.4	103.2	108.5	116.2
康巴什区	107.0	…	108.0	109.5	103.2	106.7	70.8

注:本表按不变价格计算。

主要统计指标解释

地区生产总值　是按市场价格计算的地区生产总值的简称。它是一个地区所有常住单位在一定时期内生产活动的最终成果。地区生产总值有三种表现形式，即价值形态、收入形态和产品形态。从价值形态看，它是所有常住单位在一定时期内所生产的全部货物和服务价值超过同期投入的全部非固定资产货物和服务价值的差额，即所有常住单位的增加值之和；从收入形态看，它是所有常住单位在一定时期内所创造并分配给常住单位和非常住单位的初次分配收入之和；从产品形态看，它是最终使用的货物和服务减去进口货物和服务。在实际核算中，地区生产总值的三种表现形态表现为三种计算方法，即生产法、收入法和支出法。三种方法分别从不同的方面反映地区生产总值及其构成。

劳动者报酬　指劳动者因从事生产活动所获得的全部报酬。包括劳动者获得的各种形式的工资、奖金和津贴，既包括货币形式的，也包括实物形式的；还包括劳动者所享受的公费医疗和医药卫生费、上下班交通补贴和单位支付的社会保险费等。对于个体经济来说，其所有者所获得的劳动报酬和经营利润不易区分，这两部分统一作为劳动者报酬处理。

生产税净额　指生产税减生产补贴后的余额。生产税指政府对生产单位生产、销售和从事经营活动以及因从事生产活动使用某些生产要素（如固定资产、土地、劳动力）所征收的各种税、附加费和规费。生产补贴与生产税相反，指政府对生产单位的单方面收入转移，因此视为负生产税，包括政策亏损补贴、粮食系统价格补贴、外贸企业出口退税收入等。

固定资产折旧　指一定时期内为弥补固定资产损耗按照核定的固定资产折旧率提取的固定资产折旧，或按国民经济核算统一规定的折旧率虚拟计算的固定资产折旧。它反映了固定资产在当期生产中的转移价值。各类企业和企业化管理的事业单位的固定资产折旧是指实际计提并计入成本费中的折旧费；不计提折旧的政府机关、非企业化管理的事业单位和居民住房的固定资产折旧是按照统一规定的折旧率和固定资产原值计算的虚拟折旧。原则上，固定资产折旧应按固定资产的重置价格计算，但是目前我国尚不具备对全社会固定资产进行重估价的基础，所以暂时只能采用上述办法。

营业盈余　指常住单位创造的增加值扣除劳动者报酬、生产税净额和固定资产折旧后的余额。它相当于企业的营业利润加上生产补贴，但要扣除从利润中开支的工资和福利等。

四、人 口

资料整理员：郝东娜 陈耀龙

鄂尔多斯体育场鸟瞰图

4－1 主要年份年末户籍总人口数及构成

单位:万人

年 份	总人口	按性别分		按农业、非农业分		按城乡分	
		男	女	农业人口	非农业人口	市镇人口	乡村人口
1989	118.41	62.82	55.59	97.94	20.47	19.53	98.88
1990	120.40	64.16	56.24	98.40	22.00	21.51	98.89
1991	121.73	64.49	57.24	98.40	23.33	22.77	98.96
1992	122.82	65.12	57.70	98.87	23.95	23.53	99.29
1993	122.81	65.16	57.65	97.42	25.39	24.56	98.25
1994	123.92	65.74	58.18	97.36	26.56	27.94	95.98
1995	125.28	66.31	58.97	97.13	28.15	30.15	95.12
1996	125.18	66.12	59.06	94.94	30.24	32.17	93.01
1997	126.58	67.00	59.58	94.52	32.06	32.39	94.19
1998	128.07	67.67	60.40	93.62	34.45	44.44	83.63
1999	129.67	68.51	61.16	93.06	36.61	49.67	80.00
2000	131.25	69.20	62.05	93.16	38.09	73.91	57.34
2001	132.83	69.94	62.89	92.55	40.28	89.36	43.47
2002	134.42	70.60	63.82	92.26	42.16	91.08	43.34
2003	135.97	71.22	64.75	91.92	44.05	97.60	38.37
2004	136.87	71.58	65.29	91.97	44.90	97.76	39.11
2005	137.86	71.95	65.91	92.86	45.00	98.80	39.06
2006	141.00	73.39	67.61	95.32	45.68	126.95	14.05
2007	143.99	74.65	69.34	97.65	46.34		
2008	146.69	75.58	71.11	99.8	46.89		
2009	149.48	76.80	72.69	101.94	47.54		
2010	152.38	77.92	74.46	104.03	48.35		
2011	154.18	78.46	75.72	105.31	48.87		
2012	152.08	77.34	74.74	104.09	47.99		
2013	154.34	78.32	76.02	105.49	48.58		
2014	155.90	78.98	76.92	106.42	49.48		
2015	157.32	79.55	77.77	104.50	52.82		
2016	159.44	80.52	78.91	104.11	55.33		

4－2 主要年份户籍人口出生率、死亡率、自然增长率

单位:(‰)

年　份	出生率	死亡率	自然增长率	人口机械增长率
1957	41.18	8.70	32.48	-10.28
1965	35.42	8.15	27.27	-0.90
1970	37.91	6.99	30.92	-10.24
1975	31.37	6.56	24.81	-4.07
1978	25.06	6.57	18.49	-0.97
1980	24.45	6.65	17.80	2.69
1981	25.83	6.75	19.08	-4.76
1982	24.56	6.61	17.95	4.18
1983	13.57	4.68	8.89	1.08
1984	19.22	4.62	14.60	2.41
1985	13.28	4.37	8.91	6.93
1986	13.79	4.30	9.49	1.75
1987	14.17	4.49	9.68	0.37
1988	12.97	3.93	9.04	3.50
1989	14.06	3.98	10.08	-0.46
1990	20.19	7.42	12.77	3.89
1991	12.86	4.44	8.42	2.55
1992	12.45	4.59	7.86	1.02
1993	12.29	4.77	7.52	6.48
1994	12.56	4.80	7.76	3.38
1995	12.79	4.91	7.88	6.46
1996	12.90	4.80	8.10	10.64
1997	12.60	5.82	6.78	4.06
1998	11.72	4.41	7.32	6.71
1999	10.62	4.34	6.28	7.66
2000	12.69	6.79	5.89	5.06
2001	9.43	3.52	5.91	7.45
2002	9.68	3.80	5.88	6.53
2003	9.26	3.66	5.59	7.04
2004	10.71	6.28	4.43	2.07
2005	12.46	6.41	6.05	3.26
2006	10.47	2.54	7.93	10.29
2007	13.68	4.54	9.14	10.30
2008	14.23	4.89	9.34	8.33
2009	14.36	3.84	10.50	9.14
2010	19.44	6.59	12.85	6.67
2011	12.58	4.00	8.58	5.98
2012	15.27	12.87	2.39	2.41
2013	10.94	5.12	5.80	2.36
2014	14.97	5.14	9.83	1.77
2015	14.46	5.11	9.35	1.13
2016	17.55	4.30	13.25	1.79

4－3 2015年-2016年末户籍总人口及其变动情况

指　　标	2015	2016	2016年比2015年增长(%)
一、年末总户数(户)	672206	678112	0.9
二、总人口数(人)	1573204	1594396	1.3
#蒙古族	199680	202159	1.2
其他少数民族	8865	9184	3.6
按性别分			
男(人)	795533	805249	1.2
女(人)	777671	789147	1.5
按农业和非农业分			
农业人口(人)	1044971	1041051	-0.4
非农业人口(人)	528233	553345	4.8
三、人口自然变动			
出生人口(人)	22648	27793	22.7
男	11512	14409	25.2
女	11136	13384	20.2
死亡人口(人)	7893	6804	-13.8
出生率(‰)	14.46	17.55	21.4*
死亡率(‰)	5.11	4.30	-15.9*
自然增长率(‰)	9.35	13.25	41.7*
四、人口迁移变动			
省内迁入(人)	11068	12503	13.0
省外迁入(人)	6636	3321	-50.0
迁入率(‰)	11.30	9.99	-1.3*
迁往省内(人)	5306	11040	108.1
迁往省外(人)	9470	1945	-79.5
迁出率(‰)	9.43	8.20	-1.2*
机械增长率(‰)	1.87	1.79	-0.1*

注:"*"为提高或降低千分点个数。

4－4　分旗区户籍人口及人口变动情况(2016 年)

指　　标	东胜区	达拉特旗	准格尔旗	鄂托克前旗	鄂托克旗	杭锦旗	乌审旗	伊金霍洛旗
一、年末总户数(户)	106796	166068	147035	28947	43103	65948	45049	75166
二、总人口数(人)	289341	369306	326516	79556	97910	143540	113377	174850
#蒙古族	27758	16976	32634	23686	27001	27366	32965	13773
其他少数民族	3694	1561	2026	146	411	361	185	800
按性别分								
男	144846	187407	164996	40114	49249	73097	57362	88178
女	144495	181899	161520	39442	48661	70443	55015	86672
按农业和非农业分								
农业人口	32193	300941	257609	55815	60261	115573	88390	130269
非农业人口	257148	68365	68907	23741	37649	27967	24987	44581
三、人口自然变动								
出生人口(人)	5597	7558	4040	1089	1150	2817	2701	2841
男	2870	3764	2060	578	625	1466	1453	1593
女	2727	3794	1980	511	525	1351	1248	1248
死亡人口(人)	652	1723	1356	343	493	873	532	832
出生率(‰)	19.6	20.6	12.4	13.8	11.8	19.7	24.0	16.3
死亡率(‰)	2.3	4.7	4.2	4.3	5.0	6.1	4.7	4.8
自然增长率(‰)	17.3	15.9	8.2	9.5	6.8	13.6	19.3	11.5
四、人口迁移变动								
省内迁入(人)	8417	1258	1569	190	227	329	166	347
省外迁入(人)	1579	268	396	272	137	70	277	322
迁往省内(人)	5182	1786	1541	220	489	756	291	775
迁往省外(人)	769	231	205	137	152	90	175	186

4－5 民族人口及构成

单位:人

指　　标	2015	2016	构成(%)	
			2015	2016
总人口	1573204	1594396	100.0	100.0
#汉　族	1364659	1383053	86.7	86.7
蒙古族	199680	202159	12.7	12.7
回　族	2074	2118	0.1	0.1
满　族	5320	5545	0.3	0.3
朝鲜族	183	190		
达翰尔族	190	200		
鄂温克族	56	65		
鄂伦春族	11	7		
壮　族	136	141		
藏　族	152	150		
锡伯族	21	22		
苗　族	147	155		
土家族	111	119		
彝　族	151	155		
维吾尔族	11	12		

4－6　主要年份年末民族人口数

单位：人

年份	在人口总数中						
	汉族	蒙古族	回族	满族	朝鲜族	达斡尔族	鄂温克族
1957	491879	69375	197	119	2	1	1
1965	652498	86816	602	248	11	36	5
1970	745491	94942	694	322	2	51	
1975	856247	108408	811	448	18	30	8
1978	899006	113961	780	474	19	29	7
1980	913784	119333	825	542	18	38	8
1981	936160	120937	848	580	24	40	9
1982	950813	123930	955	768	19	42	9
1983	959207	126403	780	878	18	38	10
1984	984857	129271	815	901	17	42	10
1985	998266	133572	850	950	18	42	11
1986	1009054	135536	812	1044	17	45	10
1987	1019008	137049	832	1145	14	46	9
1988	1031170	139318	860	1280	18	54	11
1989	1039202	142626	881	1256	20	53	12
1990	1056013	145506	925	1386	25	57	14
1991	1067412	147330	942	1428	29	61	14
1992	1078664	146940	943	1414	35	55	11
1993	1077815	147544	992	1537	43	63	12
1994	1088779	147408	1062	1648	66	64	13
1995	1100048	149626	1024	1748	67	68	25
1996	1119196	151361	1075	1931	82	67	8
1997	1107000	155028	1108	2274	85	74	12
1998	1120302	156281	1146	2586	104	69	14
1999	1132335	158425	1076	2748	362	207	259
2000	1148549	159379	1234	2855	106	89	16
2001	1161721	161937	1279	2908	161	83	15
2002	1177240	162174	1315	3018	114	82	19
2003	1191876	162805	1410	3095	117	79	19
2004	1198127	165413	1398	3167	119	81	17
2005	1204217	168627	1428	3212	124	79	14
2006	1236944	167572	1465	3331	120	85	14
2007	1258587	175463	1543	3549	122	93	21
2008	1281128	179530	1669	3731	131	98	28
2009	1364659	199680	2074	5320	183	190	56
2010	1330174	186464	1823	4173	140	119	30
2011	1344699	189543	1895	4386	143	130	35
2012	1323177	189892	1924	4581	140	152	43
2013	1341108	194110	1980	4861	149	164	48
2014	1352889	197585	2038	5123	165	178	53
2015	1364659	199680	2074	5320	183	190	56
2016	1383053	202159	2118	5545	190	200	65

4－7 部分年份全市常住人口

指　标	2005	2006	2007	2008	2009	2010	2011	2012	2013	2014	2015	2016
年末人口(万人)	160.45	164.77	171.65	180.72	187.82	194.95	199.93	200.42	201.75	203.49	204.51	205.53
城镇人口	86.48	94.09	104.77	117.49	127.36	135.55	141.27	143.68	146.01	148.16	149.55	151.15
乡村人口	73.97	70.68	66.88	63.23	60.46	59.40	58.66	56.74	55.74	55.33	54.96	54.38
城镇化率(%)	53.90	57.10	61.04	65.01	67.81	69.53	70.66	71.69	72.37	72.81	73.13	73.54
出生人口(万人)	1.71	1.69	1.79	1.81	1.93	2.34	2.30	2.34	2.20	2.18	1.88	2.15
死亡人口(万人)	0.80	0.93	0.94	0.94	1.00	0.96	0.97	0.99	1.03	1.06	0.90	1.05
出生率(‰)	10.87	10.40	10.65	10.29	10.47	12.21	11.64	11.69	10.94	10.76	9.21	10.49
死亡率(‰)	5.11	5.71	5.56	5.36	5.43	5.00	4.93	4.95	5.12	5.24	4.41	5.13
自然增长率(‰)	5.76	4.69	5.09	4.93	5.04	7.21	6.71	6.74	5.82	5.52	4.80	5.36

注:2001-2003 年没有常住人口统计。

4－8 部分年份分旗区常住人口

单位：万人

地 区	2006	2007	2008	2009	2010	2011	2012	2013	2014	2015	2016
东胜区	44.60	47.76	51.73	55.57	58.64	60.12	60.23	60.57	60.98	50.58	50.85
达拉特旗	30.76	31.29	31.64	31.88	32.31	32.80	32.85	32.97	33.17	33.14	33.27
准格尔旗	30.79	31.62	32.94	34.51	35.76	36.61	36.69	36.90	37.18	37.16	37.31
鄂托克前旗	6.88	6.83	6.81	6.83	6.86	6.87	6.90	6.98	7.12	7.10	7.12
鄂托克旗	12.20	12.60	13.80	14.25	14.94	15.65	15.71	15.87	16.05	16.03	16.12
杭锦旗	11.67	11.45	11.39	11.30	11.16	11.15	11.17	11.24	11.36	11.29	11.34
乌审旗	10.18	10.60	11.50	11.83	12.49	13.12	13.18	13.3300	13.50	13.27	13.34
伊金霍洛旗	17.69	19.50	20.91	21.65	22.79	23.61	23.69	23.89	24.13	20.64	20.78
康巴什区										15.30	15.40

4－9 部分年份分旗区城镇化率

单位：%

地 区	2006	2007	2008	2009	2010	2011	2012	2013	2014	2015	2016
东胜区	89.82	90.90	92.10	93.00	93.43	93.75	93.97	94.09	94.11	93.16	93.47
达拉特旗	38.15	43.58	48.80	51.00	51.50	52.80	54.12	55.14	56.04	56.07	56.36
准格尔旗	48.08	52.36	57.30	62.50	63.29	64.96	66.56	67.48	68.21	68.22	68.37
鄂托克前旗	45.29	49.60	53.00	54.40	54.70	55.46	56.52	57.59	57.87	57.89	59.83
鄂托克旗	65.45	68.20	69.50	70.50	71.13	72.46	73.39	74.04	74.39	74.42	74.75
杭锦旗	39.73	43.10	48.00	50.00	50.43	51.41	52.55	53.56	54.05	54.12	55.38
乌审旗	40.74	44.80	50.20	52.50	53.08	54.34	55.84	56.86	57.26	57.27	58.17
伊金霍洛旗	54.17	56.30	61.00	64.60	65.34	66.94	68.47	69.36	70.00	70.01	70.31
康巴什区										93.46	93.51

主要统计指标解释

户籍人口 指公民依《中华人民共和国户口登记条例》已在其经常居住地的公安户籍管理机关登记了常住户口的人,这类人口不管其是否外出,也不管外出时间长短,只要在某地注册有常住户口,则为该地区的户籍人口。

市镇总人口和乡村总人口:其定义有两种口径:

第一种口径(按行政建制)

市人口:市管辖区域内的全部人口(含市辖镇,不含市辖区县);

镇人口:县辖镇的全部人口(不含市辖镇);

县人口:县辖乡人口。

第二种口径(按常住人口划分)

市人口:设区的市的区人口和不设区的市所辖的街道人口;

镇人口:不设区的市所辖镇的居民委员会人口和县辖镇的居民委员会人口;

县人口:除上述两种人口以外的全部人口。

1952 年 -1980 年数据为第一种口径的数据,1982 年以后的数据为第二种口径的数据。

出生率(又称粗出生率) 指在一定时期内(通常为一年)平均每千人所出生的人数的比率,一般用千分率表示。计算公式为:

$$出生率=\frac{年出生人数}{年平均人数}\times 1000‰$$

式中:出生人数指活产婴儿,即胎儿脱离母体时(不管怀孕月数),有过呼吸或其他生命现象。年平均人数指年初、年底人口数的平均数,也可用年中人口数代替。

死亡率(又称粗死亡率) 指在一定时期内(通常为一年)一定地区的死亡人数与同期平均人数(或期中人数)之比,一般用千分率表示。计算公式为:

$$死亡率=\frac{年死亡人数}{年平均人数}\times 1000‰$$

人口自然增长率 指在一定时期内(通常为一年)人口自然增加数(出生人数减死亡人数)与该时期内平均人数(或期中人数)之比,一般用千分率表示。计算公式为:

$$人口自然增长率=\frac{(本年出生人数-本年死亡人数)}{年平均人数}\times 1000‰=人口出生率-人口死亡率$$

人口机械增长率 一年内城市人口因迁入和迁出因素的消长,导致人口增减的绝对数量(本年城市迁入人口数-本年城市迁出人口数)与同期该城市年平均总人口数之比。反映城市人口因迁入和迁出等社会因素引起人口增减变化的指标。计算公式为:

$$人口机械增长率=\frac{(本年城市迁入人口数-本年城市迁出人口数)}{年平均城市总人口数}\times 1000‰$$

五、就业人员和职工工资

资料整理员：朱　玛

双驹广场

5－1 就业基本情况

指　　标	2005	2006	2007	2008	2009	2010	2011	2012	2013	2014	2015	2016
就业人员(人)	839481	847656	868118	912721	931054	980111	1021538	1023935	1030833	1051744	1073831	1094417
第一产业	319264	306143	311085	300888	291017	271913	266621	264175	266548	273053	279606	287155
第二产业	210861	221949	225164	243447	254015	282596	314633	310252	310987	309096	296504	305103
第三产业	309356	319564	331869	368386	386022	425602	440283	449508	453298	469595	497721	502159
就业人员构成(%)												
第一产业	38.03	36.12	35.83	32.97	31.26	27.74	26.10	25.80	25.85	25.96	26.04	26.20
第二产业	25.12	26.18	25.94	26.67	27.28	28.83	30.80	30.30	30.17	29.39	27.61	27.90
第三产业	36.85	37.70	38.23	40.36	41.46	43.42	43.10	43.90	43.97	44.65	46.35	45.90
按城乡从业人员分组												
城镇就业人员(人)	418729	437428	456706	521559	548809	634039	641031	632517	637934	638565	669372	667731
#国有单位	89593	93568	97571	99693	105365	113419	128525	143068	156738	150406	144044	148622
城镇集体单位	3133	3117	3447	3414	3539	3789	4094	4416	4318	3508	3110	3140
股份合作	153	575	575	280	341	341	136	8114	8422	1800	568	520
联　营									35	338	280	281
有限责任公司	25159	30058	36013	32755	33755	38602	51065	50700	103814	108761	122967	118816
港、澳、台商投资	2064	2485	2548	1609	1611	1121	1087	594	2400	1807	2673	2455
外商投资企业	11388	11539	9427	7329	7413	7237	7236	5185	17320	17760	20419	16217
乡村就业人员(人)	420752	410228	411412	391162	382245	346072	380507	391418	392899	413179	404459	426686
在岗职工人数(人)	139306	149182	159292	150051	156903	168909	195661	220163	304467	307066	312325	305338
国有单位	88557	92561	96501	98719	104119	111811	125069	140927	154421	148993	140086	145326
城镇集体单位	3127	3117	3447	3414	3519	3769	4071	4382	4226	3479	3002	2996
其他单位	47622	53504	59344	47918	49265	55332	66521	74854	145820	152868	169237	157016
在岗职工平均工资(元)	21628	27074	31829	36255	44205	53015	59306	66892	68231	69955	70583	74496
城镇登记失业人数(人)	9690	10562	10527	11621	9061	7901	9423	12642	15127	19285	22831	22690
城镇登记失业率(%)	4.00	3.98	3.71	3.80	2.91	2.21	2.21	2.55	2.74	2.61	3.11	2.89

5—2 主要年份按三次产业划分的年末就业人员

年　份	就业人员（万人）	第一产业	第二产业	第三产业	构成(合计=100) 第一产业	第二产业	第三产业
1957	25.09	23.79	0.68	0.62	94.82	2.71	2.47
1965	32.51	29.28	1.50	1.73	90.06	4.61	5.32
1970	35.59	31.05	2.58	1.96	87.24	7.25	5.51
1975	40.29	34.01	3.27	3.01	84.41	8.12	7.47
1978	41.52	34.87	3.33	3.32	83.98	8.02	8.00
1980	43.65	35.91	3.25	4.49	82.27	7.44	10.29
1981	45.61	37.46	3.25	4.90	82.13	7.13	10.74
1982	47.00	38.15	3.21	5.64	81.17	6.83	12.00
1983	48.84	39.22	3.39	6.23	80.30	6.94	12.76
1984	50.68	39.06	3.79	7.83	77.07	7.48	15.45
1985	52.42	39.21	4.88	8.33	74.80	9.31	15.89
1986	52.60	38.00	6.21	8.39	72.24	11.81	15.95
1987	54.83	39.33	5.98	9.52	71.73	10.91	17.36
1988	55.74	39.18	6.62	9.94	70.29	11.88	17.83
1989	56.74	40.36	6.26	10.12	71.13	11.03	17.84
1990	58.65	41.10	6.70	10.85	70.08	11.42	18.50
1991	60.30	41.99	7.54	10.77	69.64	12.50	17.86
1992	62.76	42.42	8.78	11.56	67.59	13.99	18.42
1993	64.33	42.74	9.24	12.35	66.44	14.36	19.20
1994	64.49	42.49	9.50	12.50	65.89	14.73	19.38
1995	65.43	42.05	10.39	12.99	64.27	15.88	19.85
1996	67.68	42.33	11.56	13.79	62.54	17.08	20.38
1997	68.74	41.21	11.08	16.45	59.95	16.12	23.93
1998	67.70	40.96	10.81	15.93	60.50	15.97	23.53
1999	68.24	41.81	10.74	15.69	61.27	15.74	22.99
2000	72.37	43.42	12.52	16.43	60.00	17.29	22.71
2001	75.01	44.30	12.68	18.03	59.06	16.90	24.03
2002	77.91	45.10	13.47	19.34	57.88	17.3	24.82
2003	79.07	37.56	16.91	24.60	47.50	21.38	31.12
2004	82.94	33.49	20.25	29.20	40.37	24.42	35.21
2005	83.95	31.93	21.09	30.93	38.03	25.12	36.85
2006	84.77	30.61	22.20	31.96	36.12	26.18	37.70
2007	86.81	31.11	22.52	33.19	35.83	25.94	38.23
2008	91.27	30.09	24.34	36.84	32.97	26.67	40.36
2009	93.10	29.10	25.40	38.60	31.26	27.28	41.46
2010	98.01	27.19	28.26	42.56	27.74	28.83	43.42
2011	102.15	26.66	31.46	44.03	26.10	30.80	43.10
2012	102.39	26.42	31.03	44.95	25.80	30.30	43.90
2013	103.08	26.65	31.10	45.33	26.03	30.37	44.27
2014	105.17	27.31	30.91	46.96	25.96	29.39	44.65
2015	107.38	27.96	29.65	49.77	26.04	27.61	46.35
2016	109.44	28.72	30.51	50.22	26.20	27.90	45.90

5-3 分行业城镇单位年末女性就业人员(2016年)

单位:人

指　　标	合　计	国有单位	城镇集体单位	其他单位
合　计	109940	62902	1714	45324
按企业、事业、机关分组				
企　业	57588	11385	1400	44803
事　业	37482	36823	314	345
机　关	14587	14587		
按国民经济行业分组				
农、林、牧、渔业	983	983		
采矿业	10878	2409		8469
制造业	17097	865	33	16199
电力、热力、燃气及水生产和供应业	3915	1516		2399
建筑业	1693	69		1624
批发和零售业	3786	1276		2510
交通运输、仓储和邮政业	3329	1713		1616
住宿和餐饮业	2594	116		2478
信息传输、软件和信息技术服务业	2070	377		1693
金融业	6455	3521	1365	1569
房地产业	3638	122		3516
租赁和商务服务业	1875	130	5	1740
科学研究、技术服务业	813	498	7	308
水利、环境和公共设施管理业	5182	5067		115
居民服务、修理和其他服务业	106	53		53
教　育	18985	18643	56	286
卫生和社会工作	6867	6178	248	441
文化、体育和娱乐业	1867	1559		308
公共管理、社会保障和社会组织	17807	17807		

5－4 按登记注册类型和城乡划分的年末就业人员

单位:人

年份	合计	城镇			
		小计	#国有单位	#集体单位	#股份合作
1995	654358	182887	136355	18226	
1996	676829	194098	134773	17187	
1997	687460	194934	133663	12590	
1998	677047	184830	114163	5682	6034
1999	682405	187966	104809	3808	40
2000	723685	195622	98384	3797	2161
2001	750096	204721	97114	3000	1845
2002	779123	240315	90181	3099	375
2003	790745	290351	85215	3234	448
2004	829447	388935	88175	3193	414
2005	839481	418729	89593	3133	153
2006	847656	437428	93568	3117	575
2007	868118	456706	97571	3447	575
2008	912721	521559	99693	3414	280
2009	931054	548809	105365	3539	341
2010	980111	634039	113419	3789	341
2011	1021538	641031	128525	4094	136
2012	1023935	632517	143068	4416	8114
2013			156738	4318	8422
2014			150406	3508	1800
2015			144044	3110	568
2016			148622	3140	520

5－4 续表

单位:人

年份	城镇				乡村
	#有限责任公司	#股份有限公司	#港、澳、台商投资	#外商投资企业	
1995		5631	1240	3391	471471
1996		8193	2329	8591	482731
1997		8184	2009	6522	492526
1998	458	7772	5679	2536	492217
1999	3577	12265	1491	6703	494439
2000	3523	13937	1654	7498	528063
2001	3388	13042	1547	6895	545375
2002	14716	10843	1293	9443	538808
2003	24647	7632	1662	13498	500394
2004	24552	7825	2625	12236	440512
2005	25159	8934	2064	11388	420752
2006	30058	8917	2485	11539	410228
2007	36013	10918	2548	9427	411412
2008	32755	6152	1609	7329	391162
2009	33755	7380	1611	7413	382245
2010	38602	8144	1121	7237	346072
2011	51065	8746	1087	7236	380507
2012	50700	10494	594	5185	391418
2013	103814	15675	2400	17320	
2014	108761	25379	1807	17760	
2015	125764	20041	2673	20944	
2016	118816	20995	2455	16217	

5－5 分行业年末在岗职工人数(2016年)

单位:人

指　标	合　计	国有单位	城镇集体单位	其他单位
合　　计	305338	145326	2996	157016
按企业、事业、机关分组				
企　业	199833	41186	2397	156250
事　业	65380	64297	599	484
机　关	39691	39691		
按国民经济行业分组				
农、林、牧、渔业	2858	2858		
采矿业	67292	18747		48545
制造业	50911	5553	183	45175
电力、热力、燃气及水生产和供应业	15355	6086		9269
建筑业	10573	254		10319
批发和零售业	8674	2069		6605
交通运输、仓储和邮政业	13132	3378		9754
住宿和餐饮业	4584	236		4348
信息传输、软件和信息技术服务业	3706	742		2964
金融业	10269	5397	2211	2661
房地产业	7678	267		7411
租赁和商务服务业	6075	282	10	5783
科学研究、技术服务业	3558	1509	18	2031
水利、环境和公共设施管理业	11315	11046		269
居民服务、修理和其他服务业	173	158		15
教　　育	27875	27290	67	518
卫生和社会工作	10661	9537	507	617
文化、体育和娱乐业	3547	2815		732
公共管理、社会保障和社会组织	47102	47102		

5－6 分旗区分行业年末在岗职工人数(2016年)

单位:人

指　　标	东胜区	达拉特旗	准格尔旗	鄂托克前旗	鄂托克旗	杭锦旗	乌审旗	伊金霍洛旗	康巴什区
合　　计	**75316**	**33520**	**55180**	**6105**	**38667**	**12183**	**13328**	**54014**	**17025**
按企业、事业、机关分组									
企　业	51284	19623	41427	1420	31219	4102	4071	39269	7418
事　业	17180	9693	9332	2680	4199	4242	5340	7952	4762
机　关	6852	4154	4305	1996	3112	3839	3795	6793	4845
按国民经济行业分组									
农、林、牧、渔业	200	1184	15		18	349	98	576	418
采矿业	6403	144	27650		3044		660	29391	
制造业	9955	8688	1949	381	24253	901	1447	1811	1526
电力、热力、燃气及水生产和供应业	2139	3211	2619	78	901	171	286	2064	3886
建筑业	5942	1765	811	212	49	258	65	1319	152
批发和零售业	3382	1039	1490	140	109	884	215	883	532
交通运输、仓储和邮政业	5086	1412	2378	318	672	517	628	529	1592
住宿和餐饮业	1358	954	858	37	279	515	35	493	55
信息传输、软件和信息技术服务业	2829	123	356	66	58	114	120	26	14
金融业	6523	868	708	183	491	450	404	642	
房地产业	3897	1004	335	17	949	306	128	771	271
租赁和商务服务业	1395	503	2397	54	296	86	31	1217	96
科学研究、技术服务业	2371	137		97	143	92	182	62	474
水利、环境和公共设施管理业	6665	1388	25		35	185	113	2676	228
居民服务、修理和其他服务业	36	22			2	26	14	56	17
教　　育	5538	4608	5237	1373	2231	2280	2110	3331	1167
卫生和社会工作	2711	1975	2122	388	731	499	613	907	715
文化、体育和娱乐业	1009	273	202	185	326	170	60	237	1085
公共管理、社会保障和社会组织	7877	4222	6028	2576	4080	4380	6119	7023	4797

5－7 城镇就业及失业人数

年　份	当年就业人数（人）	年末城镇登记失业人数（人）	登记失业率（%）
1991	5544	7669	4.1
1992	8660	5705	3.5
1993	4408	5048	2.8
1994	3594	5002	2.7
1995	3704	5900	3.2
1996	8473	6267	3.0
1997	8679	5734	2.6
1998	8158	4873	2.2
1999	3507	3804	2.1
2000	8058	3653	2.1
2001	10646	5158	2.6
2002	8198	6690	3.2
2003	10695	8798	4.0
2004	12491	10076	4.5
2005	13015	9690	4.0
2006	14488	10562	4.0
2007	19681	10527	3.7
2008	25409	11621	3.8
2009	30068	9061	2.9
2010	31571	7901	2.2
2011	36824	9423	2.2
2012	38510	12642	2.55
2013	36389	15127	2.74
2014	37152	19285	2.61
2015	32628	22831	3.11
2016	30224	22690	2.89

5－8 主要年份职工工资总额及指数

年份	绝对数(万元)				指数(以上年为100)			
	工资总额	国有	集体	其他	工资总额	国有	集体	其他
1997	95475	79540	4542	11393	113.6	116.9	81.3	109.8
1998	98913	80131	2519	16263	104.6	101.8	55.8	143.4
1999	96622	75873	2332	18417	97.7	94.7	92.6	113.2
2000	103229	80162	2247	20820	106.8	105.7	96.4	113.0
2001	125091	98791	2396	23904	121.2	123.2	106.6	114.8
2002	145523	103379	2977	39167	116.3	104.6	124.2	163.9
2003	171471	113792	3685	53994	117.8	110.1	123.8	137.9
2004	228964	151403	3853	73708	133.5	133.1	104.6	136.5
2005	304053	190074	4459	109520	132.8	125.5	115.7	148.6
2006	402589	250754	5749	146086	132.4	131.9	128.9	133.4
2007	502803	308739	8336	185728	124.9	123.1	145.0	127.1
2008	540293	375564	10960	153770	107.5	121.6	131.5	-117.2
2009	687923	487944	14116	185863	127.3	129.9	128.8	120.9
2010	895475	631500	17819	246156	130.2	129.4	126.2	132.4
2011	1160473	793917	22938	343618	129.6	125.7	128.7	139.6
2012	1476596	984166	28056	464375	127.2	124	122.3	135.1
2013	2113100	1163071	27147	922881	143.1	118.2	-103.2	198.7
2014	2148095	1114187	21350	1012558	101.66	-104.2	-121.4	109.8
2015	2207228	1122223	19870	1065135	102.8	100.7	-106.9	105.2
2016	2363298	1263663	21684	1077951	107.1	112.6	109.1	101.2

注:1998年(包括1998年)以后工资总额为在岗职工工资总额。

5—9 主要年份职工平均工资及指数

年 份	平均工资(元)				指数(以上年为100)			
	全部职工	国 有	集 体	其 他	全部职工	国 有	集 体	其 他
1996	5021	5239	3230	5151	114.0	111.8	105.9	162.4
1997	5927	6134	3467	6218	118.0	117.1	107.3	120.7
1998	6915	7052	4471	6836	109.2	106.3	79.6	125.8
1999	7337	7377	6074	7365	106.1	104.6	135.9	107.7
2000	7951	8220	5931	7300	108.4	111.4	97.6	99.1
2001	9919	10285	7917	8845	124.8	125.1	133.5	121.2
2002	11223	11646	9609	10363	113.1	113.2	121.4	117.2
2003	13151	13853	11522	11986	117.2	119.0	119.9	115.7
2004	16965	17801	12068	15777	129.0	128.5	104.7	131.6
2005	21628	21532	14375	22257	127.5	121.0	119.1	141.1
2006	27074	27320	18838	27120	125.2	126.9	131.0	121.8
2007	31829	31911	24744	32104	117.6	116.8	131.4	118.4
2008	36255	38373	32301	32196	113.9	120.3	130.5	100.3
2009	44205	47623	40170	37436	121.9	124.1	124.4	116.3
2010	53015	56944	47938	45338	119.9	119.6	119.3	121.1
2011	59306	63526	57504	51656	111.9	111.6	120.0	113.9
2012	66892	69599	63605	61978	112.8	109.6	110.6	120.0
2013	68231	74486	64269	61803	102.0	107.0	101.0	-100.3
2014	69955	75008	63071	65268	102.5	100.7	-101.9	105.6
2015	70583	80231	67608	62691	100.9	107.0	107.2	-100.4
2016	74496	85107	71781	64964	105.5	106.1	106.2	103.6

5－10 分行业在岗职工平均工资(2016年)

单位:元

指　标	合　计	国有单位	城镇集体单位	其他单位
合　计	74496	85107	71781	64964
按企业、事业、机关分组				
企　业	72533	101270	69075	64945
事　业	76699	76572	82304	86643
机　关	81581	81581		
按国民经济行业分组				
农、林、牧、渔业	78752	78752		
采矿业	90086	118286		78098
制造业	58566	83665	68190	55385
电力、热力、燃气及水生产和供应业	104007	116737		95815
建筑业	48763	66681		48513
批发和零售业	63875	72887		60979
交通运输、仓储和邮政业	63483	64824		63013
住宿和餐饮业	39346	46685		38942
信息传输、软件和信息技术服务业	72896	54169		77581
金融业	80307	80969	69194	88031
房地产业	58828	93621		57445
租赁和商务服务业	49877	106504	71400	47096
科学研究、技术服务业	80946	85375	81000	77684
水利、环境和公共设施管理业	41078	40531		60091
居民服务、修理和其他服务业	78907	82766		35357
教　育	86167	86670	97299	58457
卫生和社会工作	82998	85631	80298	44215
文化、体育和娱乐业	82813	85653		65199
公共管理、社会保障和社会组织	79587	79587		

5—11 分旗区分行业在岗职工平均工资(2016年)

单位:元

指标	东胜区	达拉特旗	准格尔旗	鄂托克前旗	鄂托克旗	杭锦旗	乌审旗	伊金霍洛旗	康巴什区
合计	**72046**	**64431**	**85838**	**72040**	**57430**	**73849**	**67010**	**80266**	**95683**
按企业、事业、机关分组									
企业	69002	53641	87393	42607	54640	68949	63661	83014	95458
事业	71232	81598	82044	89999	69333	78251	70765	67335	95988
机关	99778	74729	79445	69878	70713	74191	66423	79576	95726
按国民经济行业分组									
农、林、牧、渔业	99257	74893	42933		45000	60564	69265	79860	98684
采矿业	96970	71007	97844		52307		79669	84987	
制造业	60354	49656	62401	36622	54203	72316	82616	132502	44896
电力、热力、燃气及水生产和供应业	78273	93621	106809	5769	76236	50350	50646	107458	138424
建筑业	49708	39312	52253	49154	38837	53326	58738	48190	42079
批发和零售业	78243	38888	35905	38873	59154	119134	40449	51611	48263
交通运输、仓储和邮政业	68855	42124	80242	41112	59023	50996	34825	55013	66037
住宿和餐饮业	42973	31760	33829	29649	47333	48045	28000	44223	18414
信息传输、软件和信息技术服务业	79459	50462	49716	53909	40707	30949	67267	97615	96500
金融业	87400	57589	45992	76724	84855	56278	71290	96281	
房地产业	73304	45268	49174	21000	42393	43010	22386	43831	55097
租赁和商务服务业	73557	31613	47471	42833	33972	38916	66968	30321	173084
科学研究、技术服务业	80440	66679		82617	78730	73357	75505	87597	90855
水利、环境和公共设施管理业	37682	49988	76640		54605	86374	81150	35658	88298
居民服务、修理和其他服务业	102667	52714			34000	72846	67286	80946	78353
教育	93790	90316	86531	98379	60145	82949	82417	80166	97391
卫生和社会工作	79883	83310	79351	91945	81148	80238	65776	90507	109103
文化、体育和娱乐业	78467	72725	77866	81773	74656	68105	66250	92187	93013
公共管理、社会保障和社会组织	98331	75330	77588	71005	70577	73823	62019	79506	94930

5－12 国有单位年末就业人员和劳动报酬(2016 年)

单位:人、万元

指　标	就业人员	#女　性	在岗职工	单位就业人员劳动报酬	在岗职工工资总额	其他就业人员劳动报酬
合　计	148622	62902	145326	1263664	1251474	12191
按企业、事业、机关分组						
企　业	42179	11385	41186	438882	436259	2623
事　业	65772	36823	64297	497900	492520	5380
机　关	40509	14587	39691	326287	322171	4116
按国民经济行业分组						
农、林、牧、渔业	2860	983	2858	22690	22673	17
采矿业	18803	2409	18747	243169	242781	388
制造业	5558	865	5553	46505	46375	129
电力、燃气及水的生产和供应业	6086	1516	6086	71688	71688	
建筑业	278	69	254	1776	1694	82
批发和零售业	2187	1276	2069	15598	15175	423
交通运输、邮政业	3617	1713	3378	22584	21859	725
住宿和餐饮业	236	116	236	1111	1111	
信息传输、软件和信息技术服务业	755	377	742	4072	4030	42
金融业	6166	3521	5397	45505	43966	1539
房地产业	267	122	267	2518	2518	
租赁和商务服务业	282	130	282	2961	2961	
科学研究、技术服务和地质勘查业	1536	498	1509	13120	12994	126
水利、环境和公共设施管理业	11078	5067	11046	45130	44933	197
居民服务和其他服务业	161	53	158	1324	1308	17
教　育	27699	18643	27290	237941	236141	1800
卫生、社会保障和社会福利业	9858	6178	9537	82844	81769	1075
文化、体育和娱乐业	2898	1559	2815	24401	24069	332
公共管理和社会组织	48297	17807	47102	378727	373429	5299

5－13 城镇集体单位年末就业人员和劳动报酬(2016年)

单位:人、万元

指标	就业人员	#女性	在岗职工	单位就业人员劳动报酬	在岗职工工资总额	其他就业人员劳动报酬
合计	**3140**	**1714**	**2996**	**21685**	**20917**	**767**
按企业、事业、机关分组						
企业	2540	1400	2397	16776	16012	764
事业	600	314	599	4908	4905	3
机关						
按国民经济行业分组						
农、林、牧、渔业						
采矿业						
制造业	183	33	183	1207	1187	20
电力、燃气及水的生产和供应业						
建筑业						
批发和零售业						
交通运输、邮政业						
住宿和餐饮业						
信息传输、软件和信息技术服务业						
金融业	2354	1365	2211	15559	14814	744
房地产业						
租赁和商务服务业	10	5	10	71	71	
科学研究、技术服务和地质勘查业	18	7	18	146	146	
水利、环境和公共设施管理业						
居民服务和其他服务业						
教育	68	56	67	655	652	
卫生、社会保障和社会福利业	507	248	507	4047	4047	
文化、体育和娱乐业						
公共管理和社会组织						

5－14 其他单位年末就业人员和劳动报酬(2016 年)

单位:人、万元

指　　标	就业人员	#女　性	在岗职工	单位就业人员劳动报酬	在岗职工工资总额	其他就业人员劳动报酬
合　计	161165	45324	157016	1077953	1058021	19931
按企业、事业、机关分组						
企　业	160399	44803	156250	1072699	1052767	19931
事　业	484	345	484	4202	4202	
机　关						
按国民经济行业分组						
农、林、牧、渔业						
采矿业	49553	8469	48545	384191	377071	7120
制造业	46230	16199	45175	250604	245152	5452
电力、燃气及水的生产和供应业	9451	2399	9269	91850	91446	404
建筑业	10524	1624	10319	89667	88561	1106
批发和零售业	6627	2510	6605	39573	39502	70
交通运输、邮政业	10939	1616	9754	65185	60739	4446
住宿和餐饮业	4381	2478	4348	16946	16831	115
信息传输、软件和信息技术服务业	2964	1693	2964	23073	23073	
金融业	2661	1569	2661	23020	23020	
房地产业	7462	3516	7411	39074	38873	201
租赁和商务服务业	6147	1740	5783	27960	27019	941
科学研究、技术服务和地质勘查业	2031	308	2031	16057	16057	
水利、环境和公共设施管理业	269	115	269	1917	1917	
居民服务和其他服务业	59	53	15	126	50	76
教　育	518	286	518	3046	3046	
卫生、社会保障和社会福利业	617	441	617	2710	2710	
文化、体育和娱乐业	732	308	732	2954	2954	
公共管理和社会组织						

5－15 分旗区分行业在岗职工工资总额(2016 年)

单位:万元

指　　标	东胜区	达拉特旗	准格尔旗	鄂托克前旗	鄂托克旗	杭锦旗	乌审旗	伊金霍洛旗	康巴什区
合　　计	**590923**	**213144**	**487973**	**44384**	**221170**	**88751**	**90034**	**431647**	**162364**
按企业、事业、机关分组									
企　业	399583	102969	376858	6353	169843	28062	26642	324138	70591
事　业	122883	79052	76375	24048	29148	33186	37760	53437	45738
机　关	68477	30990	34201	13899	21794	27503	25201	54072	46035
按国民经济行业分组									
农、林、牧、渔业	2005	8965	64		81	2138	679	4616	4125
采矿业	63797	1023	287484		16043		5298	246208	
制造业	56745	41508	11925	1384	130867	6414	12706	24314	6851
电力、燃气及水的生产和供应业	16195	31176	29084	45	7624	921	1403	23297	53390
建筑业	68701	6455	4248	1371	190	1376	382	6891	640
批发和零售业	25453	4076	5307	552	692	10591	866	4521	2621
交通运输、邮政业	34909	5956	18512	1320	3884	2616	2271	2894	10236
住宿和餐饮业	5763	3046	2876	110	1321	2465	98	2158	107
信息传输、软件和信息技术服务业	22582	601	1770	356	236	362	807	254	135
金融业	56793	4970	3256	1419	3929	2392	2880	6162	
房地产业	25730	4174	1642	36	3391	1295	284	3143	1697
租赁和商务服务业	10055	1536	11298	231	1104	323	208	3651	1644
科学研究、技术服务和地质勘查业	19491	914		777	1110	719	1374	543	4270
水利、环境和公共设施管理业	25357	6863	192		208	1641	917	9660	2013
居民服务和其他服务业	370	111			7	189	94	453	133
教　育	51866	41582	45317	13507	13376	18780	17407	26639	11366
卫生、社会保障和社会福利业	21824	16454	16656	3522	6013	4012	4045	8200	7801
文化、体育和娱乐业	5697	1985	1573	1513	2434	1165	398	2166	10092
公共管理和社会组织	77613	31752	46770	18241	28661	31353	37918	55877	45244

主要统计指标解释

从业人员 指从事一定社会劳动并取得劳动报酬或经营收入的人员，包括全部职工、再就业的离退休人员、私营业主、个体户主、私营和个体从业人员、乡镇企业从业人员、农村从业人员、其他从业人员(包括民办教师、宗教职业者、现役军人等)。这一指标反映了一定时期内全部劳动力资源的实际利用情况，是研究我国基本国情国力的重要指标。

各单位的从业人员 指在各级国家机关、政党机关、社会团体及企业、事业单位中工作，取得工资或其他形式的劳动报酬的全部人员。包括在岗职工、再就业的离退休人员、民办教师以及在各单位中工作的外方人员和港、澳、台方人员、兼职人员、借用的外单位人员和第二职业者。不包括离开本单位仍保留劳动关系的职工。各单位的从业人员反映了各单位实际参加生产或工作的全部劳动力。

城镇私营和个体从业人员 城镇私营从业人员指在工商管理部门注册登记，其经营地址设在县城关镇(含城关镇)以上的私营企业从业人员；包括私营企业投资者和雇工。城镇个体从业人员指在工商管理部门注册登记，并持有城镇户口或在城镇长期居住，经批准从事个体工商经营的从业人员；包括个体经营者和在个体工商户劳动的家庭帮工和雇工。

城镇登记失业人员 指有非农业户口，在一定的劳动年龄内，有劳动能力，无业而要求就业，并在当地就业服务机构进行求职登记的人员。

城镇登记失业率 指城镇登记失业人数同城镇从业人数与城镇登记失业人数之和的比。计算公式为：

$$城镇登记失业率=\frac{城镇登记失业人数}{(城镇从业人数+城镇登记失业人数)}\times 100\%$$

职工 指在国有经济、城镇集体经济、联营经济、股份制经济、外商和港、澳、台投资经济、其他经济单位及其附属机构工作，并由其支付工资的各类人员，不包括返聘的离退休人员、民办教师、在国有经济单位工作的外方人员和港、澳、台人员(1998 年以后的数据均为在岗职工数据，其他相关指标如职工工资总额，职工平均工资等指标也从 1998 年按此口径进行了相应调整)。

国有单位职工 指在国有经济单位及其附属机构工作，并由其支付工资的各类人员。

城镇集体单位职工 指在城镇集体经济单位及其管理部门工作，并由其支付工资的各类人员。

其他单位职工 指在联营经济、股份制经济、外商投资经济、港、澳、台投资经济单位工作，并由其支付工资的各类人员。

在岗职工 指在本单位工作并由单位支付工资的人员，以及有工作岗位，但由于学习、病伤产假等原因暂未工作，仍由单位支付工资的人员。

职工工资总额 指各单位在报告期内直接支付给本单位全部职工的劳动报酬总额。工资总额的计算原则应以直接支付给职工的全部劳动报酬为根据。各单位支付给职工的劳动报酬以及其他根据有关规定支付的工资，不论是计入成本的还是不计入成本的，不论是按国家规定列入计征奖金税项目的，还是未列入计征奖金税项目的，不论是以货币形式支付的还是以实物形式支付的，均包括在工资总额内。

职工平均工资 指企业、事业、机关单位的职工在报告期内平均每人所得的货币工资额。它表明一定时期职工工资收入的高低程度，是反映职工工资水平的主要指标。计算公式为：

$$职工平均工资=\frac{报告期实际支付的全部职工工资总额}{报告期全部职工平均人数}$$

六、固定资产投资

资料整理员：李亦龙

鄂尔多斯婚庆文化园

6－1 历年全社会固定资产投资

单位:万元

年份	投资总额	增长(%)	#住宅	按隶属关系分		按投资管理渠道分	
				中央项目	地方项目	城镇投资	房地产开发
1990	80244	77.7	6728	54992	25252		
1991	146368	82.4	10354	113781	32587		
1992	226697	54.9	13771	185614	41083		
1993	328640	45.0	14122	256359	72281		
1994	339488	3.3	18347	234328	105160		
1995	441614	30.1	26656	325543	116071		
1996	437411	-1.0	30102	307119	130292		
1997	387457	-11.4	17905	237341	150116		
1998	357787	-7.7	32432	154239	203548		
1999	392515	9.7	32796	76675	315840		
2000	499192	27.2	32837	132129	367063		
2001	588413	17.9	48009	162950	425463		
2002	685627	16.5	74126	89927	595700		
2003	1355670	97.7	71508	177902	1177768		
2004	2627350	93.8	140286	164469	2462881		
2005	4036867	53.6	261649	326636	3710231		
2006	6166689	52.8	425529	1224059	4942630		
2007	8857444	43.6	725080	2112525	6744919		
2008	10883868	22.9	1175319	3137727	7746141	9284253	1508162
2009	15675329	44.0	1413296	2503149	13172180	12984676	2194432
2010	18983954	21.1	1842934	2536083	16447871	15924187	2805296
2011	22434230	18.2	2515436	2056723	20377507	18068806	4260312
2012	25705760	14.6	1171048	2450687	23255073	23777118	1753420
2013	29960428	16.6	1256726	2951729	27008699	28388233	1375613
2014	23904453	15.8	718031	1636345	22268108	22863298	834954
2015	27191694	13.8	630179	2201961	24989733	26603414	588280
2016	30500757	12.0	573418	2331828	28168929	29912311	588446

注:2013年以前固定资产投资包含50万元以上项目投资,2014年改为500万元以上项目投资。

6－2 按登记注册类型分的固定资产投资(2016 年)

单位:万元

指　　标	2015	2016	2016 年比 2015 年增长 (%)	2016 年投资分类	
				城镇投资	房地产开发
投资总额(万元)	27191694	30500757	12.0	29912311	588446
按登记注册类型分					
内资企业	27187917	29658654	9.1	29070208	588446
国有企业	11352808	15117816	33.2	15117816	
集体企业	5708	627	-89.0	627	
股份合作企业	94905	5851	-93.8	5851	
联营企业	2000	58278	2813.9	58278	
有限责任公司	12830175	8433607	-34.3	8433607	
国有独资公司	48005	23301	-51.5		23301
其他有限责任公司	404365	198186	-51.0		198186
股份有限公司	383291	454699	18.6	453256	1443
私营企业	1649738	4767134	189.0	4767134	
私营独资企业					
私营有限责任公司	132827	365516	175.2		365516
私营股份有限公司					
其他企业	284095	233639	-17.8	233639	
港、澳、台商投资企业	2900		-100.0		
外商投资企业	877	593077	67525.7	593077	
个体经营		249026	100.0	249026	

6－2 续表

单位:万元

指　标	2015	2016	2016年比2015年增长(%)	2016年投资分类	
				城镇投资	房地产开发
按隶属关系分					
中　央	2201961	2331828	5.9	2331037	791
地　方	24989733	28168929	12.7	27581274	587655
自治区	1548821	1639857	5.9	1639857	
盟市旗县	23440912	26529072	13.2	25941417	587655
盟(市)	2951336	1543358	-47.7	1383415	159943
县(旗、县级市)	14842519	19968114	34.5	19925985	42129
其他	5647057	5017600	-11.2	4632017	385583
按三次产业分					
第一产业	1077970	1457356	35.2	1457356	
第二产业	18637374	19582294	5.1	19582294	
第三产业	7476350	9461107	26.6	8872661	588446
按资金来源分					
国家预算内资金	371707	1103130	196.8	1103130	
国内贷款	4790856	5666518	18.3	5601850	64668
利用外资	9423		-100.0		
自筹资金	20148161	20856328	3.5	20423054	433274
其他资金	497194	765210	53.9	681144	84066

6—3 按行业分的固定资产投资(2016年)

单位:万元

行业	2015	2016	2016年比2015年增长(%)	2016年投资分类	
				城镇投资	房地产开发
农、林、牧、渔业	1077970	1457356	35.2	1457356	
采矿业	4320097	4957029	14.7	4957029	
煤炭开采和洗选业	3412654	3139777	-8.0	3139777	
石油和天然气开采业	794509	1267833	59.6	1267833	
开采辅助活动	89616	532140	493.8	532140	
制造业	10647476	8516718	-20.0	8516718	
农副食品加工业	236168	281396	19.2	281396	
食品制造业	7796	89147	1043.5	89147	
酒、饮料和精制茶制造业	34072	51095	50.0	51095	
纺织业	8000	11100	38.8	11100	
造纸及纸制品业	3665		-100.0		
石油加工、炼焦及核燃料加工业	577515	341031	-41.0	341031	
化学原料及化学制品制造业	5020996	2068290	-58.8	2068290	
橡胶和塑料制品业	570699	575375	0.8	575375	
非金属矿制品业	110270	1189663	978.9	1189663	
黑色金属冶炼和压延加工业	75010	49611	-33.9	49611	
有色金属冶炼和压延加工业	847826	1354579	59.8	1354579	
金属制品业	4913	96349	1861.1	96349	
通用设备制造业	9960	8490	-14.8	8490	
专用设备制造业	935964	172026	-81.6	172026	
汽车制造业	868763	633336	-27.1	633336	
铁路、船舶、航空航天等制造业	77200		-100.0		
电气机械及器材制造业	599120	325705	-45.6	325705	
计算机、通信和其他电子设备制造业	527721	913079	73.0	913079	
电力、热力、燃气及水的生产和供应业	3530098	5321920	50.8	5321920	
电力、热力的生产和供应业	2125551	3271245	53.9	3271245	
燃气生产和供应业	101423	122135	20.4	122135	
水的生产和供应业	1303124	1928540	48.0	1928540	
建筑业	139703	786627	463.1	786627	
房屋建筑业	78216	469822	500.7	469822	
土木工程建筑业	31741	101434	219.6	101434	
建筑安装业		14105	100.0	14105	
建筑装饰和其他建筑业	29746	201266	576.6	201266	
批发和零售业	176950	127852	-27.8	127852	
批发业	125700	19478	-84.5	19478	
零售业	51250	108374	111.5	108374	
交通运输、仓储和邮政业	2210976	2393765	8.3	2393765	
铁路运输业	1417241	763188	-46.2	763188	
道路运输业	666529	1488179	123.3	1488179	
航空运输业	1500	4500	200.0	4500	
装卸搬运和运输代理业	748	54037	7124.2	54037	
仓储业	124313	64639	-48.0	64639	

6－3 续表

单位:万元

行业	2015	2016	2016年比2015年增长(%)	2016年投资分类 城镇投资	房地产开发
住宿和餐饮业	85241	136746	60.4	136746	
住宿业	55811	51964	-6.9	51964	
餐饮业	29430	84782	188.1	84782	
信息传输、软件和信息技术服务业	44798	105636	135.8	105636	
互联网和相关服务业	6139	34864	467.9	34864	
软件和信息技术服务业	17507	46077	163.2	46077	
金融业	55000	4000	-92.7	4000	
房地产业	1195933	1349868	12.9	761422	588446
租赁和商务服务业	42258	184617	336.9	184617	
租赁业					
商务服务业	42258	184617	336.9	184617	
科学研究和技术服务业	50569	108096	113.8	108096	
研究与试验发展	23444	43566	85.8	43566	
专业技术服务业	18259	511	-97.2	511	
科技交流和推广服务业	8866	64019	622.1	64019	
水利、环境和公共设施管理业	2281863	3915397	71.6	3915397	
水利管理业	200003	283972	42.0	283972	
生态保护和环境治理业	69424	299931	332.0	299931	
公共设施管理业	2012436	3331494	65.6	3331494	
居民服务和其他服务业	527824	101246	-80.8	101246	
居民服务业	53319	79209	48.6	79209	
机动车、电子产品和日用产品修理业	456063	13353	-97.1	13353	
教育	150058	267197	78.1	267197	
卫生和社会工作	137329	140602	2.4	140602	
卫生	102261	103670	1.4	103670	
社会工作	35068	36932	5.3	36932	
文化、体育和娱乐业	191475	320554	67.4	320554	
广播、电视、电影和影视录音制作业	12001	12776	6.5	12776	
文化艺术业	63208	169627	168.4	169627	
体育	52866	44967	-14.9	44967	
娱乐业	63400	93184	47.0	93184	
公共管理和社会组织	326076	305531	-6.3	305531	
国家机构	325710	301424	-7.5	301424	
群众团体、社会团体和其他成员组织	366	7	-98.1	7	
基层群众自治组织		4100	100.0	4100	

6－4 1991年－2016年固定资产投资资金来源

单位：万元

年份	按资金来源分				按构成分		
	国家预算内资金	国内贷款	利用外资	自筹和其他资金	建筑安装工程	设备工器具购置	其他费用
1991	1537	9422	90024	30096	87325	21569	25002
1992	12045	29945	124783	48908	129892	53368	29548
1993	23050	74082	141298	74861	170956	108419	29837
1994	15219	155772	73833	76113	134299	127064	54713
1995	47839	180246	60429	115122	140155	156318	112678
1996	28326	157489	9404	158488	149124	111596	133831
1997	4186	212274	12940	125592	136110	124932	87789
1998	21513	138201	55	176291	213855	82047	35590
1999	44647	133766	41424	157063	286463	46365	26302
2000	25411	129678	28023	244183	307790	113856	41445
2001	40332	183270	34189	240300	373360	111846	56507
2002	94139	248813	16361	348561	419569	123364	80854
2003	152524	383120	17856	700436	833516	239047	132150
2004	236996	414543	5900	1549337	1614467	354070	183480
2005	304813	921847	23400	2408083	3114401	470273	255855
2006	213850	929994	19610	5176216	4600065	900548	458377
2007	357413	885528	16430	7210208	6592767	1336234	691206
2008	619477	575756	35322	10034192	7304271	2410077	1078067
2009	1585599	1033226	9483	13411789	11605036	2084633	1934471
2010	786444	972873		22816916	13863506	3194486	1925962
2011	540894	2089025	20041	22456713	16985007	4426672	1022551
2012	571690	3139408	4505	22530035	18110158	6714273	881329
2013	448804	3841308	8001	24692627	17579069	11599868	781491
2014	229024	3583488	1200	21902979	13832352	9162744	909357
2015	371707	4790856	9423	20645355	15656382	10899107	636205
2016	1103130	5666518		21621538	20317891	8373517	1809349

6－5 1991年－2016年固定资产投资构成

单位：万元

年 份	按资金来源分				按构成分		
	国家预算内资金	国内贷款	利用外资	自筹和其他资金	建筑安装工程	设备工器具购置	其他费用
1991	1.17	7.19	68.68	22.96	65.22	16.11	18.67
1992	5.58	13.88	57.86	22.68	61.04	25.08	13.88
1993	7.35	23.65	45.10	23.90	55.29	35.06	9.65
1994	4.74	48.53	23.01	23.72	42.49	40.20	17.31
1995	11.85	44.66	14.97	28.52	34.25	38.21	27.54
1996	8.00	44.53	2.66	44.81	37.80	28.28	33.92
1997	1.18	59.79	3.65	35.38	39.02	35.81	25.17
1998	6.40	41.12	0.02	52.46	64.51	24.75	10.74
1999	11.85	35.49	10.99	41.67	79.77	12.91	7.32
2000	5.94	30.35	6.56	57.15	66.46	24.59	8.95
2001	8.10	36.80	6.86	48.24	68.92	20.65	10.43
2002	13.30	35.15	2.31	49.24	67.26	19.78	12.96
2003	12.16	30.55	1.43	55.86	69.19	19.84	10.97
2004	10.74	18.79	0.27	70.21	75.02	16.45	8.53
2005	8.33	25.20	0.64	65.83	81.09	12.25	6.66
2006	3.37	14.67	0.31	81.65	77.20	15.11	7.69
2007	4.22	10.46	0.19	85.13	76.48	15.50	8.02
2008	5.50	5.11	0.31	89.08	67.68	22.33	9.99
2009	9.89	6.44	0.06	83.61	74.28	13.34	12.38
2010	3.20	3.96		92.84	73.03	16.83	10.15
2011	2.15	8.32	0.08	89.45	75.71	19.73	4.56
2012	2.18	11.96	0.02	85.84	70.43	26.14	3.43
2013	1.55	13.25	0.03	85.17	58.67	38.72	2.61
2014	0.89	13.93	0.01	85.17	57.87	38.33	3.80
2015	1.44	18.54	0.04	79.88	57.58	40.08	2.34
2016	3.89	19.96		76.16	66.61	27.45	5.93

6－6　2000年以来分旗区全社会固定资产投资

地　　区	东胜区	达拉特旗	准格尔旗	鄂托克前旗	鄂托克旗	杭锦旗	乌审旗	伊金霍洛旗	康巴什区
2000	96150	68823	139631	15572	24290	31617	33486	53522	
2001	113526	108248	193483	37449	36976	39277	12776	46678	
2002	133547	98528	142756	46327	72169	57211	45007	90082	
2003	176384	241942	195515	55756	234514	72797	121996	256766	
2004	414008	401389	604220	88805	420759	112817	164091	421261	
2005	650047	658135	779034	134027	667926	133708	322721	691269	
2006	1109246	1116626	1132924	106860	954152	143274	508468	1095139	
2007	1882170	1178285	1983327	184842	1204716	209059	709571	1505474	
2008	2292497	1280193	2149836	608272	1476742	312251	1043240	1720839	
2009	4009012	1533176	3216813	604088	1614760	812232	1684010	2201237	
2010	5000302	1600183	4000523	881954	2000236	1000427	1900163	2600166	
2011	5602266	1716933	4785443	1558871	2205138	1100552	2367696	3097331	
2012	6026112	1902895	5501237	2013646	2601030	1251312	3003623	3405905	
2013	6501079	2305451	6204832	2309507	3070785	1700703	3601067	3954250	
2014	4030297	1900000	4451373	2001245	2650724	1357909	3304655	3452942	373836
2015	4514378	2150000	5032124	2300576	3000120	1551308	3655218	3933009	403531
2016	5056874	2408000	5743000	2672519	3406865	1750023	4300520	4377203	464211

6－7 分旗区分组固定资产投资(2016年)

指　　标	东胜区	达拉特旗	准格尔旗	鄂托克前旗	鄂托克旗	杭锦旗	乌审旗	伊金霍洛旗	康巴什区	不分地区及其他
投资总额(万元)	**5056874**	**2408000**	**5743000**	**2672519**	**3406865**	**1750023**	**4300520**	**4377203**	**464211**	**321542**
按登记注册类型分										
内资企业	4985568	2323471	5634523	2672519	3034578	1750023	3910494	4377203	464211	321542
国有企业	2321560	1079310	2282985	2561500	463858	378127	1795603	3437728	291081	321542
集体企业			627							
股份合作企业	5500						351			
联营企业	10100						48178			
有限责任公司	1392753	1033538	3060323	100774	1059902	601916	332390	791871	60140	
国有独资公司	18984		4317							
其他有限责任公司	156775	8874	11162			218		9238	11919	
股份有限公司	76596	31879			62553	215799	67688	184		
私营企业	581305	155853	275109		1448265	479041	1662872	114290	50399	
私营独资企业										
私营有限责任公司	283895			3645			3412	23892	50672	
私营股份有限公司										
其他企业	138100	14017		6600		74922				
港、澳、台商投资企业										
外商投资企业	71306	84529	64955		372287					
个体经营							249026			
按隶属关系分										
中　央	190417	4200	553432		74949		793568	207730	1468	321542
地　方	4866457	2403800	5189568	2672519	3331916	1750023	3506952	4169473	462743	
#市直旗区项目	2913187	2315815	4585735	2649084	3204244	1357590	532047	3596398	357372	
按资金来源分										
国家预算内资金	2283	694910	34797			258772	1531	110837		
国内贷款	22000	354823	1281979		716068	432360	1995333	327855	30000	506100
利用外资										
自筹资金	4767457	1305497	1502482	2585615	3138184	964651	2520720	3636519	435203	
其他资金	85932	38672	298460	268		20160	2031	314087	5600	
房屋建筑面积(平方米)										
施工面积	9131382	246084	790537	479199	46670	236311	565618	3633923	2900190	
#住　宅	6114068	200498	597196	20270		119277	319107	1547342	1924609	
竣工面积	472538	16048	67500	456978	46670		173784	443452	10000	
#住　宅	423918			15170				77834		

6－8　分旗区国民经济各行业固定资产投资(2016 年)

单位:万元

指　　标	东胜区	达拉特旗	准格尔旗	鄂托克前旗	鄂托克旗	杭锦旗	乌审旗	伊金霍洛旗	康巴什区	不分地区
总　　计	5056874	2408000	574300	2672519	3406865	1750023	4300520	4377203	464211	321542
按国民经济行业分										
农、林、牧、渔业	71256	407373	147838	119037	62274	145387	25151	476527	2513	
采矿业	792039	250235	1513370	96069	356033	240322	906872	480547		321542
制造业	1491380	762130	1233002	29650	2002753	382700	2154457	448576	12070	
电力、燃气及水的生产和供应业	121771	387635	631999	1004541	483431	421582	352729	1879263	38969	
建筑业	206766		37605	59168		123018	344480		15590	
交通运输、仓储和邮政业	17100	9660	54052	4321	4690	28000	2250	4779	3000	
信息传输、计算机服务和软件业	296426	256292	875284	95520	4750	121743	285630	444048	14072	
批发和零售业	5430				2800		108875	7996	11645	
住宿和餐饮业	13605	610	88	4782	2000	8130		30476	45945	
金融业									4000	
房地产业	920950	119985	160431	23457		19107	3412	33314	69212	
租赁和商务服务业	147398		9669		8750			8900	9900	
科学研究、技术服务和地质勘查业	12679	49000	435	4966					41016	
水利、环境和公共设施管理业	811307	72756	874805	885389	333232	253689	97272	487309	99638	
居民服务和其他服务业	10483	20584	17759	4884	33910		9744		3882	
教育	40941	1028	91247	73078	18070	4200		15800	22833	
卫生、社会保障和社会福利业	32368		12590	31698	29525	800			33621	
文化、体育和娱乐业	64375	3330	82749	45078	47682	545	9648	50494	16653	
公共管理和社会组织	600	67382	77	190881	16965	800		9174	19652	

6－9 固定资产主要生产能力(2016 年)

项　目	本年施工规模	#本年新开工能力	累计新增生产能力	#本年新增
原煤开采(万吨/年)	9055.03	2990.03	2029.23	1688.83
焦　炭(万吨/年)				
天然气开采(亿立方米/年)	104.06	104.06	105.06	104.06
水　泥(万吨/年)				
火力发电(万千瓦)	126		66	66
输电线路长度(11 万伏及以上,公里)	499	499	578	499
新建公路(公里)	555.9	555.9	427.1	417.9
#一级公路				
改建公路(公里)	522	512	16	16

6－10 房地产开发主要指标

指　　标	2006	2007	2008	2009	2010	2011	2012	2013	2014	2015	2016
一、企业个数(个)	138	177	317	257	302	351	319	262	220	216	202
二、年末从业人员(人)	3629	4440	8903	6930	11427	13771					5214
三、本年土地购置面积(万平方米)	205.4	261.4	369.5	244.3	341.6	114.01	39.7	7.72	18.59	8.12	
四、本年完成投资(万元)	405562	848623	1508162	2194432	2805296	4260312	1753420	1375613	834954	588280	588446
#住宅	317452	632588	1059637	1154230	1586133	2270298	918746	1013126	645163	447650	429413
五、资金来源小计(万元)	416636	857378	1666198	1988218	3173311	4647938	2102574	1765884	1298338	864241	582008
#国内贷款	23290	57049	108921	308906	113549	149296	183488	141536	117985	39210	64668
利用外资											
自筹资金	349318	663920	1405555	1491064	2970181	4342984	1690378	1295659	1067848	741093	433274
六、房屋建筑面积(万平方米)											
施工面积	498.3	723.1	1240.6	2255.0	3158.3	4199.8	3978.1	2622.7	1915.0	1565.9	1585.4
本年新开工面积	352.0	488.0	756.8	1624.0	1343.2	1783.0	1076.0	189.9	148.4	42.0	92.4
#住宅	282.2	380.9	473.8	963.7	704.8	947.8	626.3	117.2	110.1	28.1	52.3
竣工面积	201.0	263.0	422.0	260.5	217.4	217.7	433.5	361.4	142.6	94.8	81.5
竣工房屋价值(万元)	207839	436700	676165	490778	325977	633304	1010107	957286	486835	210362	171371
七、商品房屋销售面积(万平方米)	239.3	416.5	420.1	406.0	535.5	459.9	232.7	233.2	235.7	221.1	213.3
#住宅	214.1	328.1	375.4	356.3	448.2	360.7	181.4	201.0	198.3	185.0	19.4

6－11　房地产开发建设投资总规模及完成情况

单位:万元

年　份	实际需要总投资	自开始建设至本年底累计完成投资	#本年完成投资
1998	8538	5693	5593
1999	13190	9680	7984
2000	23846	16185	13298
2001	27856	20979	18762
2002	57310	43803	36833
2003	66481	56524	55574
2004	130395	91224	63327
2005	375377	170500	170500
2006	755784	405562	405562
2007	1350678	1035175	848623
2008	2854170	1931352	1508162
2009	6790575	3045494	2194432
2010	10583822	5047433	2805296
2011	15311269	8373038	4260312
2012	17088952	9057035	1753420
2013	16010563	8614640	1375613
2014	15810214	7966431	834954
2015	15513495	8170008	588280
2016	15620565	8230182	588446

6－12 按用途分的房地产开发企业(单位)完成情况

年 份	本年完成投资额	#住 宅	#别墅高档公寓	办公楼	商业营业用房	其 他
1998	5593	4278		26	1157	132
1999	7984	5476		407	2101	
2000	13298	8504		430	3679	685
2001	18762	16104		108	2520	30
2002	36833	27247	404	1780	5843	1963
2003	55574	36426		4322	13531	1295
2004	63327	40978				
2005	170500	140365	14573	3514	22887	3734
2006	405562	317452	36196	24137	49148	14825
2007	848623	632588	126799	30886	137983	47166
2008	1508162	1059637	241546	55363	275112	118050
2009	2194432	1154230	168363	207966	592459	239777
2010	2805296	1586133	74196	237380	674898	306885
2011	4260312	2270298	116107	402020	1123237	464757
2012	1753420	918746	61732	184959	474212	175503
2013	1375613	1013126	38069	100020	180967	81500
2014	834954	645163	1551	26802	112856	50133
2015	588280	447650	28	25032	80305	35293
2016	588446	429413		20791	82615	55627

6－13　商品房屋销售情况

年　份	房屋销售面积（万平方米）	#住　宅	商品房销售额（万元）	#住　宅
1998	4.57	4.24	3967	3411
1999	8.59	7.99	6452	5487
2000	12.69	10.92	11587	7881
2001	13.29	12.00	13850	11583
2002	35.72	31.10	39373	33047
2003	33.19	24.78	49302	26456
2004	61.85	46.55	77788	54618
2005	111.64	100.58	186962	155476
2006	239.27	214.14	475781	380386
2007	416.47	328.05	1181255	811187
2008	420.06	375.40	1272364	1073960
2009	405.97	347.54	1595652	1190484
2010	535.50	448.20	2516254	1730219
2011	459.88	360.68	2242779	1558238
2012	232.69	181.41	1079007	731921
2013	233.17	200.99	1038527	816357
2014	235.69	198.32	1025223	803890
2015	221.10	184.99	966603	775640
2016	213.27	196.35	879515	795914

主要统计指标解释

固定资产投资 固定资产投资是社会固定资产再生产的主要手段。通过建造和购置固定资产的活动,国民经济不断采用先进技术装备,建立新兴部门,进一步调整经济结构和生产力的地区分布,增强经济实力,为改善人民物质文化生活创造物质条件。这对我国的社会主义现代化建设具有重要意义。

固定资产投资额是以货币表现的建造和购置固定资产活动的工作量，它是反映固定资产投资规模、速度、比例关系和使用方向的综合性指标。固定资产投资按经济类型可分为国有、集体、个体、联营、股份制、外商、港、澳、台商、其他等。

项目投资 指各种登记注册类型的企业、事业、行政单位及个体户进行的计划总投资(或实际需要总投资)500 万元及 500 万元以上的投资项目。不包括农户投资,不含军工国防项目。

房地产开发投资 指房地产开发公司、商品房建设公司及其他房地产开发法人单位和附属于其他法人单位实际从事房地产开发或经营的活动单位统一开发的包括统代建、拆迁还建的住宅、厂房、仓库、饭店、宾馆、度假村、写字楼、办公楼等房屋建筑物和配套的服务设施,土地开发工程(如道路、给水、排水、供电、供热、通讯、平整场地等基础设施工程)的投资;不包括单纯的土地交易活动。

建设总规模 是指在报告期内所有施工项目的计划总投资。这个指标和施工项目相对应。

在建总规模 是指在报告期末所有在建项目的计划总投资。

在建净规模 是指报告期末所有在建项目建成投产尚需的投资总量。

在建净规模＝在建总规模－累计完成投资

固定资产投资的资金来源 根据固定资产投资的资金来源不同,分为国家预算内资金、国内贷款、利用外资、自筹资金和其他资金来源。

(1)国家预算内资金:指中央财政和地方财政中由国家统筹安排的基本建设拨款和更新改造拨款,以及中央财政安排的专项拨款中用于基本建设的资金和基本建设拨款改贷款的资金等。

(2)国内贷款:指报告期内企、事业单位向银行及非银行金融机构借入的用于固定资产投资的各种国内借款。包括银行利用自有资金及吸收的存款发放的贷款、上级主管部门拨入的国内贷款、国家专项贷款(包括煤代油贷款、劳改煤矿专项贷款等。)、地方财政专项资金安排的贷款、国内储备贷款、周转贷款等。

(3)利用外资:指报告期内收到的用于固定资产投资的国外资金,包括统借统还、自借自还的国外贷款,中外合资项目中的外资,以及对外发行债券和股票等。国家统借统还的外资指由我国政府出面同外国政府、团体或金融组织签订贷款协议、并负责偿还本息的国外贷款。

(4)自筹资金:指建设单位报告期内收到的,用于进行固定资产投资的上级主管部门、地方和企、事业单位自筹资金。

(5)其他资金来源:指报告期内收到的除以上各种拨款、借款、自筹资金之外,其他用于固定资产投资的资金。

固定资产投资按国民经济行业分 建设项目归哪个行业,按其建成投产后的主要产品或主要用途及社会经济活动性质来确定。基本建设按建设项目划分国民经济行业,更新改造、国有单位其他固定资产投资及城镇集体投资根据整个企业、事业单位所属的行业来划分。一般情况下,一个建设项目或一个企业、事业单位只属于一种国民经济行业。为了更准确地反映国民经济各行业之间的比例关系,联合企业(总厂)所属分厂属于不同行业的,原则上按分厂划分行业。

固定资产投资按建设性质分 建设项目的性质一般分为新建、扩建、改建、迁建、恢复。基本建设按建设项目划分建设性质,更新改造、国有单位其他固定资产投资及城镇集体投资等按整个企业、事业单位的建设情况确定建设性质,房地产开发单位、农村投资、城镇工矿区私人建房等投资不划分建设性质。

(1)新建:一般是指从无到有、"平地起家"新开始建设的单位。有的单位原有的基础很小,经过建设后其新增加的固定资产价值超过原有固定资产价值(原值)三倍以上的也算新建。

(2)扩建:一般是指为扩大原有产品的生产能力,在厂内或其他地点增建主要生产车间(或主要工程)、独立的生产线或分厂的企业;事业单位和行政单位在原单位增建业务用房(如学校增建教学用房、医院增建门诊部或病床用房、行政机关增建办公楼等)也作为扩建。

(3)改建:一般是指现有企业、事业单位为了技术进步,提高产品质量,增加花色品种,促进产品升级换代,降低消耗和成本,加强资源综合利用和三废治理、劳保安全等,采用新技术、新工艺、新设备、新材料等对现有设施、工艺条件进行技术改造或更新(包括相应配套的辅助性生产、生活福利设施)。有的企业为充分发挥现有生产能力,进行填平补齐而增建不增加本单位主要产品生产能力的车间等,也属于改建。

固定资产投资按构成分 固定资产投资活动按其工作内容和实现方式分为建筑安装工程,设备、工具、器具购置,其他费用三个部门。

(1)建筑安装工程(建筑安装工作量):指各种房屋、建筑物的建造工程和各种设备、装置的安装工程。包括各种房屋建造工程,各种用途设备基础和各种工业窑炉的砌筑工程;为施工而进行的各种准备工作和临时工程以及完工后的清理工作等;铁路、道路的铺设,矿井的开凿及石油管道的架设等;水利工程;防空地下建筑等特殊工程;以及各机械设备的安装工程;为测定安装工程质量,对设备进行的试运工作。在安装工程中,不包括被安装设备本身的价值;

(2)设备、工具、器具购置:指购置或自制达到固定资产标准的设备、工具、器具的价值,固定资产的标准按财务部门规定。新建单位、扩建单位的新建车间按照设计和计划要求购置或自制的全部设备、工具、器具,不论是否达到固定资产标准均计入"设备、工具、器具购置"中。

(3)其他费用:指在固定资产建造和购置过程中发生的,除建筑安装工程和设备、工具、器具购置以外的各种应摊入固定资产的费用。

施工项目 指报告期内曾进行建筑或安装工程施工活动的建设项目,包括报告期内新开工项目、报告期以前开工跨入报告期继续施工的项目以及报告期施过工并在报告期内全部建成投产或停缓建的项目。

全部建成投产项目 工业项目是指设计文件规定形成生产能力的主体工业及其相应配套的辅助设施全部建成,经负荷试运转,证明具备生产设计规定合格产品的条件,并经过验收鉴定合格或达到竣工验收标准,与生产性工程配套的生活福利设施可以满足近期正常生产的需要,正式移交生产的建设项目。非工业项目是指设计文件规定的主体工程和相应的配套工程全部建成,能够发挥设计规定的全部效益,经验收鉴定合格或达到竣工验收标准,正式移交作用的建设项目。

新增生产能力 指通过固定资投资活动而增加的设计能力或工程效益,它是用实物形态表示的固定资产投资的成果,也是考核投资经济效果的重要依据。新增生产能力的计算,是以能独立发挥生产能力或工程效益的单项工程(或项目)为对象。当单项工程(或项目)建成,经有关部门鉴定合格,正式移交投入生产,即可算新增生产能力。新增生产能力或工程效益有以下几种表现形式:

(1)用产品数量表示,以工程在单位时间内(一般是一年)所能生产的产品数量(即年产量)表示。如原煤开采用万吨/年表示。

(2)用单位时间内所能处理的原料数量表示,以工程每天(或小时)所能处理原料的数量表示。

(3)以新增的主要设备数量或容量表示,如棉纺锭锭数、发电机组容量等。

(4)以节约的原材料、燃料、动力实物量表示,适用于反映更新改造节约项目的效益。

(5)以建筑物容积、容量、面积或长度表示,是非工业项目或工程新增效益的一种表现形式。如水库容量、铁路公路里程等。

根据工程的特点,有时需要用两种或两种以上的复合计量单位表示新增生产能力(或工程效益),如新增内燃机生产能力同时用年产台数、千瓦数表示等。

房屋建筑面积 指从房屋外墙线算起的各层平面面积的总和,包括可供使用的有效面积和房屋结构(如柱、墙)占用的面积。多层建筑按各层(包括地下室)面积总和计算。

住宅建筑面积 指施工和竣工房屋建筑面积中供居住用的施工和竣工房屋建筑面积。

施工面积 指报告期内施工的全部房屋建筑面积。包括本期新开工的面积、上期跨入本期继续施工的房屋面积、上期停缓建在本期恢复施工的房屋面积、本期竣工的房屋面积及本期施工后又停缓建的房屋面积。

竣工面积 指在报告期内房屋建筑按照设计要求已全部完工,达到住人和使用条件,经验收鉴定合格,正式移交使用单位的建筑面积。

房屋建筑面积竣工率 指一定时期内房屋竣工面积占同期房屋施工面积的比率。它是从房屋建筑施工速度的角度反映投资效果和建筑业经济效益的指标。

新增固定资产 指通过投资活动所形成的新的固定资产价值,包括已经建成投入生产或交付使用的工程价值和达到固定资产标准的设备、工具、器具的价值及有关应摊入的费用。它是以价值形式表示的固定资产投资成果的综合性指标,可以综合反映不同时期、不同部门、不同地区的固定资产投资成果。

建设项目投产率 指一定时期内全部建成投入生产项目个数与同期正式施工项目个数的比率。它是从项目建设速度的角度反映投资效果的指标。

商品房销售面积 指报告期内出售商品房屋的合同总面积(即双方签署的正式买卖合同中所确定的建筑面积)。由现房销售建筑面积和期房销售建筑面积两部分组成。

商品房销售额 指报告期内出售商品房屋的合同总价款(即双方签署的正式买卖合同中所确定的合同总价)。该指标与商品房销售面积同口径,由现房销售额和期房销售额两部分组成。

固定资产交付使用率 指一定时期新增固定资产与同期完成投资额的比率。它是反映各个时期固定资产动用速度,衡量建设过程中投资效果的一个综合性指标。

七、工业企业能源购进、消费及库存

资料整理员：白高娃　刘　坤

■ 鄂尔多斯国际赛车场

7－1 工业企业能源购进、消费及库存(规模以上工业,2016年)

指　标	购进量	
	实物量	金　额(千元)
原　煤(吨)	133152791.85	1214944.44
洗精煤(吨)	7396079.74	2330756.06
其他洗煤(吨)	2052838.61	
焦　炭(吨)	1784364.43	18957.87
其他焦化产品(吨)	2248524.68	233614.00
焦炉煤气(万立方米)	115.85	
天然气(万立方米)	279096.03	
汽　油(吨)	4144.88	
煤　油(吨)	4.00	
柴　油(吨)	192945.55	18378.90
燃料油(吨)	5374.43	
液化石油气(吨)	18.00	
热　力(百万千焦)	5767730.85	
电　力(万千瓦时)	2859187.88	
能源合计(吨标准煤)		

7－1 续表

指　　标	消费量			年末库存量
	合　　计	1.工业生产消费	2.非工业生产消费	
原　煤(吨)	97396945.95	97310170.45	86775.50	3948083.38
洗精煤(吨)	7707171.22	7707171.22		12785.08
其他洗煤(吨)	2057898.61	2057898.61		15000.00
焦　炭(吨)	1798441.33	1798441.33		30807.73
其他焦化产品(吨)	2509999.04	2509999.04		572.31
焦炉煤气(万立方米)	36004.66	36004.66		
天然气(万立方米)	323846.21	322619.31	1226.90	15.15
汽　油(吨)	4598.21	1672.24	2925.97	
煤　油(吨)	4.00	4.00		
柴　油(吨)	192954.62	188205.04	4749.58	2487.52
燃料油(吨)	5402.03	5393.00	9.03	453.76
液化石油气(吨)	2563.00	2563.00		18.00
热　力(百万千焦)	12658535.85	12658525.50	10.35	
电　力(万千瓦时)	3646352.82	3580081.93	66270.89	
能源合计(吨标准煤)	83363243.39	83207759.71	155483.68	

7－2 主要年份能耗及用水量情况

单位:吨标准煤/万元、立方米/万元、%

年 份	万元GDP能耗	比上年增长	万元GDP用水量	比上年增长
2005	2.19			
2006	2.08	-5.0		
2007	1.9316	-7.0		
2008	1.8051	-6.6		
2009	1.6849	-6.7		
2010	1.5895	-5.7	61.720	-17.7
2011	0.9940	-2.8	54.495	-11.7
2012	0.9498	-4.5	46.675	-14.3
2013	0.8490	-3.5	42.264	-9.5
2014	0.8101	-4.6	38.611	-8.6
2015	0.7741	-4.5	35.805	-7.3
2016	0.7747	-3.45	34.516	-3.6

注:1.2010年前万元GDP能耗中GDP用2005年价核算,2010年后万元GDP能耗中的GDP用2010年价核算。

2.2005年以前我市无此项统计,2006-2010年以2000年为不变价,2011年开始以2010年为不变价,2016年开始以2015年为不变价。

3.2013年以后根据三经普资料做相应调整。

4.2010年-2015年为2010年价核算,2016年为2015年价核算。

主要统计指标解释

消费 指独立核算的法人企业(单位)在报告期内实际消费的原材料、能源数量,包括主营活动用和附营活动用及乡镇建筑企业施工消费(由投资单位代填)。原材料、能源消费数量分别用价值量和实物量表示,但企业自产自用的中间产品不重复计算。

库存 是指独立核算的企业(单位)在报告期初、期末实际结存的原材料的数量。年初库存是指一月一日的库存量,也就是上一年度十二月三十一日库存量,期末库存量是指报告期最后一天的库存量,通常分月末库存、季末库存和年末库存等。库存除了正常储备的原材料、燃料外,还包括超储积压、特种储备,更新改造措施用物资,以及外购协作件、借入物资等。但是待验收物资和在途物资不包括。

万元 GDP 能耗 是指一个地区在报告内(如一个季度、一年等)创造每一万元所耗费的综合能源消费量,综合能源消费量为一个地区一定时期的三次产业、居民生活所耗费的电力、油品、煤品等能源品种折算成标准煤的合计数

万元 GDP 能耗 = 综合能源消费量(吨标准煤)/GDP(万元),单位为吨标准煤 / 万元。

八、财 政

资料整理员：郝东娜

■ 会展中心

8—1 财政收入情况(2016年)

单位:万元

指　　标	2015	2016	2016年比2015年增长(%)
公共财政预算收入	**4458999**	**4510191**	**1.1**
# 税收收入	2979254	2989389	0.3
国内增值税	417779	651413	55.9
营业税	330385	224026	-32.2
企业所得税	128548	97910	-23.8
个人所得税	61066	65401	7.1
资源税	221420	249065	12.5
城市维护建设税	125582	126109	0.4
房产税	96184	108061	12.3
印花税	30396	37626	23.8
城镇土地使用税	185794	454205	144.5
土地增值税	21648	37576	73.6
车船税	27339	29110	6.5
耕地占用税	1297036	805269	-37.9
契税	36080	103618	187.2
非税收收入	**1479742**	**1520802**	**2.8**
专项收入	583676	277338	-52.5
其他收入	60479	3246	-94.6
政府性基金收入	209836	135972	-35.2

注:2012年起一般预算收支改为公共财政预算收支。

8－2 财政支出情况

单位:万元

指　　标	2015	2016	2016 年比 2015 年增长 (%)
公共财政预算支出	5783920	5634393	-1.7
一般公共服务	366296	394987	8.1
公共安全	191927	206210	7.4
教育	546996	566770	4.1
科学技术	37109	20642	-45.1
文化体育与传媒	171390	98515	-42.3
社会保障和就业	460813	506124	9.8
医疗卫生	282935	290229	2.6
节能环保	122557	158742	29.0
城乡社区事务	1593706	1806001	13.8
农林水事务	697716	539438	-17.3
交通运输	262549	209624	-20.3
国土海洋气象等事务	344822	182744	-47.3
其他支出	117351	66352	-12.6
政府性基金支出	214298	168393	-22.2

8－3 主要年份财政收支情况

单位:万元、%

年份	财政收入	增长速度	财政收入占地区生产总值的比重	财政支出	增长速度	财政支出	
						#科教文卫事业费	#教育事业费
1957	667		4.57	988		205	132
1965	803	-14.8	6.59	1937	20.7	556	349
1970	665	36.3	4.00	2182	8.9	649	357
1975	1198	-11.4	5.88	5282	15.0	1253	781
1978	1886	55.1	5.45	7263	15.2	1735	1091
1980	2308	9.3	6.75	9702	20.9	2264	1396
1985	3530	33.5	5.96	16754	-0.1	4798	2661
1990	12793	18.2	8.60	31666	12.9	9392	5057
1991	16054	25.5	9.05	33669	6.3	9912	5106
1992	17731	10.4	8.57	38811	15.3	11519	6028
1993	29564	66.7	11.43	47253	21.8	13344	7134
1994	34671	17.3	9.41	50756	7.4	16577	8817
1995	44410	28.1	8.93	58587	15.4	18791	9987
1996	64339	44.9	10.03	78812	34.5	20654	11307
1997	96248	49.6	12.15	107122	35.9	24141	13048
1998	107371	11.6	10.71	123354	15.2	25465	14665
1999	125948	17.3	10.66	134842	9.3	28304	16736
2000	157426	25.0	10.49	161036	19.4	31869	18893
2001	179751	14.2	10.46	234078	45.4	41270	25114
2002	217039	20.7	10.60	266488	13.9	47809	29152
2003	286086	31.8	10.27	341105	28.0	54907	32705
2004	424046	87.7	10.71	479677	40.6	72963	44745
2005	933687	120.3	15.70	652654	36.1	92762	58006
2006	1458576	56.2	17.73	957784	46.8	115876	71052
2007	2008233	37.7	14.98	1471452	53.6	266175	148850
2008	2650322	50.8	15.68	1676779	41.9	341544	198981
2009	3657956	38.0	16.93	2316345	38.2	529149	268642
2010	5382802	47.2	20.36	3187910	37.7	780310	438534
2011	7964744	48.0	24.75	4466232	40.1	973377	489624
2012	8199967	3.0	22.42	4832535	8.2	1024067	592291
2013	8553739	4.3	21.62	5184663	7.3	1100987	606978

8—4 主要年份公共财政预算收入

单位:万元、%

年　份	公共财政预算收入	公共财政预算支出	增长速度	
			公共财政预算收入	公共财政预算支出
1952	193	243		
1957	666	988		
1962	794	1262	-26.3	-36.9
1965	803	1937	-14.8	20.7
1970	665	2182	36.3	8.9
1975	1198	5282	-11.4	15.0
1978	1886	7263	57.4	37.5
1979	2111	8022	12.0	10.5
1980	2308	9702	9.3	20.9
1981	2505	8986	8.5	-7.4
1982	3495	10600	39.5	18.0
1983	2560	12171	-26.8	14.8
1984	2645	16765	3.3	37.7
1985	3530	16754	33.5	-0.1
1986	4591	20251	30.1	20.9
1987	6636	22579	44.5	11.5
1988	8887	26325	33.9	16.6
1989	10821	28048	21.8	6.5
1990	12793	31666	18.2	12.9
1991	16054	33669	25.5	6.3
1992	17731	38811	10.4	15.3
1993	19114	47253	7.8	21.8
1994	22064	50756	15.4	7.4
1995	29889	58587	35.5	15.4
1996	44396	78812	48.5	34.5
1997	66123	107122	48.9	35.9
1998	71830	123354	8.6	15.2
1999	83767	134842	16.6	9.3
2000	98158	161036	17.2	19.4
2001	103126	234078	5.1	45.4
2002	110481	266488	7.1	13.8
2003	147336	341105	33.4	28.0
2004	230211	479677	56.2	40.6
2005	449045	652654	95.1	36.1
2006	540387	957784	20.3	46.8
2007	770239	1471452	42.5	53.6
2008	1181983	1676779	53.5	14.0
2009	1620408	2316345	37.1	38.1
2010	2390774	3187910	47.5	37.6
2011	3461762	4466232	44.8	40.1
2012	3755121	4832535	8.5	8.2
2013	4400156	5184663	17.2	7.3
2014	4300782	5417523	-2.3	4.5
2015	4458999	5730546	3.7	5.8
2016	4510260	5634393	1.1	-1.7

8－5 分旗区财政收支情况(2016年)

单位:万元、%

地　区	公共财政预算收入	增长速度	公共财政预算支出	增长速度
东 胜 区	833333	3.0	902707	-3.6
达拉特旗	222750	4.3	410034	-18.4
准格尔旗	818329	3.6	967876	4.4
鄂托克前旗	181014	13.1	299814	6.0
鄂托克旗	379846	7.2	531149	8.7
杭 锦 旗	123000	—	283934	-4.4
乌 审 旗	336900	19.8	410275	1.1
伊金霍洛旗	788558	2.1	847680	5.9
康巴什区	101228	6.2	102740	-4.2

主要统计指标解释

地方财政总收入 指地方财政收入中的一般预算收入及上划自治区收入，具体包括：全市地方一般预算收入；上划中央的国内增值税、国内消费税、企业所得税和个人所得税；上划自治区的国内增值税、营业税、企业所得税、个人所得税和资源税。

财政支出 国家财政将筹集起来的资金进行分配使用，以满足经济建设和各项事业的需要，主要包括：

一般公共服务 指国家财政用于人大事务、政协事务、政府办公厅(室)及相关机构事务、发展与改革事务、统计信息事务、财政事务、税收事务、审计事务、海关事务、人事事务、纪检监察事务、人口与计划生育事务、商贸事务、知识产权事务、工商行政管理事务、食品和药品监督管理事务、质量技术监督与检验检疫事务、国土资源事务、海洋管理事务、测绘事务、地震事务、气象事务、民族事务、宗教事务、港、澳、台侨事务、档案事务、共产党事务、民主党派事务、群众团体事务、彩票事务、国债事务、其他一般公共服务支出。

公共安全 指国家财政用于武装警察、公安、国家安全、检察、法院、司法、监狱、劳教、国家保密、其他公共安全支出。

教育 指国家财政用于教育事务支出。具体包括教育行政管理，学前教育，小学教育，初中教育，普通高中教育，普通高等教育，初等职业教育，中专教育，技校教育，职业高中教育，高等职业教育，广播电视教育，留学生教育，特殊教育，干部继续教育，教育机关服务等。

科学技术管理事务 指国家财政用于各级政府科学技术管理事务方面的支出。具体包括科学技术管理事务、基础研究、应用研究、技术研究与开发、科技条件与服务、社会科学、科学技术普及、科技交流与合作、其他科学技术支出。

文化体育与传媒 指国家财政用于在文化，文物，体育，广播影视，新闻出版等方面的支出。

社会保障和就业 指国家财政用于在社会保障与就业方面的支出。包括社会保障和就业管理事务，民政管理事务，补充全国社会保障基金，行政事业单位离退休，企业关闭破产补助，就业补助，抚恤，退役安置，社会福利，残疾人事业，城市居民最低生活保障，其他城镇社会救济，农村社会救济，自然灾害生活救助，红十字事务等。

医疗卫生 指国家财政用于医疗卫生方面的支出。具体包括医疗卫生管理事务支出，医疗服务支出，医疗保障支出，疾病预防控制支出，卫生监督支出，妇幼保健支出，农村卫生支出等。

环境保护 指国家财政用于环境保护管理事务、环境监测与监察、污染防治、自然生态保护、天然林保护、退耕还林、风沙荒漠治理、退牧还草、已垦草原退耕还草、其他环境保护支出。

城乡社区事务 指国家财政用于城乡社区管理事务、城乡社区规划与管理、城乡社区公共设施、城乡社区住宅、城乡社区环境卫生、建设市场管理与监督、政府住房基金支出、土地有偿使用支出、城镇公用事业附加支出、其他城乡社区事务支出。

农林水事务 指国家财政用于农业、林业、水利、南水北调、扶贫、农业综合开发、其他农林水事务支出。

交通运输 指国家财政用于公路水路运输、铁路运输、民用航空运输、其他交通运输支出。

工业商业金融等事务 指国家财政用于采掘业、制造业、建筑业、电力、信息产业、旅游业、涉外发展、粮油事务、商业流通事务、物资储备、金融业、烟草事务、安全生产、国有资产监管、中小企业事务、可再生能源、能源节约利用、其他工业商业金融等事务支出。

九、物价指数

资料整理员：调查队

博物馆

9—1 居民消费价格指数(2016年)

上年=100

指　　标	东胜区	鄂托克旗
居民消费价格总指数	**102.8**	**103.0**
食品烟酒	100.1	100.5
食品	99.9	100.5
粮食	99.7	100.2
薯类	102.4	113.1
豆类	98.8	99.3
食用油	105.7	103.7
菜	101.8	95.7
畜肉类	102.8	102.2
禽肉类	95.5	98.7
水产品	97.1	99.6
蛋类	96.9	98.9
奶类	100.5	100.0
干鲜瓜果类	94.0	99.0
糖果糕点类	99.9	100.0
调味品	99.8	100.0
其他食品类	99.3	100.0
茶及饮料	100.0	100.0
烟酒	102.3	101.2
烟草	104.0	101.9
酒类	99.9	100.0
在外餐饮	99.7	100.0
衣着	102.7	103.6
服装	102.3	104.6
服装材料	103.2	98.8
其他衣着及配件	102.1	100.5
衣着加工服务费	100.2	100.4
鞋类	104.5	101.1
居住	100.5	99.3
租赁房房租	100.8	100.0
住房保养维修及管理	101.2	99.3
水电燃料	97.8	97.7
自有住房	102.0	100.0
生活用品及服务	98.5	100.3
家具及室内装饰品	98.2	100.6
家用器具	95.2	100.1
家用纺织品	100.4	100.1
家庭日用杂品	100.5	100.7
个人护理用品	100.0	99.9
家庭服务	97.5	99.9
交通和通信	98.3	98.2
交通	97.7	97.9
通信	100.7	99.2
教育文化和娱乐	104.7	101.8
教育	110.4	102.7
文化娱乐	99.6	98.9
医疗保健	120.4	122.4
药品及医疗器具	97.0	99.8
医疗服务	128.0	133.9
其他用品和服务	102.8	101.4
其他用品类	104.3	102.0
其他服务类	101.7	100.0

9—2 商品零售价格指数(2016年)

上年=100

指　　标	东胜区	鄂托克旗
商品零售价格指数	**99.8**	**99.9**
食品	99.7	100.0
粮食	99.7	100.2
薯类	102.4	113.1
豆类	98.7	99.3
食用油	100.5	103.7
菜	101.6	96.1
畜肉类	102.9	102.2
禽肉类	95.5	98.7
水产品	97.1	99.6
蛋类	96.7	98.9
奶类	100.4	100.0
干鲜瓜果类	94.0	99.0
糖果糕点类	99.9	100.0
调味品	100.0	100.0
其他食品类	98.1	100.0
在外餐饮	99.7	100.0
饮料、烟酒	101.8	101.0
茶及饮料	99.9	100.0
烟草	104.0	101.9
酒类	99.9	100.0
服装、鞋帽	102.8	103.6
服装	102.3	104.6
鞋帽袜	104.4	101.0
其他衣着配件	99.3	100.0
纺织品	100.7	99.8
服装材料	103.2	98.8
床上用品	100.4	100.1
家用电器及音像器材	96.3	96.9
家庭设备	96.0	99.8
文娱用耐用消费品	98.2	94.6
专业音像器材	90.0	90.8

9－2 续表

上年=100

指　　标	东胜区	鄂托克旗
文化办公用品	100.1	100.3
日用品	100.2	100.6
日用百货	100.3	100.0
厨具餐具茶具	99.9	106.2
清洗用品	100.0	100.0
其他日用品	100.2	99.0
体育娱乐用品	99.6	100.0
体育户外用品	99.2	100.0
娱乐用品	99.6	100.0
交通、通信用品	101.6	99.3
交通运输机械	101.1	100.7
通信器材	102.7	97.7
家具	98.5	100.1
化妆品	99.9	100.0
金银饰品	105.9	108.3
中西药品及医疗保健用品	96.8	99.8
医疗卫生器具	99.8	99.6
中药	97.1	100.0
西药	96.4	99.7
保健器具及用品	99.6	100.0
书报杂志及电子出版物	100.1	100.0
教材及参考书	100.2	100.0
书报杂志	100.0	100.0
计算机办公软件	99.6	100.0
燃料	93.9	95.4
煤炭及制品	80.7	91.4
石油及制品	96.2	97.6
建筑材料及五金电料	102.3	96.3
建筑装璜材料	102.5	97.3
五金水暖	101.4	93.9

9－3 主要年份价格指数

上年=100

年　份	商品零售价格指数	城镇居民消费价格指数	农副产品收购价格指数
2002	98.6	99.2	99.1
2003	99.3	101.0	99.6
2004	102.9	103.7	114.5
2005	101.3	101.8	115.0
2006	101.2	102.4	101.5
2007	102.2	103.8	
2008	104.3	104.3	
2009	99.3	100.0	
2010	103.0	103.7	
2011	104.4	105.7	
2012	100.8	101.8	
2013	101.5	101.8	
2014	100.6	101.5	
2015	99.3	100.0	
2016	99.8	102.8	

注:本表2010年以后(包括2010年)为东胜区的数据。

9－4 主要年份价格指数

1978年=100

年　份	商品零售价格指数	城镇居民消费品价格指数	农副产品收购价格指数
1978	100.0	100.0	100.0
1979	103.9	103.3	121.2
1980	110.7	110.6	136.9
1981	113.8	113.8	146.9
1982	116.8	116.9	148.3
1983	119.2	119.5	152.1
1984	125.6	126.5	164.1
1985	137.5	139.1	187.9
1986	145.8	148.1	216.3
1987	157.6	160.7	243.2
1988	184.8	188.5	302.9
1989	214.9	221.9	285.7
1990	217.3	229.6	260.3
1991	227.8	243.2	224.6
1992	245.9	264.6	243.3
1993	275.3	301.3	270.3
1994	336.7	365.5	417.0
1995	386.5	422.2	463.7
1996	411.6	463.1	424.8
1997	421.1	492.3	372.5
1998	408.9	492.8	359.5
1999	393.3	512.5	386.1
2000	385.8	533.5	446.7
2001	383.9	534.0	457.9
2002	378.5	529.8	453.7
2003	375.9	535.1	451.9
2004	386.8	554.9	517.4
2005	391.8	564.9	595.0
2006	396.5	578.5	603.9
2007	405.2	600.5	
2008	422.6	626.3	
2009	419.6	626.3	
2010	432.2	649.5	
2011	451.2	686.5	
2012	454.9	698.8	
2013	461.7	711.4	

9－5 各盟市物价

（以上年同期为 100）

指　　标	内蒙古自治区	呼和浩特市	包头市	乌海市	赤峰市	呼伦贝尔市（海拉尔）
居民消费价格总指数	101.2	101.4	100.7	101.4	101.1	100.5
一、食品烟酒	102.2	103.2	101.6	101.8	103.6	101.5
二、衣着	101.4	102.6	101.1	102.4	100.8	101.1
三、居住	100.0	98.7	100.8	99.6	99.6	99.9
四、生活用品及服务	100.1	101.4	99.2	101.2	100.3	100.2
五、交通和通信	98.9	97.9	98.6	99.4	99.8	99.2
六、教育文化和娱乐	100.7	101.6	99.2	102.0	100.2	100.8
七、医疗保健	104.4	105.9	103.0	101.9	100.4	100.1
八、其他用品和服务	101.8	103.0	101.3	103.0	99.9	100.6
商品零售价格总指数	100.6	101.1	100.1	100.8	100.7	100.5
一、食品	102.7	103.7	102.7	102.0	104.0	101.2
二、饮料、烟酒	101.5	101.8	100.0	101.3	102.9	103.3
三、服装、鞋帽	101.6	102.6	100.8	102.5	100.6	101.0
四、纺织品	100.3	101.6	97.6	100.0	101.0	100.0
五、家用电器及音像器材	98.6	99.8	97.0	105.2	100.2	98.9
六、文化办公用品	101.1	102.5	100.3	100.5	100.3	99.7
七、日用品	100.0	99.5	99.9	100.2	100.1	99.8
八、体育娱乐用品	99.9	99.8	99.5	99.1	100.0	100.2
九、交通、通信用品	99.3	99.6	97.8	100.2	101.0	100.7
十、家具	100.1	101.1	99.7	97.8	100.0	102.1
十一、化妆品	101.1	102.3	100.2	99.9	100.0	100.4
十二、金银珠宝	105.0	106.7	104.4	102.3	100.3	105.3
十三、中西药品及医疗保健用品	102.7	102.2	106.3	100.6	100.7	100.1
十四、书报杂志及电子出版物	100.6	101.5	99.6	100.2	100.0	100.0
十五、燃料	96.5	96.4	96.7	95.9	92.8	96.8
十六、建筑材料及五金电料	99.5	98.0	99.7	100.6	100.8	99.8

指数(2016年)

(以上年同期为100)

兴安盟(乌兰浩特)	通辽市(科尔沁)	锡林郭勒盟(锡林浩特)	乌兰察布市(集宁)	鄂尔多斯市(核心区)	巴彦淖尔市(临河)	阿拉善盟(阿拉善左旗)
101.1	101.2	100.8	101.2	102.8	101.0	100.6
102.5	102.8	100.4	103.5	100.1	103.3	101.6
102.3	104.1	101.1	99.0	102.7	99.4	101.0
98.6	100.1	101.7	100.2	100.5	99.6	100.4
101.3	100.6	100.9	101.8	98.5	99.8	99.7
98.4	100.2	99.4	98.9	98.3	99.7	97.5
102.9	98.9	100.5	100.5	104.7	100.1	100.1
101.3	101.5	101.6	102.1	120.4	101.8	101.4
103.2	100.2	102.5	104.1	102.8	100.7	101.0
100.6	101.3	100.4	100.8	99.8	100.9	100.5
102.6	103.2	100.4	103.5	99.7	103.1	101.4
102.8	102.9	100.8	102.6	101.8	101.2	101.3
102.2	102.6	101.1	98.0	102.8	99.4	101.1
102.9	101.7	105.3	100.4	100.7	100.0	98.6
101.9	97.0	98.5	98.2	96.3	99.4	98.6
99.4	101.5	100.5	100.2	100.1	100.7	100.4
99.8	101.9	101.1	100.6	100.2	99.1	101.6
99.6	99.4	102.1	100.0	99.6	100.0	100.0
97.0	100.1	99.4	97.1	101.6	100.8	98.5
100.5	103.1	99.3	110.7	98.5	100.3	97.9
102.2	103.7	102.0	101.9	99.9	100.0	100.6
103.6	99.6	105.4	104.1	105.9	106.6	109.1
103.4	101.2	100.5	103.8	96.8	106.2	105.2
103.7	101.4	100.4	100.0	100.1	100.2	100.0
96.3	98.4	98.7	100.1	93.9	96.4	99.1
100.2	102.4	102.3	101.6	102.3	98.9	100.0

主要统计指标解释

居民消费价格指数 是度量消费商品及服务项目价格水平随着时间而变动的相对数，反映居民家庭购买的消费品及服务价格水平的变动情况。它是宏观经济分析和决策、价格总水平监测和调控以及国民经济核算的重要指标。其按年度计算的变动率通常被用来作为反映通货膨胀(或紧缩)程度的指标。

城市居民消费价格指数 是度量城市居民消费商品及服务项目价格水平随着时间而变动的相对数，反映城市居民家庭购买的消费品及服务价格水平的变动情况。它可以观察和分析消费品的零售价格和服务项目价格变动对职工货币工资的影响，作为研究职工生活和确立工资政策的依据。

农村居民消费价格指数 是度量农村居民消费商品及服务项目价格水平随着时间而变动的相对数，反映农村居民家庭购买的消费品及服务价格水平的变动情况。它可以观察和分析消费品的零售价格和服务项目价格变动对农村居民生活消费支出的影响，直接反映农民生活水平的实际变化情况，作为研究农村居民生活问题的依据。

商品的零售价格 是商品在流通过程中最后一个环节的价格，是工业、商业、餐饮业和其他零售企业向城乡居民、机关团体出售生活消费品和办公用品的价格。商品零售价格调查的任务是系统地调查、搜集和整理市场商品零售价格资料，编制商品零售价格指数，以此反映市场商品零售价格的变动趋势和变动程度。其目的在于掌握商品价格的变动趋势，为国家宏观调控和国民经济核算提供参考依据。同时，还可以在此基础上编制其他派生价格指数。

农业生产资料价格 是农业生产资料在流通领域最后一个环节的价格，是工业、商业及其他单位和个人向农民出售农业生产资料（包括主要生产性服务，下同)的价格。农业生产资料价格调查的任务是系统地调查、搜集和整理市场农业生产资料价格资料，编制农业生产资料价格指数，据此测定全国市场农业生产资料价格变动趋势和变动程度。其目的在于掌握农业生产资料的平均价格水平，为国家制定经济政策提供依据；同时，为研究城乡市场流通和国民经济核算提供参考依据。

固定资产投资价格指数 指反映固定资产投资活动中所涉及的建筑安装工程投资价格、设备及工器具投资价格和其它费用投资价格水平变动趋势和程度的相对数。固定资产投资额是由建筑安装工程投资完成额，设备、工器具购置投资完成额和其他费用投资完成额三部分组成的。

建筑安装工程投资价格指数 指反映建筑安装企业或部门在施工安装活动中所涉及的施工产值、直接工程费用(主要由人工费、材料费和机械使用费所组成)和间接工程费用价格水平变动趋势和程度的相对数。目前我国用建筑安装工程价格指数来替代建筑业产值价格指数。

工业生产者出厂价格指数 是反映全部工业产品出厂价格总水平的变动趋势和程度的相对数，包括工业企业售给本企业以外所有单位的各种产品和直接售给居民用于生活消费的产品。通过工业品出厂价格指数能观察出厂价格变动对工业总产值的影响。

工业生产者购进价格指数 指反映工业企业通过各种价格形式购进的主要原材料、燃料、动力价格水平变动趋势和程度的相对数。原材料、燃料、动力购进价格指数分为燃料、动力，黑色金属材料，有色金属材料，化工原料，木材，建筑材料及非金属矿，其他工业原材料、半成品，农副产品和纺织原料九个大类。

房地产价格指数 是反映全部房地产价格总水平的变动趋势和程度的相对数。包括土地交易价格指数、房地产销售价格指数、房地产租赁价格指数。

土地交易价格指数 是指房地产开发商或其他建设单位在进行商品房、生产和商业用房及其他生产经营用地开发前为取得土地使用权而实际支付的价格的变动趋势和程度的相对数。

房地产销售价格指数 是指房地产销售价格总水平变动趋势和程度的相对数。

房地产租赁和物业管理价格指数 是指房地产租赁和对房地产占有、使用、收益和处分所发生的费用价格总水平变动趋势和程度的相对数。

农产品生产价格 指农产品生产者第一手（直接)出售其产品时实际获得的单位产品价格。

农产品生产价格指数 是反映一定时期内农产品生产者出售农产品价格水平变动趋势及幅度的相对数。是以各种农产品出售金额资料作为权数计算的。

农产品价格缩减指数 也是反映农产品价格水平变动趋势及幅度的相对数。它农产品生产指数不同是以农业产值资料作为权数计算的。主要用于计算农业发展速度是应扣除价格水平变动部分。

十、人民生活

资料整理员：调查队

鄂尔多斯机场

10－1　主要年份城乡居民可支配收入

单位:元

年　份	城镇常住居民人均可支配收入	农村牧区常住居民人均可支配收入	农　民	牧　民
1978	279	194	170	285
1980	312	214	158	312
1981	348	235	182	340
1982	388	259	208	372
1983	434	298	269	407
1984	484	281	251	445
1985	541	357	285	519
1986	604	412	317	636
1987	674	420	348	710
1988	753	591	514	869
1989	939	558	502	758
1990	1032	600	576	685
1991	1159	596	596	594
1992	1639	707	702	728
1993	1969	804	818	793
1994	2629	957	956	964
1995	2926	1251	1261	1213
1996	3534	1674	1709	1586
1997	4128	1989	1985	1997
1998	4630	2292	2309	2254
1999	5069	2371	2358	2419
2000	5502	2453	2367	2593
2001	6058	2258	2211	2350
2002	6244	2470	2349	2930
2003	7204	3090	3114	3045
2004	8770	3908	3918	3891
2005	11025	4601	4608	4588
2006	13002	5308	5353	5229
2007	16226	6123	6075	6208
2008	19435	7052	7218	6758
2009	21883	7803	7854	7714
2010	25205	8756	8795	8696
2011	29283	10047		
2012	33140	11416		
2013	36132	12800		
2014	34983	13439		
2015	37432	14420		
2016	40221	15480		

注:自2014年起,居民收入统计方法有变,城镇居民人居可支配收入变为城镇常住居民人均可支配收入;农牧民人均纯收入变为农村牧区常住居民人均可支配收入。

10－2 主要年份分旗区城镇常住居民人均可支配收入

单位:元

年　份	全　市	东胜区	达拉特旗	准格尔旗	鄂托克前旗	鄂托克旗	杭锦旗	乌审旗	伊金霍洛旗
1978	279	287	260	120		346	230	300	190
1980	312	398	308	250	467	414	349	340	250
1981	348	408	344	280	533	413	380	370	279
1982	388	440	384	310	615	435	413	420	300
1983	434	465	460	450	581	440	450	430	332
1984	484	496	480	680	695	441	190	440	348
1985	541	576	537	700	798	521	510	470	379
1986	604	688	599	780	889	591	522	510	402
1987	674	822	668	810	901	727	522	550	412
1988	753	982	745	900	1101	775	641	600	558
1989	939	1024	929	951	1061	899	729	670	589
1990	1032	1128	1021	985	1203	1025	856	870	601
1991	1159	1358	1147	1045	1439	1117	916	980	612
1992	1639	1636	1408	1245	1370	1251	1073	1170	721
1993	1969	2121	1743	1549	1809	1396	1286	1640	1205
1994	2629	2752	2310	1770	2313	1986	1850	1920	1852
1995	2926	3137	2600	2231	2246	1999	2364	2210	2258
1996	3534	3738	2989	2983	3062	2788	2785	2716	3144
1997	4128	4684	3802	3983	3605	3823	3290	3217	3508
1998	4630	5139	4315	4485	3908	4347	3790	3917	4028
1999	5069	5589	4787	4943	4362	4814	4326	4420	4509
2000	5502	6001	5198	5405	4773	5213	4749	4833	5012
2001	6058	6706	5705	5918	5181	5620	5151	5241	5776
2002	6244	7347	6188	6429	6058	5922	5789	6076	6564
2003	7204	7887	6716	7237	6526	6502	6204	6453	7312
2004	8770	9306	7812	9010	7835	8203	7248	7818	8808
2005	11025	11820	9465	11399	9107	10168	8587	9055	11020
2006	13002	14091	11032	14032	10602	11798	9554	11012	13598
2007	16226	17545	14002	17416	12352	15010	10580	13010	17381
2008	19435	20851	16452	20419	15579	16991	13795	16386	20401
2009	21883	23426	18524	23106	18324	19332	17595	18430	23098
2010	25205	27002	21313	26699	21046	22197	20576	21116	26684
2011	29283	30702	26057	30579	25904	26605	25503	25958	30566
2012	33140	34719	29712	34604	30382	31330	29604	30393	34586
2013	36132	37696	32565	37586	33916	35003	32463	34005	37582
2014	34983	36302	31589	36234	33096	34294	31510	33287	36193
2015	37432	38807	33863	38698	35545	36832	33716	35717	38690
2016	40221	41679	36403	41523	38318	39668	36144	38431	41514

注:自 2014 年起,居民收入统计方法有变,城镇居民人居可支配收入变为城镇常住居民人均可支配收入。

10－3　主要年份分旗区农村牧区常住居民人均可支配收入

单位：元

年　份	全　市	东胜区	达拉特旗	准格尔旗	鄂托克前旗	鄂托克旗	杭锦旗	乌审旗	伊金霍洛旗
1978	194	147	210	144	-	196	171	175	172
1980	214	174	264	143	123	192	181	199	236
1981	235	163	268	164	148	202	202	213	218
1982	259	178	260	177	148	253	213	230	231
1983	298	211	274	220	163	236	212	233	275
1984	281	270	283	237	148	253	234	233	279
1985	357	291	330	239	179	368	353	248	324
1986	412	326	371	253	216	376	401	269	365
1987	420	303	442	340	252	482	350	278	332
1988	591	429	595	455	282	569	406	575	527
1989	558	391	529	454	314	521	433	610	514
1990	600	430	773	504	344	522	486	645	543
1991	596	411	720	486	361	512	493	615	553
1992	707	599	770	670	484	569	493	756	608
1993	804	631	992	740	569	696	560	859	622
1994	957	732	1117	870	640	866	737	993	728
1995	1251	1104	1540	1215	1100	1258	1190	1261	1052
1996	1674	1653	1893	1610	1600	1613	1580	1524	1510
1997	1989	2126	2205	1336	1482	2007	1539	1438	1365
1998	2292	2428	2505	2222	2135	2364	2196	2316	2150
1999	2371	2364	2463	2055	2287	2533	2371	2488	2325
2000	2453	2368	2525	2207	2443	2684	2483	2641	2338
2001	2258	2152	2672	1748	2323	2141	2008	2675	2102
2002	2470	2456	2905	2181	2525	2309	2158	2865	2236
2003	3090	3281	3200	3060	3189	2706	2814	3435	3191
2004	3908	3940	3822	3891	4135	3700	3578	4130	3986
2005	4601	4716	4655	4705	4796	4608	4136	4783	4742
2006	5308	5430	5208	5412	5485	5189	4997	5443	5446
2007	6123	6287	6198	6287	6318	6187	5995	6289	6301
2008	7052	7241	7129	7155	7289	7058	6954	7241	7262
2009	7803	7943	7864	7945	7966	7826	7783	7945	7959
2010	8756	—	8736	8766	8764	8720	8694	8755	8774
2011	10047	—	10021	10093	10093	9998	9956	10054	10098
2012	11416	—	11394	11452	11468	11365	11334	11446	11452
2013	12800	—	12728	12828	12862	12755	12657	12824	12828
2014	13439	—	13378	13450	13477	13437	13313	13437	13450
2015	14420	—	14341	14459	14501	14418	14258	14418	14445
2016	15480	—	15359	15500	15603	15485	15354	15471	15488

注：自2014年起，居民收入统计方法有变，农牧民人均纯收入变为农村牧区常住居民人均可支配收入。

10－4　全体居民主要收支情况

指　　标	单　位	2015 年	2016 年	2016 年比 2015 年增加	
				绝对值	%
可支配收入	元／人	30511	32860	2349	7.7
工资性收入	元／人	17980	19488	1508	8.4
经营净收入	元／人	6556	7010	454	6.9
第一产业净收入	元／人	2177	2356	179	8.2
#农业净收入	元／人	1170	1256	86	7.3
牧业净收入	元／人	915	998	83	9.0
第二产业净收入	元／人	507	553	46	9.1
第三产业净收入	元／人	3872	4101	229	5.9
财产性收入	元／人	3820	3914	94	2.5
转移性收入	元／人	2155	2447	292	13.5
消费性支出	元／人	22918	23304	386	1.7
食品	元／人	5454	5511	57	1.0
衣着	元／人	2233	2237	4	0.2
居住	元／人	4752	4810	58	1.2
生活用品及服务	元／人	1479	1513	34	2.3
交通和通讯	元／人	4638	4692	54	1.2
交通	元／人	3732	3400	-332	-8.9
通信	元／人	906	1291	385	42.5
教育文化娱乐服务	元／人	2132	2250	118	5.6
教育	元／人	1261	1367	106	8.4
文化娱乐	元／人	871	882	11	1.3
医疗保健	元／人	1536	1589	53	3.5
其它商品和服务	元／人	695	702	7	1.0

10－5　城镇常住居民主要收支情况

指　标	单　位	2015年	2016年	2016年比2015年增加	
				绝对值	%
可支配收入	元/人	37432	40221	2789	7.5
工资性收入	元/人	24606	26619	2013	8.2
经营净收入	元/人	5795	6289	494	8.5
第一产业净收入	元/人	630	463	-167	-26.5
#农业净收入	元/人	303	320	17	5.6
牧业净收入	元/人	333	144	-189	-56.8
第二产业净收入	元/人	695	802	107	15.4
第三产业净收入	元/人	4470	5024	554	12.4
财产性收入	元/人	4512	4473	-39	-0.9
转移性收入	元/人	2519	2840	321	12.7
消费性支出	元/人	26069	26486	417	1.6
食品	元/人	6272	6326	54	0.9
衣着	元/人	2783	2774	-9	-0.3
居住	元/人	5175	5256	81	1.6
生活用品及服务	元/人	1766	1799	33	1.9
交通和通讯	元/人	5344	5402	58	1.1
交通	元/人	4331	3889	-442	-10.2
通信	元/人	1013	1513	500	49.3
教育文化娱乐服务	元/人	2416	2543	127	5.3
教育	元/人	1287	1407	120	9.3
文化娱乐	元/人	1129	1136	7	0.7
医疗保健	元/人	1472	1522	50	3.4
其它商品和服务	元/人	841	864	23	2.7

10－6 农村牧区常住居民主要收支情况

指　标	单　位	2015 年	2016 年	2016 年比 2015 年增加	
				绝对值	%
可支配收入	元／人	14420	15480	1060	7.4
工资性收入	元／人	2978	3225	247	8.3
经营净收入	元／人	7932	8350	418	5.3
第一产业净收入	元／人	5329	5651	322	6.0
#农业净收入	元／人	3120	3337	217	7.0
牧业净收入	元／人	1919	2011	92	4.8
第二产业净收入	元／人	253	260	7	2.8
第三产业净收入	元／人	2350	2439	89	3.8
财产性收入	元／人	2175	2346	171	7.9
转移性收入	元／人	1335	1559	224	16.8
消费性支出	元／人	14224	14571	347	2.4
食品	元／人	3212	3278	66	2.1
衣着	元／人	769	793	24	3.1
居住	元／人	3534	3561	27	0.8
生活用品及服务	元／人	705	739	34	4.8
交通和通讯	元／人	2705	2755	50	1.8
交通	元／人	2113	2042	-71	-3.4
通信	元／人	592	713	121	20.5
教育文化娱乐服务	元／人	1345	1443	98	7.3
教育	元／人	1036	1145	109	10.5
文化娱乐	元／人	309	298	-11	-3.4
医疗保健	元／人	1698	1736	38	2.2
其它商品和服务	元／人	256	267	11	4.3

10－7 居民家庭基本情况(2016年)

指　标	单位	全体居民	城镇常住居民	农村常住居民
调查户数	户			
住户常住地	—			
居委会住户	%	66.2	100.0	
村委会住户	%	33.8		100.0
城镇居委会住户	%	55.8	84.4	
城镇村委会住户或农村住户	%	44.2	15.6	100.0
住户类型	—			
家庭居住户	%	97.0	95.4	100.0
集体居住户	%	3.0	4.6	
户主文化程度	—			
未上过学	%	1.4	0.6	2.9
小学	%	19.6	10.8	36.7
初中	%	34.8	28.5	47.3
高中	%	17.9	21.6	10.5
大学专科	%	14.4	20.7	1.9
大学本科	%	11.4	16.8	0.7
研究生	%	0.7	1.0	
住户经营情况	—			
生产经营户	%	47.6	28.1	85.7
农业户	%	25.0	4.3	65.7
农业兼业户	%	4.3	1.3	9.9
非农兼业户	%	1.6	1.0	2.9
非农业户	%	20.7	22.9	16.5
非生产经营从业户	%	70.4	80.3	50.8
按家庭规模分的住户类型	—			
一人户	%	5.6	6.7	3.5
二人户	%	31.5	22.8	48.5
三人户	%	38.5	46.4	23.1
四人户	%	21.2	20.9	21.9
五人户	%	3.0	3.1	2.8
六人及以上户	%	0.2	0.2	0.3
按世代分的住户类型	—			
一代户	%	34.3	27.4	47.7
二代户	%	62.4	69.9	47.6
三代户	%	3.3	2.7	4.5
四代及以上户	%	0.1		0.2
住户特征	—			
纯老人户	%	10.6	7.6	16.4
家中有未成年子女户	%	38.5	45.2	25.4
年轻夫妻无子女户	%	1.9	2.6	0.6
无劳动力户	%	1.1	1.1	1.1

10－8 居民家庭耐用消费品拥有情况(2016 年)

指　　标	单位	全体居民	城镇常住居民	农村常住居民
耐用消费品拥有情况	—			
家用汽车	辆/百户	65	75	52
摩托车	辆/百户	31	13	67
助力车	辆/百户	34	39	23
洗衣机	台/百户	94	94	94
电冰箱(柜)	台/百户	98	99	97
微波炉	台/百户	25	35	7
彩色电视机	台/百户	104	104	103
其中:接入有线电视	台/百户	73	86	48
空调	台/百户	7	10	2
热水器	台/百户	50	64	23
其中:太阳能热水器	台/百户	12	13	10
消毒碗柜	台/百户	5	7	1
洗碗机	台/百户	1	1	0
排油烟机	台/百户	41	59	6
固定电话	部/百户	18	23	8
移动电话	部/百户	240	239	242
其中:接入互联网	部/百户	113	141	57
计算机	台/百户	49	66	18
其中:接入互联网	台/百户	31	44	4
摄像机	台/百户	10	14	2
照相机	台/百户	24	34	6
中高档乐器	架/百户	5	7	
健身器材	台/百户	4	6	1
组合音响	套/百户	3	4	

10－9 居民家庭可支配收入(2016年)

指　标	单位	全体居民	城镇常住居民	农村常住居民
可支配收入	元/人	32860	40221	15480
工资性收入	元/人	19488	26619	3225
工资	元/人	17645	24734	2055
按月发放的工资	元/人	15958	22402	1813
补发工资	元/人	1215	1676	178
不按月发放的奖金、津贴、过节费等	元/人	473	656	64
实物福利	元/人	9	12	2
从单位或雇主得到的实物产品折价	元/人	9	12	2
食品	元/人	8	11	2
谷物、薯类及豆类	元/人	4	5	1
食用油(植物油)	元/人			
蔬菜及制品	元/人			
肉、禽、蛋、奶及制品	元/人	4	5	
水产品及制品	元/人			
糖、烟、酒、饮料类	元/人			
干鲜瓜果类	元/人			
其他类食品	元/人			
衣着	元/人		1	
居住	元/人			
家庭设备和日用品	元/人			
交通、通信工具及用品	元/人			
教育文化娱乐用品	元/人			
医疗保健用品	元/人			
其他用品	元/人			
从单位或雇主得到的服务折价	元/人			
免费或低价提供的工作餐	元/人			
免费或低价提供的住宿	元/人			
单位缴纳的水电费、取暖费、物业费等	元/人			
免费或低价提供的交通和通信服务	元/人			
单位缴纳的教育入学赞助费	元/人			
免费或低价提供的旅游服务	元/人			
其他服务	元/人			
单位或雇主实物福利报销所得	元/人			

10－9 续表1

指　　标	单位	全体居民	城镇常住居民	农村常住居民
其他	元/人	1834	1873	1168
住房公积金	元/人	597	863	34
辞退金	元/人	16	20	4
自由职业劳动所得	元/人	62	90	3
安家费	元/人	7	1	11
股票期权	元/人			
其他劳动所得	元/人	1153	899	1114
经营净收入	元/人	7010	6289	8350
第一产业经营收入	元/人	2356	463	5651
农业	元/人	1256	320	3337
林业	元/人	12	-1	58
牧业	元/人	998	144	2011
渔业	元/人	90		245
农、林、牧、渔服务业	元/人	553	802	260
第二产业经营收入	元/人	2	1	98
采矿业	元/人	14	20	
制造业	元/人	4	-1	46
电力、热力、燃气及水生产和供应业	元/人	534	783	116
建筑业	元/人	4101	5024	2439
第三产业经营收入	元/人	1903	2794	448
批发和零售业	元/人	1240	888	1668
交通运输、仓储和邮政业	元/人	92	127	34
住宿和餐饮业	元/人	18	8	32
房地产业	元/人	18	24	6
租赁和商务服务业	元/人	645	980	104
居民服务、修理和其他服务业	元/人	131	166	71
其他	元/人	54	37	75
财产性净收入	元/人	3914	4473	2346
利息收入	元/人	-49	-24	-73
红利收入	元/人	1750	1565	1632
集体分配的红利	元/人	767	2	1632
其他红利收入	元/人	983	1563	
储蓄性保险净收益	元/人	5	1	10
转让承包土地经营权租金净收入	元/人	183	31	347
出租房屋财产性收入	元/人	1044	1371	386
出租机械、专利、版权等资产的收入	元/人	47	70	7
其他财产净收入	元/人	47	47	37
房屋虚拟租金	元/人	887	1411	

10－9 续表2

指　　标	单位	全体居民	城镇常住居民	农村常住居民
转移净收入	元/人	2447	2840	1559
转移性收入	元/人	3403	4439	1701
养老金或离退休金	元/人	2342	3788	468
离退休金	元/人	2045	3483	241
城镇居民社会养老保险	元/人	83	145	6
新型农村养老保险	元/人	203	152	209
其他养老金	元/人	11	7	12
社会救济和补助	元/人	58	41	62
最低生活保障费	元/人	16	6	23
五保户救助金	元/人			
扶贫款	元/人	17	8	22
救灾款	元/人	1		2
抚恤金	元/人	4	3	4
其他社会救济收入	元/人	19	23	11
政策性生活补贴	元/人	201	108	249
家电补贴	元/人	1		1
能源补贴	元/人	35	11	51
免费或低价提供的住宿	元/人			
其他生活补贴	元/人	165	97	196
报销医疗费	元/人	116	129	80
家庭外出从业人员寄回带回收入	元/人	10	6	12
赡养收入	元/人	76	122	17
其他经常转移收入	元/人	50	65	26
失业保险金	元/人			1
经常性捐赠收入	元/人	1	1	1
经常性赔偿收入	元/人	2		4
其他转移性收入	元/人	47	64	21

10－9 续表3

指　　标	单位	全体居民	城镇常住居民	农村常住居民
从政府和组织得到的实物产品和服务折价	元/人	53	45	49
食品	元/人			
谷物、薯类及豆类	元/人			
食用油(植物油)	元/人			
蔬菜及制品	元/人			
肉、禽、蛋、奶及制品	元/人			
水产品及制品	元/人			
糖、烟、酒、饮料类	元/人			
干鲜瓜果类	元/人			
其他类食品	元/人			
衣着	元/人			
居住	元/人	40	40	30
家庭设备和日用品	元/人			
交通、通信工具及用品	元/人			
教育文化娱乐用品	元/人			
医疗保健用品	元/人			
其他用品	元/人			
从政府组织得到的其他服务折价	元/人	13	4	19
现金政策性惠农补贴	元/人	496	135	738
转移性支出	元/人	956	1599	142
个人所得税	元/人	62	109	5
社会保障支出	元/人	817	1364	123
个人缴纳的养老保险	元/人	590	992	81
个人缴纳的医疗保险	元/人	176	291	29
个人缴纳的失业保险	元/人	24	43	1
其他社会保障支出	元/人	27	38	11
外来从业人员寄给家人的支出	元/人	1	1	1
赡养支出	元/人	18	30	4
其他转移性支出	元/人	58	96	10
经常性捐赠支出	元/人	2	1	2
经常性赔偿支出	元/人			
其他经常转移支出	元/人	56	94	8

10－10 居民家庭生活消费支出(2016 年)

指　标	单位	全体居民	城镇常住居民	农村常住居民
消费支出	元/人	23304	26486	14571
通过互联网购买的商品和服务	元/人	235	380	12
食品烟酒	元/人	5511	6326	3278
食品	元/人	3786	4212	2453
谷物	元/人	652	709	445
薯类	元/人	119	96	132
豆类	元/人	45	58	17
食用油	元/人	87	107	41
蔬菜和食用菌	元/人	332	411	153
肉类	元/人	1409	1391	1175
禽类	元/人	112	127	70
水产品	元/人	66	88	20
蛋类	元/人	63	78	29
奶类	元/人	226	292	85
干鲜瓜果类	元/人	332	434	117
糖果糕点类	元/人	71	95	24
饮料	元/人	273	325	144
其他食品	元/人	798	820	619
烟酒	元/人	534	536	433
烟草	元/人	264	283	187
酒类	元/人	70	86	32
饮食服务	元/人	857	1209	173
食堂用餐	元/人	258	384	21
其他在外饮食	元/人	592	820	141
食品加工服务费	元/人	7	4	11
衣着	元/人	2237	2774	793
衣类	元/人	1768	2188	635
鞋类	元/人	469	586	158
居住	元/人	4810	5256	3561
租赁房房租	元/人	295	370	143
住房维修及管理	元/人	1191	973	1407
水电燃料及其他	元/人	1157	1304	791
自有住房折算租金	元/人	2168	2609	1220

10－10 续表

指　标	单位	全体居民	城镇常住居民	农村常住居民
生活用品及服务	元/人	1513	1799	739
家具及室内装饰品	元/人	239	213	213
家用器具	元/人	329	377	181
家用纺织品	元/人	164	186	92
家庭日用杂品	元/人	389	467	182
个人用品	元/人	340	483	60
家庭服务	元/人	52	73	10
交通通信	元/人	4692	5402	2755
交通	元/人	3401	3889	2042
交通工具	元/人	894	1051	488
交通费	元/人	358	444	154
交通工具用燃料	元/人	1324	1454	900
交通工具使用及维修	元/人	825	942	500
车辆保险支出	元/人	273	342	114
通信	元/人	1291	1513	713
通信工具	元/人	440	535	211
通信服务	元/人	851	978	502
教育文化娱乐	元/人	2250	2543	1443
教育	元/人	1367	1407	1145
学前教育	元/人	254	303	134
小学教育	元/人	167	204	77
初中教育	元/人	102	100	95
高中教育	元/人	154	155	135
中专职高教育	元/人	31	31	27
大专及以上教育	元/人	506	432	595
成人教育	元/人	155	183	83
文化娱乐	元/人	883	1136	298
文娱耐用消费品	元/人	148	173	83
其他文娱用品	元/人	218	269	98
文化娱乐服务	元/人	517	694	117
医疗保健	元/人	1589	1522	1736
医疗器具及药品	元/人	632	661	592
医疗服务	元/人	957	861	1144
门诊总费用	元/人	444	403	524
住院总费用	元/人	513	458	620
其他用品和服务	元/人	702	864	267
其他用品	元/人	384	462	166
其他服务	元/人	318	402	101

10－11　各旗区全体居民收入情况(2016年)

单位:元

地　区	可支配收入					
		工资性收入	经营净收入			
				第一产业净收入		
					农业净收入	牧业净收入
鄂尔多斯市	32860	19488	7010	2356	1256	998
东胜区	39553	23200	7487	556	112	444
达拉特旗	26449	10182	11089	7413	6343	1093
准格尔旗	32469	19644	6676	1882	1026	856
鄂托克前旗	28132	11886	11868	3943	1917	2026
鄂托克旗	30186	17327	6701	2657	107	2366
杭锦旗	26003	10115	11716	9863	7500	2273
乌审旗	27872	12839	10486	5856	1882	3974
伊金霍洛旗	32958	22350	6742	986	224	741

10－11　续表

单位:元

地　区	第二产业净收入	第三产业净收入	财产净收入	转移净收入
鄂尔多斯市	553	4101	3914	2447
东胜区	1215	5716	5863	3003
达拉特旗	416	3260	1239	3939
准格尔旗	697	4097	4010	2139
鄂托克前旗	696	7229	1207	3171
鄂托克旗	406	3638	1057	5101
杭锦旗		1853	325	3846
乌审旗	734	3896	1594	2953
伊金霍洛旗	480	5276	1163	2703

10－12 各旗区全体居民生活消费情况(2016年)

单位:元

地 区	消费支出	食品	衣着	居住	生活用品及服务	交通和通讯	交通
鄂尔多斯市	23304	5511	2237	4810	1513	4692	3400
东胜区	26737	7668	2931	2125	2359	6319	4457
达拉特旗	17550	4863	1159	4099	692	2135	1510
准格尔旗	23230	5417	2197	4135	1846	4337	3285
鄂托克前旗	21516	4260	1778	4118	2080	3613	2363
鄂托克旗	19260	5219	1868	3948	1059	2368	1576
杭锦旗	17523	4648	1069	4542	1123	2606	1852
乌审旗	17785	4891	1867	2165	1694	2383	1320
伊金霍洛旗	21361	5311	2328	3774	1335	5530	4014

10－12 续表

单位:元

地 区	通讯	教育文化娱乐服务	教育	文化娱乐	医疗保健	其它商品和服务
鄂尔多斯市	1291	2250	1367	882	1589	702
东胜区	1862	2788	1849	939	1483	1064
达拉特旗	626	1926	1337	589	2506	169
准格尔旗	1052	2495	1487	1008	2001	802
鄂托克前旗	1250	2992	2316	676	2054	621
鄂托克旗	792	2197	1501	696	1753	848
杭锦旗	754	1985	1473	511	1070	479
乌审旗	1063	2258	1215	1043	1304	1223
伊金霍洛旗	1516	1801	773	1028	889	393

10－13 各旗区城镇常住居民收入情况(2016年)

单位:元

地区	可支配收入					
		工资性收入	经营净收入			
				第一产业净收入		
					农业净收入	牧业净收入
鄂尔多斯市	40221	26619	6289	463	320	144
东胜区	41679	26007	6656	65	65	
达拉特旗	36403	19230	8339	2749	2036	713
准格尔旗	41523	27617	5655	516	381	135
鄂托克前旗	38318	18664	16348	150	98	52
鄂托克旗	39668	24951	9044	20	1	19
杭锦旗	36144	25117	6073	1296	1298	-2
乌审旗	38431	22167	10033	768	584	184
伊金霍洛旗	41514	29853	6930	121	43	78

10－13 续表

单位:元

地区	第二产业净收入	第三产业净收入	财产净收入	转移净收入
鄂尔多斯市	802	5024	4473	2840
东胜区	1481	5110	5013	4003
达拉特旗	929	4662	2650	6184
准格尔旗	863	4276	4976	3275
鄂托克前旗	1166	15032	1295	2011
鄂托克旗	905	8119	5038	5038
杭锦旗		4777	1115	3839
乌审旗	734	8531	1236	4995
伊金霍洛旗	509	6300	1457	3274

10－14　各旗区城镇常住居民生活消费情况(2016年)

单位:元

地　区	消费支出	食品	衣着	居住	生活用品及服务	交通和通讯	交通
鄂尔多斯市	26486	6326	2774	5256	1799	5402	3889
东胜区	28181	8116	3014	2329	2236	6557	5142
达拉特旗	22374	6344	1996	4699	917	2765	1899
准格尔旗	27547	6967	2666	5179	2434	4776	3380
鄂托克前旗	26752	5099	2482	5337	2990	3898	2448
鄂托克旗	20741	6202	2136	3152	1079	3153	1759
杭锦旗	19988	5039	1717	5181	1327	2944	2010
乌审旗	19866	4956	1873	2734	1489	2733	1266
伊金霍洛旗	24596	6076	2792	4335	1677	6162	4471

10－14　续表

单位:元

地　区	通讯	教育文化娱乐服务	教育	文化娱乐	医疗保健	其它商品和服务
鄂尔多斯市	1513	2543	1407	1136	1522	864
东胜区	1415	3159	1390	1769	1532	1238
达拉特旗	867	2779	1836	943	2574	300
准格尔旗	1396	2982	1839	1143	1806	737
鄂托克前旗	1450	3503	2360	1142	2580	863
鄂托克旗	1394	2966	2024	942	1286	767
杭锦旗	934	2042	1413	628	1040	697
乌审旗	1467	2516	1239	1277	1928	1637
伊金霍洛旗	1691	2127	1006	1121	1009	418

10－15　各旗区农村牧区常住居民收入情况(2016年)

单位:元

地　区	可支配收入					
		工资性收入	经营净收入			
				第一产业净收入		
					农业净收入	牧业净收入
鄂尔多斯市	15480	3225	8350	5651	3337	2011
达拉特旗	15359	2380	11129	9354	8218	1171
准格尔旗	15500	3169	8488	1342	833	509
鄂托克前旗	15603	5575	8151	4830	2204	2621
鄂托克旗	15485	1626	6550	6548	-917	7011
杭锦旗	15354	757	11736	11680	8734	2833
乌审旗	15471	2253	10356	10139	5018	5121
伊金霍洛旗	15488	7732	6329	2963	626	2300

10－15　续表

单位:元

地　区	第二产业净收入	第三产业净收入	财产净收入	转移净收入
鄂尔多斯市	260	2439	2346	1559
达拉特旗		1775	79	1771
准格尔旗	1763	5383	2141	1702
鄂托克前旗	1040	2281	682	1195
鄂托克旗		2	1115	6194
杭锦旗		56	-121	2982
乌审旗		217	1951	911
伊金霍洛旗	293	3073	390	1037

10－16 各旗区农村牧区常住居民生活消费情况(2016年)

单位:元

地 区	消费支出	食品	衣着	居住	生活用品及服务	交通和通讯	交通
鄂尔多斯市	14571	3278	793	3561	739	2755	2042
达拉特旗	11346	3033	349	3058	420	1347	996
准格尔旗	13782	2751	848	2944	978	3066	2174
鄂托克前旗	14055	2871	1366	696	1641	3406	2723
鄂托克旗	14544	2807	640	5046	640	3460	2934
杭锦旗	14418	4038	475	3737	887	2167	1607
乌审旗	14767	4767	1504	1569	1005	1584	934
伊金霍洛旗	13564	4302	877	3510	702	2600	1903

10－16 续表

单位:元

地 区	通讯	教育文化娱乐服务	教育	文化娱乐	医疗保健	其它商品和服务
鄂尔多斯市	713	1443	1145	298	1736	267
达拉特旗	351	994	762	233	2101	44
准格尔旗	892	1450	1164	286	1520	225
鄂托克前旗	683	456	203	253	1706	1913
鄂托克旗	526	538	371	167	887	526
杭锦旗	560	1813	1429	384	1027	272
乌审旗	650	1987	1107	880	1346	1104
伊金霍洛旗	697	930	703	227	565	78

主要统计指标解释

住户成员 指居住在一个住宅内,所有与本住户分享生活开支和收入的人员。还包括:①由本户供养的在外学生(包括大中专学生和研究生);②未分家的农村外出从业人员和随迁家属,无论外出时间长短;③轮流居住的老人;④因探亲访友、旅游、住院、培训或出差等原因临时外出的人员。

可支配收入 指调查户在调查期内获得的、可用于最终消费支出和储蓄的总和,即调查户可以用来自由支配的收入。可支配收入既包括现金,也包括实物收入。按照收入的来源,可支配收入包含:工资性收入、经营净收入、财产净收入、转移净收入。

工资性收入 指就业人员通过各种途径得到的全部劳动报酬和各种福利,包括受雇于单位或个人、从事各种自由职业、兼职和零星劳动得到的全部劳动报酬和福利。

经营净收入 指住户或住户成员从事生产经营活动所获得的净收入,是全部经营收入中扣除经营费用、生产性固定资产折旧和生产税净额之后得到的净收入。计算公式具体为:经营净收入=经营收入-经营费用-生产性固定资产折旧—生产税净额。

财产净收入 指住户或住户成员将其所拥有的金融资产和自然资源交由其他机构单位、住户或个人支配而获得的回报并扣除相关费用之后得到的净收入。财产净收入包括利息净收入、红利收入、储蓄性保险净收益和转让土地经营权租金净收入等。

转移性净收入 指国家、单位、社会团体对住户的各种经常性转移支付和住户之间的经常性收入转移,并扣除相关的支出和费用之后得到的净收入。包括政府、非行政事业单位、社会团体对居民转移的养老金或退休金、社会救济和救助、政策性生活补贴、救灾款、经常性捐赠和赔偿以及报销医疗费等;住户之间的赡养收入、经常性捐赠和赔偿以及农村地区(村委会)在外(含国外)工作的本住户非常住成员的寄回带回的收入等。

消费支出 指住户用于满足家庭日常生活消费需要的全部支出,包括用于消费品的支出和用于服务性消费的支出。根据用途不同,消费支出可划分为食品烟酒、衣着、居住、生活用品及服务、交通通信、教育文化娱乐、医疗保健、其他用品及服务八大类。

十一、城镇概况

资料整理员：郝东娜

大剧院

11－1 城镇建设用地情况

指　　标	单　位	2014	2015	2016
建成区面积	平方公里	258.54	269.3	269.37
城镇建设用地面积	平方公里	251.39	262.27	262.5
居住用地	平方公里	77.89	72.06	72.06
公共设施用地	平方公里	21.67	24.59	23.99
工业用地	平方公里	16.25	16.25	16.25
仓储用地	平方公里	1.00	1.00	1.00
对外交通用地	平方公里			
道路广场用地	平方公里			
交通设施用地	平方公里	43.18	64.93	65.83
市政公用设施用地	平方公里	8.01	6.85	6.85
绿　地	平方公里	56.12	50.41	50.27
特殊用地	平方公里			
本年征用土地面积	平方公里	0.08	0.08	0.06

11－2 城镇供水情况

指　　标	单 位	2014	2015	2016
自来水综合生产能力	万立方米/日	48.46	40.25	41.41
供水管道长度	公里	2354.18	2390.75	2450.21
供水总量	万立方米	7198.26	7017.01	7307.23
售水量	万立方米	6344.20	6178.92	6431.23
# 生产运营用水	万立方米	1834.38	1368.02	1570.50
居民家庭用水	万立方米	3031.39	3330.68	3207.10
用水户数	万户	31.16	34.35	35.75
# 家庭用户	万户	26.34	29.59	30.85
用水人口	万人	109.44	113.44	116.24

11—3 城镇天然气、液化石油气情况

指　标	单 位	2014	2015	2016
天然气				
储气能力	万立方米	9.88	18.00	20.55
供气管道长度	公里	1605.09	1884.21	1964.53
供气总量	万立方米	23277.50	21858.01	21759.99
销售气量	万立方米	22834.56	21376.73	21635.97
# 家庭用量	万立方米	5832.06	5952.09	5957.74
用气户数	万户	22.3	25.2	28.6
# 家庭用户	万户	21.8	24.9	27.6
用气人口	万人	71.69	77.37	81.79
液化石油气				
储气能力	吨	3925	2101	1902
供气总量	吨		4981	6443
销售气量	吨	7013	4964.3	6426.3
# 家庭用量	吨	6096	4621	4807
用气户数	万户	7.14	7.03	6.71
# 家庭用户	万户	5.77	6.34	5.47
用气人口	万人	22.33	21.82	20.54

11—4 城镇集中供热情况

指　标	单 位	2014	2015	2016
热水供热能力	兆瓦	7757	8999	9001
热水供热总量	万吉焦	6643	7712	7098
热水管道长度	公里	2289	2423	2552
供热面积	万平方米	8544	9208	8957
# 住 宅	万平方米	5648	5451	5689

11－5　城镇市政工程情况

指　　标	单 位	2014	2015	2016
道路长度	公里	2101.6	2159.3	2186.1
道路面积	万平方米	5725.0	5779.4	5861.6
# 人行道	万平方米	1614	1737	1776
桥梁数	座	57	58	58
路灯盏数	千盏	114	119	123
排水管道长度	公里	3558	3725	3775
排水管道密度	公里/平方公里	13.76	13.83	14.02
污水排放量	万立方米	5460	6218	6491
污水处理总量	万立方米	5138	5889	6175
再生水生产能力	万立方米/日	16.0	25.6	27.6

11－6　城镇园林绿化情况

指　　标	单 位	2014	2015	2016
绿化覆盖面积	公顷	20181	20951	21295
# 建城区	公顷	10876	11442	11656
园林绿地面积	公顷	19098	19908	20271
# 建城区	公顷	10047	10650	10815
公园绿地面积	公顷	3698	3796	3823
公园个数	个	120	120	123
公园面积	公顷	3500	3576	3605

11—7 城镇公共汽车、出租车情况

指　　标	单 位	2014	2015	2016
公共汽车				
营运车辆数	辆	756	932	901
运营线路网长度	公里	4321	4662	4840
客运总量	万人次	11380	8542	9225
出租汽车				
出租车数量	辆	6113	6060	6113
载客车次总数	万次	7702	8054	9476
客运总量	万人次	19255	21058	23485
从业人员	人	10347	10224	10453

11—8 城镇公共卫生情况

指　　标	单 位	2014	2015	2016
道路清扫保洁面积	万平方米	8951	6728	6857
生活垃圾清运量	万吨	52.27	55.35	52.03
生活垃圾无害化处理厂(场)数	座	16	9	9
生活垃圾(粪便)处理场处理能力	吨/日	2702	2798	2803
生活垃圾(粪便)处理场处理量	万吨	51.38	52.90	50.48
粪便清运量	万吨	17.86	16.72	14.46
公共厕所数	座	1277	1255	1275
市容环卫专用车辆设备总数	辆	482	525	586

11—9 城镇设施水平

指　标	单位	2014	2015	2016
人均日生活用水量	升	106.32	112.41	103.54
用水普及率	%	98.97	99.03	99.13
燃气普及率	%	83.87	85.35	86.09
每万人拥有公共交通车辆	标台			
人均道路面积	平方米	51.07	49.73	49.32
污水处理率	%	94.10	94.71	95.13
人均公共绿地面积	平方米	32.99	32.67	32.16
建成区绿地率	%	38.86	39.55	40.15
建成区绿化覆盖率	%	42.07	42.49	43.27
生活垃圾处理率	%	94.40	95.57	97.02

11—10 分旗区城镇建成区面积

单位:平方公里

地　区	2014	2015	2016
东胜区	78	78	78
达拉特旗	30	30	30
准格尔旗	19	27	27
鄂托克前旗	8	8	8
鄂托克旗	10	10	10
杭锦旗	10	10	10
乌审旗	20	20	20
伊金霍洛旗	48	48	48
康巴什区			38

主要统计指标解释

年末自来水生产能力 指年底城建部门管理的自来水厂和自备水源的社会单位取水、净化、送水、出厂输水干管等环节的实际生产能力。

年末供水管道长度 指从送水泵到用户水表之间所有管道的长度。全年供水总量指公用自来水厂和自备水源的社会单位全年的供水总量，包括有效供水量及损失水量。

年末供水总量 指报告期供水企业(单位)供出的全部水量，包括有效供水量及损失水量。

生活用水量 指居民日常生活与公共福利设施的用水量，包括居民、饮食店、旅馆、医院、理发店、浴池、洗衣店、游泳池、商店、学校、机关、部队等单位的用水量。

城市人口用水普及率 指城市用水的非农业人口数(不包括临时人口和流动人口)与城市非农业人口总数之比。计算公式为：

$$用水普及率=\frac{城市用水的非农业人口数}{城市非农业人口数}\times 100\%$$

全年供气总量 指全年售给各类用户的全部煤气量，包括工业用量、家庭用量和其他用量。

城市用气普及率 指使用煤气（包括人工煤气、液化石油气、天然气）的城市非农业人口数(不包括临时人口和流动人口)与城市非农业人口总数之比。计算公式为：

$$城市煤气普及率=\frac{城市用气的非农业人口数}{城市非农业人口总数}\times 100\%$$

城市供热能力 指热电厂、热力公司和达到标准的集中采暖锅炉房和城市输送的供热源的设计能力，即每小时向城市输送蒸汽、热水的能力。

城市供热总量 指热电厂、热力公司和达到标准的集中采暖锅炉房向城市输送的全部蒸汽、热水量。

城市供热管道长度 指热电厂、热力公司和达到标准的集中采暖锅炉房管理的集中供热热源到用户之间的全部供气、供热水的管道长度。

城市桥梁 指城市范围内，修建在河道上的桥梁和道路与道路立交、道路跨越铁路的立交桥及人行天桥。包括永久性桥和半永久性桥，不包括临时性桥、铁路桥、涵洞。

城市下水道总长度 指所有排水总管、干管、支管及暗渠、检查井、连接井进出水口等长度之和。

城市污水日处理能力 指污水处理厂每昼夜处理污水量的设计能力。

年末实有公共汽车 指年底可参加营运的全部车辆数，包括营运车辆数和库存查封未参加营运的车辆。不包括非营运车辆，如架线车、油罐车、工程车、货车及其他专用车辆和借入的客运车辆。

城市园林绿地面积 指城市公共绿地、专用绿地、生产绿地、防护绿地、郊区风景名胜区的全部面积。

公共绿地 指供游览休息的各种公园、动物园、植物园、陵园以及花园、游园和供游览休息用的林荫道绿地、广场绿地，不包括一般栽植的行道树及林荫道的面积。

十二、农牧业

资料整理员：王欣宇 巴音娜 丁 志

东胜区金三角

12－1 农村牧区基层组织和农牧业基本情况(2016年)

指　　标	合 计	农 村	牧 区
一、农村基层组织情况			
乡(苏木)镇个数(个)	43	30	13
#镇个数(个)	34	27	7
村委会个数(个)	735	529	206
二、农村基础设施			
自来水受益村数(个)	598	464	134
通有线电视村数(个)	620	437	183
通宽带村数(个)	341	248	93
三、乡村人口与从业人员			
乡村户数(户)	214870	170956	43914
乡村人口(人)	586285	460146	126139
乡村从业人员数(人)	426686	338799	87887
按性别分:			
男	229988	181850	48138
女	196698	156949	39749
按国民经济行业分:			
农、林、牧、渔业	328213	254419	73794
工　业	20238	16452	3786
建筑业	16107	14362	1745
交通运输仓储业和邮政业	20754	18762	1992
信息传输计算机服务和软件业	2519	2061	458
批发与零售业	19415	17077	2338
住宿和餐饮业	16379	13869	2510
其他行业	3061	1797	1264
四、农牧业生产条件			
农作物总播种面积(千公顷)	437.2		
农牧业机械总动力(万千瓦)	332.0		
化肥施用量(折纯)(吨)	123684.5		
农村牧区用电量(万千瓦时)	84709.5		
五、主要农牧业生产情况			
粮食总产量(万吨)	148.0		
年末牲畜总头数(万头只)	750.2		

12－2　分旗区农村牧区基层组织和农牧业基本情况(2016年)

指　　标	东胜区	达拉特旗	准格尔旗	鄂托克前旗	鄂托克旗	杭锦旗	乌审旗	伊金霍洛旗	康巴什区
一、农村基层组织情况									
乡(苏木)镇个数(个)	3	7	8	3	5	5	5	6	1
#镇个数(个)	3	6	5	3	3	4	4	6	
村委会个数(个)	27	130	159	68	75	76	61	138	1
二、农村基础设施									
自来水受益村数(个)	27	115	105	68	48	58	38	138	1
通有线电视村数(个)	27	130	60	68	62	76	59	138	
通宽带村数(个)	21	33	3	30	18	55	43	138	
三、乡村人口与从业人员									
乡村户数(户)	5116	69510	37256	13588	11360	28817	18615	30551	57
乡村人口(人)	12228	187594	103043	37787	38762	75967	51724	79008	172
乡村从业人员数(人)	9207	126272	82320	24615	25100	56393	40892	61844	43
按性别分:									
男	5028	66281	43645	12689	14878	30808	22568	34068	23
女	4179	59991	38675	11926	10222	25585	18324	27776	20
按国民经济行业分:									
农、林、牧、渔业	6778	99496	46726	20623	21550	50396	33010	49603	31
工　业	972	3519	8500	1345	750	2195	1367	1590	
建筑业	460	3532	5936	438	517	674	2145	2405	
交通运输仓储业和邮政业	234	7400	8765	778	525	476	935	1641	
信息传输计算机服务和软件业	120	455	661	70	202	219	212	580	
批发与零售业	302	6742	5830	518	680	1272	1311	2760	
住宿和餐饮业	262	4815	5465	425	558	494	1527	2833	
其他行业	79	313	437	418	318	667	385	432	12
四、农牧业生产条件									
农作物总播种面积(千公顷)	2.7	137.1	67.1	52.4	25.7	78.6	43.4	30.2	
农牧业机械总动力(万千瓦)	115015	1039591	296875	299464	181837	547917	554807	294028	
化肥施用量(折纯)(吨)	685	55658	9419	19548	4410	23634	6878	3450	3
农村牧区用电量(万千瓦时)	717	61488	3726	4638	905	5883	1608	5745	
五、主要农牧业生产情况									
粮食总产量(万吨)	1.2	58.3	9.6	9.4	10.0	38.6	12.5	8.4	
年末牲畜总头数(万头只)	9.6	197.9	47.6	91.7	111.8	139.6	110.8	41.1	0.1

12－3 主要年份农、林、牧、渔业增加值

单位:万元

年 份	农、林、牧、渔业增加值	农 业	林 业	牧 业	渔 业
1952	5001	3129	7	1865	
1957	6557	3289	92	3174	2
1965	7552	2965	408	4173	6
1970	10670	5403	249	5015	3
1975	13839	5671	1085	7070	13
1978	15568	6273	1226	8052	17
1980	15369	6773	1223	7361	12
1981	15942	6041	4775	5109	17
1982	18885	8561	3926	6385	13
1983	18603	8906	3698	5981	18
1984	21997	10738	4450	6792	17
1985	28851	13241	6122	9448	40
1986	31292	15323	5063	10827	79
1987	34737	16087	4612	13889	149
1988	54192	26377	8496	19115	204
1989	61235	29612	8896	22371	356
1990	71248	30021	6840	33977	410
1991	70041	27818	6556	35265	402
1992	76513	34769	7420	33899	425
1993	82383	31687	6882	35494	840
1994	140693	55836	6592	65832	1575
1995	169560	76714	9721	71794	2040
1996	196572	96807	7518	84558	2477
1997	218507	102427	11189	94753	2631
1998	240050	130794	12847	81139	5194
1999	221087	78530	13328	115923	5010
2000	245271	103655	18289	108198	3729
2001	243751	97608	20040	116459	3468
2002	281131	127404	24182	117347	3536
2003	331111	162811	40590	123801	3909
2004	370199	162593	37825	158684	4422
2005	406369	211952	18337	165497	3577
2006	430795	227203	20888	170704	4328
2007	477829	249417	32329	182314	4757
2008	576525	284937	34978	239625	5076
2009	606088	300439	37543	250274	5251
2010	708135	354264	41009	292756	6663
2011	831600	408984	46829	350812	9812
2012	901374	460598	45769	367358	11046
2013	974967	493255	45621	404610	13400
2014	1015149	529358	49307	401961	15266
2015	1009869	529005	51070	393485	16089
2016	1097379	658381	50653	350389	16612

注:1. 本表按当年价格计算。

2. 2004 年(包括 2004 年)以后农、林、牧、渔业增加值包括农、林、牧、渔服务业增加值。

12－4 农、林、牧、渔业总产值

单位：万元

指　　标	2015	2016
农、林、牧、渔业总产值	1699369	1828663
农业产值	810438	1023933
林业产值	74007	73450
牧业产值	756598	670412
渔业产值	24293	24941
农、林、牧、渔服务业	34033	35928

12－5 分旗区农、林、牧、渔业总产值及增加值(2016年)

单位：万元

指　　标	东胜区	达拉特旗	准格尔旗	鄂托克前旗	鄂托克旗	杭锦旗	乌审旗	伊金霍洛旗	康巴什区
按现行价格计算									
农、林、牧、渔业总产值	26192	592993	170499	207557	144671	318621	237300	130794	37
农　业	8119	359906	96140	116639	62498	197433	123201	59985	11
林　业	5550	7665	9237	9445	5929	15261	5818	14529	15
牧　业	9926	210204	56516	76558	69064	99021	101088	48028	6
渔　业	659	8625	4003	668	3271	2970	2479	2262	2
农、林、牧、渔服务业	1937	6592	4602	4247	3909	3936	4714	5988	2
农、林、牧、渔业增加值	15766	356680	103329	124492	84164	194322	139948	78654	24
农　业	5161	231885	62018	74994	39476	127725	78648	38466	7
林　业	3828	5284	6371	6514	4089	10525	4012	10020	11
牧　业	5188	109850	29539	40015	36098	51756	52836	25103	3
渔　业	439	5745	2666	445	2179	1978	1651	1507	1
农、林、牧、渔服务业	1151	3917	2734	2523	2322	2338	2801	3558	1

12－6 主要农牧业机械年末拥有量

指　　标	2014	2015	2016
农牧业机械总动力(万千瓦)	302.82	313.09	332.00
动力机械(台)	39611	40720	42710
大中型拖拉机(台)	30401	34372	36682
大中型拖拉机(千瓦)	737395	840842	875641
耕整地机械(台)	41459	42359	43048
播种机(台)	4788	5532	8538
收获机械(台)	5722	6023	1621
玉米联合收割机(台)	1159	1225	1295
农用排灌机械(台)	107296	109196	110639
农产品初加工动力机械(台)	12270	12361	25705
畜牧养殖机械(台)	26704	27375	34218
饲草料加工机械(台)	25091	25659	32027
农用运输机械(台)	59103	58289	59088

12－7　分旗区主要农牧业机械年末拥有量(2016年)

指　　标	东胜区	达拉特旗	准格尔旗	鄂托克前旗	鄂托克旗	杭锦旗	乌审旗	伊金霍洛旗
农牧业机械总动力(万千瓦)	115015	1039591	296875	299464	181837	547917	554807	294028
动力机械(台)	682	14808	2407	3415	2643	9939	5196	3620
大中型拖拉机(台)	452	13546	1896	3285	2285	7735	4746	2737
大中型拖拉机(千瓦)	12660	316394	5167	99093	67355	199072	117906	57994
耕整地机械(台)	898	12979	2611	3490	1667	9727	7894	3782
播种机(台)	170	4195	207	504	352	2550	357	203
收获机械(台)	4	733	58	186	36	329	258	17
玉米联合收割机(台)	4	514	53	186	35	231	255	17
农用排灌机械(台)	2140	28485	8157	15855	5294	5018	32605	13085
农产品初加工动力机械(台)	512	12946	694	64	1789	3980	5305	415
畜牧养殖机械(台)	791	6406	1611	4155	1787	9644	6267	3557
饲草料加工机械(台)	773	6183	1596	3868	1595	8856	5766	3390
农用运输机械(台)	3963	17259	10824	3868	3461	6009	8310	5394

12－8 农用化肥施用量、农村牧区用电情况

指　　标	2014	2015	2016
农用化肥施用量(按折纯量计算,吨)	114809	129947	123685
#氮　肥	60593	68967	58212
磷　肥	21399	26801	30422
复合肥	23321	25491	26146
农村牧区用电量(万千瓦时)	46405	83161	84710

12－9 农业机械化情况

指　　标	2014	2015	2016
农牧业机械总值(万元)	**366855**	**391363**	**410731**
农业机械化程度(%)	80.0	81.5	82.5
机耕地面积(千公顷)	369.3	370.5	338.6
机械播种面积(千公顷)	336.4	336.9	330.7
机械收割面积(千公顷)	178.5	196.7	211.0
农机化服务组织(个)	313	334	376
农机服务经营效益利润总额(万元)	45477	44202	47147
农机化管理人员	225	222	217
拖拉机驾驶从业人员	40273	46966	48725
农机维修人员	2445	2504	2573

12－10 主要年份各类土地利用情况

单位:千公顷

年　份	耕地面积	有效灌溉面积	农作物总播种面积	实有林地面积
1957	552.3	36.4	476.9	143.7
1965	497.1	45.3	474.1	157.0
1970	459.5	54.8	441.3	96.0
1975	323.5	73.7	311.7	238.8
1978	266.3	65.6	262.0	425.6
1980	244.0	57.2	237.4	533.6
1981	225.1	51.8	215.9	572.3
1982	220.1	92.6	213.7	618.8
1983	216.6	61.7	208.5	657.5
1984	219.7	59.2	226.2	797.2
1985	216.8	61.0	216.8	712.2
1986	213.5	61.0	219.3	764.2
1987	208.7	65.9	207.5	803.7
1988	216.1	73.6	220.8	887.2
1989	217.0	77.2	225.3	961.5
1990	226.4	90.1	229.0	1008.9
1991	232.4	97.1	240.9	1077.8
1992	238.4	108.7	245.4	1108.2
1993	243.6	110.0	230.0	1032.0
1994	248.3	127.4	230.2	1063.0
1995	256.0	134.1	240.8	1078.2
1996	256.1	140.1	255.7	1105.6
1997	471.4	183.6	268.3	1045.0
1998	471.0	190.2	275.8	1051.4
1999	475.3	195.6	291.5	1052.0
2000	460.7	199.6	265.5	1058.6
2001	435.8	195.8	214.2	1187.1
2002	415.4	195.3	258.7	1199.3
2003	394.3	199.4	272.3	1211.9
2004	401.4	236.9	323.1	1321.6
2005	407.4	229.6	342.9	1413.4
2006	420.8	250.5	368.0	1572.7
2007	423.5	250.9	375.1	1746.9
2008	403.0	292.1	372.1	1876.9
2009	407.1	256.5	378.8	1933.0
2010	407.0	302.3	379.0	2003.1
2011	408.1	304.8	376.6	2009.4
2012	408.1	307.4	381.5	2177.7
2013	411.5	311.8	383.2	2206.5
2014	412.6	313.4	397.6	2242.4
2015	412.5	244.3	410.8	2303.0
2016	413.2	245.9	437.2	2320.0

12－11 主要年份主要粮食作物播种面积

单位:千公顷

年　份	农作物总播种面积	粮食作物播种面积	#小　麦	#薯　类	#玉　米	#高　粱	#大　豆
1957	476.9	376.7	7.9	19.0	6.8	9.4	18.2
1965	474.1	375.2	24.7	26.4	8.0	10.9	19.6
1970	441.3	363.6	24.3	25.2	10.7	11.3	14.9
1975	311.7	247.4	19.7	27.0	8.6	10.2	8.2
1978	262.0	204.3	22.9	24.5	12.4	7.3	6.7
1980	237.4	180.6	14.0	21.4	13.6	3.7	5.5
1981	215.9	169.3	12.1	18.3	10.1	2.3	2.9
1982	213.7	168.1	15.2	18.4	10.9	2.3	5.5
1983	208.5	166.1	17.0	18.6	11.3	2.4	4.6
1984	226.2	163.9	17.9	21.3	12.3	2.6	4.5
1985	216.8	160.4	17.8	20.1	13.5	2.2	4.1
1986	219.3	162.3	19.4	20.1	16.7	2.0	4.0
1987	207.5	158.7	21.6	19.3	23.1	1.8	2.9
1988	221.0	169.5	24.0	20.2	23.8	1.9	3.1
1989	225.3	172.4	26.4	19.7	29.4	2.0	3.3
1990	229.0	178.2	28.9	20.1	38.3	3.0	2.9
1991	240.9	183.6	34.2	20.5	40.1	2.6	2.6
1992	245.4	184.5	40.7	20.5	39.2	2.3	2.5
1993	230.0	168.1	27.7	19.8	47.7	2.2	4.1
1994	230.2	176.0	24.6	20.3	55.6	1.9	3.3
1995	240.8	182.2	26.5	20.8	65.2	1.3	2.6
1996	255.7	194.8	26.7	25.5	72.4	2.1	3.1
1997	268.3	205.6	29.1	26.5	75.0	2.1	3.9
1998	275.8	211.4	27.8	27.1	81.6	2.2	3.9
1999	291.5	199.7	19.9	26.9	90.7	2.9	3.6
2000	265.5	166.5	15.6	25.5	72.1	1.7	2.6
2001	214.2	124.7	13.0	14.4	70.8	1.2	1.5
2002	258.7	147.0	7.7	21.4	78.4	1.0	2.1
2003	272.3	127.5	4.1	20.2	77.8	0.6	1.9
2004	323.1	155.1	5.6	19.7	105.0	0.6	1.5
2005	342.9	182.1	7.7	20.7	127.9	0.4	2.8
2006	368.0	206.2	7.1	20.2	157.1	0.4	2.5
2007	375.1	219.8	7.1	19.8	161.5	1.9	2.4
2008	372.1	224.3	5.7	23.2	170.2	1.1	2.1
2009	378.8	233.6	7.7	25.9	174.6	0.5	2.1
2010	379.0	233.8	6.0	21.2	185.0	0.2	3.4
2011	376.6	239.6	6.5	21.7	190.6	0.2	4.4
2012	381.5	240.8	6.8	24.1	187.9	0.2	4.7
2013	383.2	241.9	5.9	22.6	196.1	0.1	4.4
2014	397.6	243.6	4.1	21.4	201.0	0.1	4.4
2015	410.8	246.9	2.6	15.4	216.1	0.1	3.2
2016	437.2	251.9	5.7	20.8	208.3	0.2	3.9

12－12 主要年份主要经济作物播种面积

单位：千公顷

年份	油料	#胡麻籽	#油菜籽	#葵花籽	麻类合计	甜菜	蔬菜及食用菌
1957	78.0	24.3				0.3	
1965	63.8	18.7				0.5	
1970	57.7	18.2				1.2	
1975	43.0	9.2	6.7	0.4	0.4	1.9	4.2
1978	36.0	9.8	6.1	2.3	0.4	2.0	2.4
1980	38.8	10.5	4.1	12.7	0.2	2.0	1.5
1981	27.7	6.8	4.3	7.0	0.1	2.1	2.0
1982	29.8	7.3	3.8	8.6	0.1	1.8	2.0
1983	29.3	7.0	6.6	10.2	0.2	2.2	1.8
1984	38.0	6.0	7.3	18.9	0.1	2.6	2.3
1985	35.9	6.2	5.3	19.7	0.4	5.2	2.0
1986	33.7	5.9	3.6	17.3	0.1	3.7	1.9
1987	26.4	5.5	1.6	14.7	0.1	3.6	1.6
1988	29.3	6.6	2.3	14.8	0.1	5.5	2.1
1989	32.4	6.2	3.1	17.5	0.1	4.5	2.2
1990	32.4	6.2	3.5	17.7	0.1	4.0	2.1
1991	40.0	6.1	2.6	26.1	0.1	5.0	2.1
1992	44.0	6.3	3.1	30.3	0.1	5.1	2.2
1993	42.2	4.7	2.1	31.8	0.1	5.2	2.1
1994	36.9	5.3	3.1	27.3	0.6	5.0	1.8
1995	40.7	5.8	1.9	32.4	0.2	7.0	2.0
1996	41.9	6.1	2.0	31.3	0.2	7.3	2.0
1997	42.7	5.6	1.8	33.6	0.1	6.5	2.0
1998	45.6	4.5	1.9	37.2	0.2	5.5	2.0
1999	70.2	4.1	1.7	63.1	0.1	3.0	2.4
2000	61.2	2.6	1.1	56.5		2.5	3.7
2001	44.9	1.9	0.7	41.5		2.5	3.4
2002	49.5	2.8	1.4	44.8	0.2	3.3	3.9
2003	41.1	2.0	1.4	37.0	0.8	2.7	6.2
2004	30.1	1.5	1.2	23.0		3.0	6.7
2005	35.9	2.1	1.4	30.3		3.2	6.3
2006	27.1	1.9	1.4	23.2		2.8	6.1
2007	22.4	0.7	0.4	20.8	0.2	1.9	4.0
2008	34.5	1.0	0.8	32.4	0.1	2.2	5.3
2009	29.2	1.0	1.0	26.6	0.1	2.1	5.0
2010	30.0	0.9	1.0	27.7	0.03	1.8	5.5
2011	32.5	0.7	1.2	30.0	0.03	2.6	5.8
2012	31.9	0.8	1.2	29.7	0.003	2.7	7.8
2013	33.5	0.8	1.2	31.3		2.4	7.9
2014	40.6	1.0	1.2	38.1		2.5	9.7
2015	47.8	1.0	1.1	44.6		2.2	10.5
2016	48.2	1.1	1.1	45.8		2.1	10.8

12－13 分旗区主要农作物播种面积(2016 年)

单位:公顷

指　标	东胜区	达拉特旗	准格尔旗	鄂托克前旗	鄂托克旗	杭锦旗	乌审旗	伊金霍洛旗	康巴什区
农作物总播种面积	**2686**	**137081**	**67108**	**52387**	**25685**	**78591**	**43374**	**30243**	**3**
粮食作物	**2567**	**82063**	**39847**	**19810**	**18534**	**44546**	**22485**	**22041**	
#稻　谷		691	194		64	100	38		
小　麦		4978	20			666	69		
薯　类	519	5570	4680	3429	1085	1743	824	2950	
#马铃薯	519	5570	4680	3429	1085	1743	824	2950	
玉　米	1728	65697	25508	16311	17385	41923	21063	18705	
糜　子	80	2633	2730	40		10	156	246	
荞　麦	114	401	236			15		61	
高　粱		146	23			56	21		
大　豆	21	663	2879	15		33	261	14	
经济作物	**119**	**55018**	**27261**	**32577**	**7151**	**34045**	**20889**	**8202**	**3**
#油料	23	16667	3215	1308	2936	23335	692		
#油菜籽		60	1028						
胡麻籽	23	608	410	55					
葵花籽		15999	1579	1253	2936	23335	692		
麻类									
甜　菜	2	2083	25						
蔬菜及食用菌	14	7058	695	1229	85	785	721	169	1
瓜果类	4	2827	2397	1507	315	252	1605		1

12－14 主要年份主要粮食作物平均每公顷产量

单位:公斤

年　份	粮　食	#小　麦	#薯　类	#玉　米	#高　粱	#大　豆
1957	299	662	1155	354	558	327
1965	296	844	472	745	579	373
1970	596	650	908	1277	792	596
1975	801	1205	1184	2116	1608	526
1978	983	1419	1231	3732	1582	655
1980	959	2081	1058	2430	1609	458
1981	1155	3143	1290	2895	1920	833
1982	1373	3503	1515	2828	2400	848
1983	1433	3480	1650	3090	2340	720
1984	1725	3623	2213	4035	2340	608
1985	1530	3450	1920	4020	1935	540
1986	1335	3158	1500	3500	1867	495
1987	1335	2130	1410	3735	1425	495
1988	1955	2415	2460	4740	1980	780
1989	1935	2925	1890	4995	2265	525
1990	2610	3615	2400	5865	3045	570
1991	2355	3675	1320	5550	2655	360
1992	3165	3900	2985	6270	3135	780
1993	2758	4070	2629	4765	3501	1069
1994	3402	3550	2305	6617	4002	933
1995	3747	4270	3003	6731	2779	966
1996	4477	4498	3983	7544	4178	1190
1997	4347	4537	3984	7325	4826	887
1998	4656	4325	4452	7724	5474	1181
1999	3452	4058	2099	5501	4130	447
2000	4009	4589	3299	6393	5814	496
2001	4718	4487	3358	6420	5012	1020
2002	5162	4297	5128	7389	3935	886
2003	5959	3976	4995	7747	3710	1168
2004	6441	4691	5948	7750	4199	1519
2005	6453	4627	5139	7743	3583	1432
2006	5927	4351	5264	6689	6280	1089
2007	5657	4043	6631	6250	5641	1639
2008	5844	4866	7096	6285	6855	1466
2009	5843	5305	5516	6505	6106	1504
2010	6031	4900	5006	6703	4611	1240
2011	5950	4889	6316	6448	4816	1424
2012	6025	4590	7671	6076	7336	1413
2013	6409	5339	6429	6836	11091	1837
2014	6138	4778	5931	6573	3059	1685
2015	5954	5136	44698	6019	4843	1001
2016	5874	6768	28938	6144	6413	1820

12－15　主要年份主要经济作物平均每公顷产量

单位:公斤

年　份	油　料	#胡麻籽	#油菜籽	#葵花籽	麻　类	甜　菜	蔬菜及食用菌
1957	131	157				1326	
1965	89	114				4996	
1970	153	151				10614	
1975	148	178	116	358	142	6510	17025
1978	133	127	68	358	230	5386	14198
1980	503	165	99	1245	225	11092	20574
1981	428	195	308	1219	140	12275	26700
1982	780	293	201	2143	190	17078	22510
1983	795	300	171	1868	220	29318	23368
1984	833	428	170	1398	240	21675	18129
1985	765	495	129	1139	433	27135	33363
1986	870	495	121	1398	110	23475	35120
1987	825	435	143	1224	114	26205	24884
1988	855	390	248	1374	233	28035	27951
1989	1020	645	240	1500	270	31350	30555
1990	1170	870	345	1590	675	35295	34695
1991	900	495	210	1200	1110	38835	29175
1992	1155	600	360	1455	615	34320	25890
1993	1251	717	319	1488	745	38727	29400
1994	1124	659	454	1321	2414	21650	31303
1995	1378	598	193	1599	668	28290	26768
1996	1418	676	275	1680	318	30385	35093
1997	1337	577	339	1546	567	26196	27616
1998	2073	918	431	2035	713	25548	35014
1999	1406	396	435	1517	643	21232	33652
2000	1913	722	249	2008	421	34092	19294
2001	2045	739	63	2142	429	32162	41668
2002	1860	504	373	1999	1803	25463	39366
2003	1570	963	1095	1560	1938	35882	36590
2004	1713	949	1058	1809	2250	35741	36528
2005	2198	1056	556	2413		43752	37245
2006	2303	1049	761	2531	2083	42321	39120
2007	2247	1171	1092	2186	974	42904	45883
2008	2390	1476	1469	2404	1333	39321	36949
2009	2351	1132	482	2443	1221	39973	37815
2010	2321	1178	61	2448	400	48877	42168
2011	2322	1371	61	2446	2036	39977	42795
2012	2456	1304	70	2590	1000	40010	44268
2013	2610	1390	74	2747		38701	48265
2014	2534	1395	74	2650		38528	43756
2015	2483	1409	82	2620		38603	43868
2016	2523	1384	125	2612		38761	44468

12－16 分旗区主要农作物平均每公顷产量(2016年)

单位:公斤

指　　标	东胜区	达拉特旗	准格尔旗	鄂托克前旗	鄂托克旗	杭锦旗	乌审旗	伊金霍洛旗	康巴什区
粮食作物	4636	7106	2411	4738	5369	8666	5548	3820	
#稻　谷		7303	7500		5797	6750	7447		
小　麦		6750				6986	7899		
薯　类	70568	18552	15560	29921	59728	24000	97360	33786	
玉　米	2359	7803	2429	4486	4957	8870	5048	3413	
糜　子	1025	2479	2727	3150		2100	2981	1138	
荞　麦	1351	977	1561			2400		1148	
高　粱		7013	2639			7200	4286		
大　豆	5762	2014	1639	667		1350	3123	1929	
经济作物									
#油料	759	2083	1011	2943	2582	3000	3081		
#油菜籽		183	122						
胡麻籽	759	1365	1439	1455					
葵花籽		2117	1427	3009	2582	3000	3081		
麻类									
甜　菜	10455	39000	21320						
蔬菜及食用菌	32498	47352	21689	43802	55882	54674	34090	14714	1240
瓜果类	17150	21113	20911	76152	72565	44397	40701		3000

12－17 主要年份主要粮食作物产量

单位:吨

年 份	粮 食	#小 麦	#薯 类	#玉 米	#高 粱	#大 豆
1957	112354	5207	21977	2421	5225	5963
1965	142462	20801	12456	5935	6310	7284
1970	216832	15779	22876	13630	8977	8843
1975	198175	23734	31934	18170	16465	4311
1978	200801	32521	30169	33808	11506	4354
1980	173293	29113	22145	32965	5963	2512
1981	195723	37951	23610	29144	4359	2446
1982	231472	53315	27815	30779	5438	4635
1983	237940	59223	30636	34884	5609	3269
1984	282348	64716	47079	48678	5976	2757
1985	245736	61343	38484	54185	4277	2193
1986	216431	61234	30216	58559	3735	1966
1987	212168	46025	27389	86036	2584	1440
1988	331429	58114	49857	112877	3809	2398
1989	332467	77062	37234	146923	4612	1727
1990	464343	104688	48255	224313	9177	1638
1991	431936	125997	26985	222416	6929	949
1992	582949	158946	61074	246072	7327	1984
1993	463639	112788	52127	227331	7738	4342
1994	598731	87483	46823	368222	7564	3068
1995	682630	113283	62502	438892	3724	2501
1996	872352	120234	101359	546053	8819	3740
1997	893887	131944	105701	549667	10135	3493
1998	984400	120153	120725	630237	12261	4571
1999	689230	80677	56500	498912	12059	1592
2000	667336	71729	84217	461211	10005	1307
2001	588193	58403	48431	454654	6140	1545
2002	759004	33238	109739	579112	3785	1832
2003	759929	16266	100725	602975	2285	2177
2004	998681	26384	117441	813586	2448	2329
2005	1175014	35822	106248	990504	1476	3991
2006	1222140	30956	106193	1050538	2179	2745
2007	1243483	28501	131300	1009699	10644	3858
2008	1310942	27573	164441	1069816	7410	3044
2009	1365088	41027	143027	1135860	3047	3228
2010	1410000	29039	105920	1240171	936	4171
2011	1425357	31730	137325	1228804	761	6294
2012	1450400	31178	185061	1141732	1414	6685
2013	1550500	31540	145320	1340590	1220	8130
2014	1495500	19708	127034	1320858	416	7346
2015	1470000	13123	687820	1300982	557	3197
2016	1479510	38800	601913	1280000	1578	7073

12－18　主要年份主要经济作物产量

单位：吨

年　份	油　料	#胡麻籽	#油菜籽	#葵花籽	麻　类	甜　菜	蔬菜及食用菌
1957	10212	3807				398	
1965	5649	2131				2464	
1970	8828	2744				12674	
1975	6359	1631	774	143	57	12282	71503
1978	4790	1243	415	824	92	10701	34075
1980	19477	1746	407	15810	45	24284	30861
1981	11759	1326	1326	8535	14	26137	53400
1982	23114	2131	762	18432	19	30546	45020
1983	23303	2070	1130	19055	44	65776	42062
1984	31818	2595	1238	26426	24	55786	41697
1985	27570	3019	685	22448	173	142636	66726
1986	29072	2871	435	24184	11	87652	67868
1987	21611	2366	229	18011	8	93445	39814
1988	25241	2584	578	20264	14	153994	58139
1989	33249	3965	743	26169	21	141496	65590
1990	37821	5307	1195	28174	89	140456	72388
1991	36259	3083	555	31088	125	194461	61279
1992	51017	3736	1130	43842	86	175260	57132
1993	52842	3399	669	47329	82	200604	62622
1994	41467	3507	1398	36016	1400	108684	56658
1995	56027	3446	372	51853	127	196899	52198
1996	59426	4105	539	52524	54	220912	70839
1997	57074	3253	627	51854	68	170009	54403
1998	94596	4114	797	75646	114	141281	68978
1999	98659	1626	752	95676	45	64544	82111
2000	117118	1907	265	113373	23	86627	72045
2001	91906	1407	45	88875	6	80406	141587
2002	91995	1389	509	89504	384	84028	153607
2003	64547	1891	1531	57679	1601	98315	225831
2004	51627	1464	1310	41592	27	105615	246125
2005	78886	2249	784	73089		140137	233264
2006	62312	1960	1093	58642	25	118498	239963
2007	50251	772	440	45559	151	80188	181835
2008	77100	1455	1199	77808	84	88198	197270
2009	68599	1171	549	64928	138	83863	190286
2010	69644	1020	62	67883	10	86219	233948
2011	75492	1020	71	73963	57	104859	249150
2012	78297	1054	86	77032	3	107707	343698
2013	87489	1152	88	85977		94585	380182
2014	102787	1368	91	101069		97553	422731
2015	118726	1405	90	116974		86509	460040
2016	121547	1518	136	119613		81793	478302

12－19 分旗区主要农作物产量(2016年)

单位:吨

指　标	东胜区	达拉特旗	准格尔旗	鄂托克前旗	鄂托克旗	杭锦旗	乌审旗	伊金霍洛旗	康巴什区
粮食作物	11900	583180	96086	93852	99515	386036	124747	84194	
#稻　谷		5044	1455		371	675	283		
小　麦		33602				4653	545		
薯　类	36625	103336	72822	102600	64805	41832	80225	99670	
玉　米	4076	512626	61951	73176	86183	371837	106317	63834	
糜　子	82	6527	7444	126		21	465	280	
荞　麦	154	392	368			36		70	
高　粱		1024	61			403	90		
大　豆	121	1336	4720	10		45	815	27	
经济作物									
#油料	18	34711	3250	3850	7582	70005	2132		
#油菜籽		11	125						
胡麻籽	18	830	590	80					
葵花籽		33870	2254	3770	7582	70005	2132		
麻类									
甜　菜	23	81237	533						
蔬菜及食用菌	448	334219	15074	53833	4750	42919	24579	2481	1
瓜果类	69	59677	50123	114761	22858	11188	65325		2

12－20　林业生产情况(2016年)

项　　目	单位	全市	东胜区	达拉特旗	准格尔旗	鄂托克前旗
人工造林面积	千公顷	43.17	2.47	5.11	8.24	2.02
新造混交林面积	千公顷	4.80		1.33		
非林业用地造林面积	千公顷	0.17				
新造灌木林面积	千公顷	16.65		3.21	3.53	1.19
新造竹林面积	千公顷					
飞播造林面积	千公顷	11.43				
荒山飞播面积	千公顷	11.43				
飞播营林面积	千公顷					
当年新封山(沙)育林面积	千公顷	5.59		0.33	2.00	0.33
无林地和疏林地新封山育林面积	千公顷	5.25		0.33	2.00	0.33
有林地和灌木林地新封山育林面积	千公顷	0.33				
四旁(零星)植树	株	151000	145000			

12－20　续表

项　　目	单位	鄂托克旗	杭锦旗	乌审旗	伊金霍洛旗	康巴什区
人工造林面积	千公顷	13.61	5.03	3.30	3.23	0.17
新造混交林面积	千公顷			3.30		0.16
非林业用地造林面积	千公顷					0.17
新造灌木林面积	千公顷	2.53	4.11	1.54	0.53	0.01
新造竹林面积	千公顷					
飞播造林面积	千公顷	3.33	8.09			
荒山飞播面积	千公顷	3.33	8.09			
飞播营林面积	千公顷					
当年新封山(沙)育林面积	千公顷		1.47	0.85	0.60	
无林地和疏林地新封山育林面积	千公顷		1.47	0.52	0.60	
有林地和灌木林地新封山育林面积	千公顷			0.33		
四旁(零星)植树	株				6000	

12－21 分旗区草原、水果及水产品情况（2016年）

指　标	全市	东胜区	达拉特旗	准格尔旗	鄂托克前旗	鄂托克旗	杭锦旗	乌审旗	伊金霍洛旗	康巴什区
草原总面积（千公顷）	6458.2	169.3	477.2	457.8	983.2	1782.9	1277.5	883.3	427.2	
#可利用面积	5760.6	160.1	432.4	423.8	888.7	1562.5	1111.0	801.3	380.8	
人工种草保有面积（万亩）	860.3	6.0	94.3	210.2	49.6	215.5	146.8	121.4	16.5	
#当年种草面积（万亩）	251.6	2.4	31.1	45.8	33.0	43.0	51.0	37.0	8.3	
草原生态补助奖励机制补贴面积（万亩）	9781.4	202.5	597.9	633.1	1579.2	2524.9	2242.5	1321.0	650.3	29.9
园林水果产量合计（吨）	8281		1735	1576	1800	56		3113		1
#苹果	5168		1345	234	1400	24		2165		
年末果园面积合计（公顷）	5165		655	1418	1200	21		1871		
#苹果园	2191		391	489	1015	14		282		
水产品产量（鱼，吨）	15053	65	5190	2700	304	2014	1800	1747	1233	

12－22 林业重点工程

指　　标	单位	2001	2002	2003	2004	2005	2006
退牧还草工程任务面积	**千公顷**			**340**	**198.7**	**443.3**	**406.7**
天然林资源保护工程	千公顷	114.7	90.7	77.3	71.3	67.3	39.3
人工造林	千公顷						
飞播造林	千公顷	112.0	89.3	72.0	56.0	45.3	29.3
无林地和疏林地新封山育林	千公顷	2.7	1.3	5.3	15.3	22.0	10.0
退耕还林工程	千公顷	24.3	74.6	92.0	60.9	34.0	7.0
荒山荒地造林	千公顷	15.6	49.3	58.7	58.7	20.0	5.3
退耕地造林	千公顷	8.7	25.3	33.3	2.2	10.7	1.7
无林地和疏林地新封山育林	千公顷					3.3	
退耕还林后续产业	千公顷						
京津风沙源工程							
人工造林							
飞播造林							
无林地和疏林地新封山育林							
"三北"防护林工程	千公顷				1.3	7.5	4.5
人工造林	千公顷				1.3	7.5	4.5
林业重点工程造林面积	千公顷	139.0	165.3	169.3	133.6	108.9	50.9
本年新封山育林面积	千公顷	2.7	1.3	5.3	15.3	25.3	10.0
年末实有自然保护区	个	6	6	9	9	9	9
# 国家级	个	2	2	2	2	2	2
年末实有自然保护区面积	千公顷	557.8	557.8	859.8	859.8	859.8	859.8

和生态建设

2007	2008	2009	2010	2011	2012	2013	2014	2015	2016
620	340	333.3	326.7	346.6	226.7				
44.0	60.7	24.0	26.7	27.0	25.0	19.3	10.9	20.7	14.7
				3.3	3.7	1.3	1.2	6.7	4.9
20.0	20.0	4.0	8.0	16.7	13.3	13.3	6.0	9.3	8.4
24.0	40.7	20.0	18.7	7.0	8.0	4.7	3.7	4.7	1.4
10.7	12.0	8.7	6.7	6.7	3.3	10.5	1.3	13.3	12.0
10.7	3.3	4.7	2.7	4.0	3.3	1.3	1.3	13.3	9.6
									2.3
	8.7	4.0	4.0	2.7		0.7			
	4.4	3.6	4.5	8.9	6.8	8.5	13.1		
								15.0	14.4
								5.4	7.2
								2.7	3.0
								7.0	4.2
7.9	26.6	9.3	20.0	15.3	12.3				
7.9	26.6	9.3	20.0	15.3	12.3				
62.6	103.6	45.6	57.9	57.9	47.4		32.7	49.0	24.1
24.0	49.3	24.0	22.7	9.7	8.0	5.3	3.7	11.7	5.3
9	10	10	10	10	10	10	10	9	9
2	2	2	2	2	2	2	2	2	2
897.8	897.8	897.8	897.8	897.8	897.8	897.9	897.9	896.7	909.4

12－23 牲畜总头数和总增头数

指　　标	2015			2016		
	总头数		总增头数	总头数		总增头数
	年中数	年末数		年中数	年末数	
大牲畜和羊合计	11467291	7258420	6040823	11549343	7089053	6107378
大牲畜	381064	264241	130160	397431	281232	137589
牛	327413	219013	122926	339665	238921	130806
#良种及改良种乳牛	62718	59027	25706	63359	61274	24319
#黑白花乳用牛	33790	34551	13233	34362	36923	12735
马	14510	10238	2165	15181	10027	2117
驴	18395	17380	2838	20936	15894	2528
骡	14270	14493	1069	14128	12339	1042
骆　驼	6476	3117	1162	7521	4051	1096
羊	11086227	6994179	5910663	11151912	6807821	5969789
绵　羊	5015233	2633357	2882575	4832272	2664993	2918931
#细毛羊及改良羊	1366360	1030342		1414826	991129	
半细毛羊及改良羊	79157	23191		72450	23419	
山　羊	6070994	4360822	3028088	6319640	4142828	3050858
生　猪	1038232	405341	897009	1040929	413330	880975

12－24 主要年份牲畜总头数

单位:万头(万只)

年份	年末数	大牲畜	羊	生猪	年中数	大牲畜	羊	生猪
1957	336.1	40.2	286.6	9.3	381.5	45.1	325.5	10.9
1965	509.1	44.9	448.9	15.3	639.5	54.6	565.2	19.7
1970	511.3	47.7	448.7	14.9	596.7	49.7	527.4	19.6
1975	489.2	36.4	429.0	23.7	605.2	38.6	538.4	28.2
1978	495.7	35.0	430.0	30.7	594.8	36.7	518.6	39.5
1980	500.9	34.3	436.5	30.1	649.1	39.1	569.0	41.0
1981	527.7	33.2	468.3	26.3	623.6	35.8	554.1	33.7
1982	523.8	31.3	467.8	24.7	679.7	35.3	613.4	31.0
1983	441.9	28.8	387.9	25.1	540.8	30.4	479.8	30.6
1984	476.9	29.9	421.5	25.5	581.3	30.8	519.2	31.3
1985	497.5	31.6	438.2	27.7	605.8	32.4	539.5	33.9
1986	477.9	31.6	417.9	28.4	614.9	33.5	545.6	35.8
1987	447.1	28.4	392.1	26.6	599.0	32.7	530.6	35.7
1988	486.1	27.7	430.6	27.8	580.4	29.3	520.0	31.1
1989	502.3	27.0	446.2	29.1	637.1	28.8	573.3	35.0
1990	497.3	26.4	440.0	30.9	659.7	28.0	594.0	37.7
1991	449.7	24.0	393.2	32.5	671.6	26.5	603.4	41.7
1992	438.4	23.1	376.2	39.1	622.9	24.7	547.8	50.4
1993	433.3	22.7	367.0	43.6	612.3	23.6	532.2	56.5
1994	463.5	22.9	393.0	47.6	617.6	23.8	531.5	62.3
1995	504.6	23.8	430.5	50.3	685.8	24.3	594.8	66.7
1996	524.8	25.0	452.7	47.2	735.3	26.9	633.8	74.6
1997	520.5	24.3	447.3	48.9	756.4	27.0	657.0	72.4
1998	524.5	24.2	448.9	51.4	764.8	28.4	653.2	83.2
1999	464.7	23.1	392.8	48.8	724.7	28.6	620.2	75.9
2000	418.3	22.1	351.6	44.6	614.9	26.6	523.5	64.8
2001	454.4	19.0	391.4	44.0	625.8	21.9	543.7	60.2
2002	521.7	19.2	459.8	42.7	637.2	18.6	558.6	60.0
2003	651.1	22.6	580.6	47.9	820.2	22.9	725.9	71.4
2004	809.0	28.1	726.3	54.6	1094.0	33.3	978.7	82.0
2005	794.7	32.1	711.7	50.9	1383.2	38.3	1261.3	83.6
2006	901.2	39.5	811.1	50.6	1498.8	38.4	1367.7	92.7
2007	831.4	30.4	758.3	42.7	1351.3	33.0	1253.7	64.6
2008	832.9	28.0	763.5	41.4	1316.3	28.0	1227.6	60.7
2009	808.6	24.5	742.0	42.1	1294.8	30.0	1193.1	71.6
2010	826.3	24.6	759.3	42.4	1266.1	31.0	1163.5	71.6
2011	760.9	25.4	693.1	42.5	1213.2	31.3	1113.7	68.2
2012	751.8	25.4	683.2	43.1	1208.4	33.3	1097.3	77.8
2013	758.3	25.4	690.1	42.8	1223.5	34.8	1085.4	103.3
2014	761.7	25.4	694.5	41.8	1227.7	35.6	1089.8	102.4
2015	766.4	26.4	699.4	40.5	1250.6	38.1	1108.6	103.8
2016	750.2	28.1	680.8	41.3	1259.0	39.7	1115.2	104.1

12－25 主要年份大牲畜和羊(年末数)

单位:万头(万只)

年 份	合 计	牛	马	驴	骡	骆 驼	绵 羊	山 羊
1957	326.7	23.5	9.3	5.3	0.9	1.1	99.0	187.6
1965	493.8	24.8	9.7	7.2	1.7	1.5	152.5	296.4
1970	496.4	22.3	11.6	8.9	3.4	1.5	167.6	281.1
1975	465.5	13.2	9.4	7.6	4.6	1.7	181.6	247.4
1978	465.0	12.5	9.0	7.0	4.6	1.9	197.1	232.9
1980	470.8	11.5	8.6	7.5	4.8	1.9	228.9	207.6
1981	501.4	9.6	8.9	7.8	5.1	1.8	251.6	216.6
1982	499.1	7.7	8.6	7.9	5.4	1.7	262.9	204.9
1983	416.7	5.6	8.0	8.1	5.7	1.3	222.6	165.4
1984	451.5	5.4	8.3	8.8	6.2	1.3	239.3	182.2
1985	469.8	6.0	8.5	9.3	6.5	1.3	244.8	193.4
1986	449.4	6.0	8.1	9.4	6.9	1.2	231.5	186.3
1987	420.5	5.3	6.7	8.7	6.8	0.9	214.1	178.0
1988	458.3	5.0	6.0	8.8	7.1	0.8	229.4	201.2
1989	473.2	5.0	5.4	8.7	7.2	0.7	229.2	217.0
1990	466.4	4.6	4.9	8.8	7.5	0.6	223.0	217.0
1991	417.2	3.7	4.1	8.2	7.6	0.4	203.7	189.5
1992	399.4	3.4	3.7	8.1	7.6	0.3	203.6	172.7
1993	389.6	3.3	3.4	8.0	7.7	0.2	198.9	168.1
1994	415.9	3.6	3.2	7.9	8.0	0.2	210.3	182.7
1995	454.3	4.2	3.2	7.9	8.4	0.2	223.7	206.7
1996	477.7	4.6	2.7	8.5	9.0	0.2	238.5	214.2
1997	471.7	5.5	2.7	7.9	8.1	0.2	241.8	205.5
1998	473.1	5.8	2.6	7.6	8.1	0.1	234.6	214.3
1999	415.9	5.9	2.4	7.1	7.6	0.1	210.2	182.6
2000	373.7	6.4	2.0	6.6	7.0	0.1	180.2	171.4
2001	410.4	6.0	1.5	5.3	6.1	0.1	166.4	225.0
2002	479.0	7.7	1.3	4.8	5.3	0.1	180.6	279.2
2003	603.2	12.4	1.2	4.3	4.6	0.1	239.5	341.1
2004	754.4	19.5	0.9	3.8	3.8	0.1	325.7	400.6
2005	743.8	24.6	0.8	3.3	3.3	0.1	321.5	390.2
2006	850.5	33.1	0.6	2.9	2.8	0.1	380.5	430.6
2007	788.7	24.3	0.6	2.7	2.7	0.1	269.1	489.2
2008	791.5	22.1	0.7	2.5	2.6	0.1	272.0	491.5
2009	766.6	19.8	0.6	2.1	1.9	0.1	263.8	478.2
2010	783.9	20.2	0.7	1.9	1.7	0.1	279.5	479.8
2011	718.5	21.1	0.8	1.8	1.6	0.1	261.6	431.4
2012	708.7	21.1	0.8	1.8	1.5	0.2	257.1	426.1
2013	715.5	21.0	0.9	1.7	1.5	0.3	279.3	410.7
2014	719.9	21.2	1.0	1.6	1.4	0.3	276.2	418.3
2015	725.8	21.9	1.0	1.7	1.4	0.3	263.3	436.1
2016	708.9	23.9	1.0	1.6	1.2	0.4	266.5	414.3

12－26 主要年份大牲畜和羊(年中数)

单位:万头(万只)

年 份	合 计	牛	马	驴	骡	骆驼	绵 羊	山 羊
1957	370.6	26.3	10.7	5.8	1.0	1.2	113.6	212.0
1965	619.8	31.9	11.4	8.0	1.7	1.6	199.1	366.1
1970	577.1	23.5	12.1	9.1	3.4	1.6	198.7	328.7
1975	577.0	14.4	9.9	7.8	4.7	1.8	227.5	310.9
1978	555.2	13.3	9.5	7.2	4.7	2.0	233.2	285.3
1980	608.1	15.1	9.5	7.6	4.8	2.0	277.5	291.6
1981	589.9	11.5	9.4	7.8	5.1	2.0	286.8	267.3
1982	648.6	10.1	9.6	8.1	5.4	2.0	326.0	287.4
1983	510.2	6.7	8.3	8.1	5.7	1.6	265.0	214.8
1984	550.0	5.9	8.6	8.7	6.2	1.4	287.7	231.5
1985	571.9	6.1	8.7	9.5	6.6	1.4	298.6	241.0
1986	579.1	6.7	8.6	9.9	7.0	1.4	300.7	244.8
1987	563.3	6.6	7.8	9.8	7.3	1.2	292.5	238.1
1988	549.3	5.6	6.3	9.1	7.4	0.9	277.1	242.9
1989	602.1	5.5	5.8	9.1	7.5	0.8	293.3	280.1
1990	622.1	5.2	5.1	9.2	7.9	0.7	293.9	300.1
1991	629.9	4.4	4.4	9.1	8.0	0.6	300.3	303.1
1992	572.4	3.7	3.7	8.7	8.2	0.3	279.9	267.9
1993	555.8	3.6	3.2	8.4	8.1	0.2	270.9	261.4
1994	555.3	3.7	3.0	8.4	8.5	0.2	281.7	249.8
1995	619.1	4.1	3.0	8.3	8.7	0.2	303.6	291.2
1996	660.7	5.2	3.1	9.0	9.4	0.2	329.1	304.7
1997	684.0	6.2	3.0	8.7	8.9	0.2	341.1	315.9
1998	681.6	7.9	3.1	8.5	8.8	0.2	337.5	315.6
1999	648.8	8.4	3.1	8.4	8.4	0.2	321.0	299.3
2000	550.1	8.2	2.7	7.8	7.7	0.2	272.7	250.8
2001	565.6	7.8	1.7	5.9	6.4	0.1	242.6	301.1
2002	577.2	7.0	1.4	4.9	5.2	0.1	218.4	340.2
2003	748.8	12.7	1.2	4.3	4.6	0.1	296.1	429.8
2004	1012.0	23.8	1.1	4.0	4.3	0.1	432.4	546.4
2005	1299.5	29.7	0.9	3.7	3.8	0.1	582.7	678.5
2006	1406.1	30.1	1	3.6	3.6	0.1	622.1	745.6
2007	1286.6	25.6	0.9	3.1	3.1	0.1	511.1	742.6
2008	1255.6	21.5	0.8	2.9	2.6	0.3	495.0	732.6
2009	1223.2	24.2	0.8	2.5	2.3	0.3	487.2	705.9
2010	1194.5	25.4	0.9	2.3	2.1	0.3	512.2	651.2
2011	1145.0	26.3	0.9	2.0	1.8	0.3	500.7	613.0
2012	1130.6	28.2	1.2	1.9	1.6	0.4	513.2	584.1
2013	1120.3	29.7	1.2	1.9	1.5	0.5	497.8	587.6
2014	1125.3	30.6	1.3	1.7	1.3	0.6	495.0	594.8
2015	1146.7	32.7	1.5	1.8	1.4	0.6	501.5	607.1
2016	1154.9	34.0	1.5	2.1	1.4	0.8	483.2	632.0

12－27 分旗区牲畜总头数(2016年,年末数)

单位:头(只)

指　　标	东胜区	达拉特旗	准格尔旗	鄂托克前旗	鄂托克旗	杭锦旗	乌审旗	伊金霍洛旗	康巴什区
牲畜总头数	**96122**	**1978639**	**476349**	**916881**	**1117996**	**1396071**	**1108266**	**410565**	**1494**
大牲畜和羊合计	81673	1921752	427691	861722	1077881	1365101	968708	383031	1494
大牲畜	4882	65109	10691	38722	29881	33130	87708	11031	78
牛	4072	53155	5426	35000	25220	25183	81964	8825	76
马	165	982	41	1309	2676	1897	2459	498	
驴	550	5381	2475	1558	1320	2170	1142	1298	
骡	95	5411	2698	696	190	709	2143	395	2
骆　驼		180	51	159	475	3171		15	
羊	76791	1856643	417000	823000	1048000	1331971	881000	372000	1416
绵　羊	20663	802911	76363	463000	141060	283636	805362	71846	152
山　羊	56128	1053732	340637	360000	906940	1048335	75638	300154	1264
生　猪	14449	56887	48658	55159	40115	30970	139558	27534	

12－28 分旗区牲畜总头数(2016年,年中数)

单位:头(只)

指　　标	东胜区	达拉特旗	准格尔旗	鄂托克前旗	鄂托克旗	杭锦旗	乌审旗	伊金霍洛旗	康巴什区
牲畜总头数	**122392**	**3018278**	**623510**	**2382466**	**1867629**	**2016335**	**2092598**	**465657**	**1407**
大牲畜和羊合计	107705	2859710	563496	2304594	1829918	1959210	1487142	436201	1367
大牲畜	4022	77632	7348	115714	31601	52858	96055	12077	124
牛	3657	59500	3207	108833	27379	37342	88633	10992	122
马	57	2347	19	2913	3055	2691	3538	561	
驴	240	6672	2579	3299	577	5652	1479	437	1
骡	68	8627	1441	356	121	1037	2402	75	1
骆　驼		486	102	313	469	6136	3	12	
羊	103683	2782078	556148	2188880	1798317	1906352	1391087	424124	1243
绵　羊	28134	1179008	159880	1358917	323337	452962	1233634	96400	
山　羊	75549	1603070	396268	829963	1474980	1453390	157453	327724	1243
生　猪	14687	158568	60014	77872	37711	57125	605456	29456	40

12－29 牲畜增减变化情况(2016 年,年末数)

单位:头(只)

指标	繁殖仔畜		成活仔畜		成幼畜死亡	
	头数	繁殖率(%)	头数	成活率(%)	头数	死亡率(%)
牲畜总头数	**4650852**	**104.9**	**4569669**	**98.3**	**61847**	**0.8**
大牲畜和羊合计	3982045	91.1	3907599	98.1	54663	0.8
大牲畜	85090	63.2	82927	97.5	912	0.3
牛	78295	62.9	76301	97.5	776	0.4
马	1536	43.6	1498	97.5	32	0.3
驴	3158	58.7	3082	97.6	44	0.3
骡	1140		1119	98.2	25	0.2
骆驼	961	74.8	927	96.5	35	1.1
羊	3896955	92.0	3824672	98.1	53751	0.8
绵羊	1595824	106.5	1567293	98.2	22105	0.8
山羊	2301131	84.1	2257379	98.1	31646	0.7
生猪	668807	1026.0	662070	99.0	7184	1.8

12－29 续表

单位:头(只)

指标	自宰自食头数		出卖牲畜头数		
	小计	自食率(%)	小计	出卖肉畜	出卖率(%)
牲畜总头数	**1391285**	**18.2**	**5155812**	**4317325**	**56.3**
大牲畜和羊合计	1224285	16.9	4469781	3750062	51.7
大牲畜	35952	13.6	81046	68072	25.8
牛	34152	15.6	70493	59930	27.4
马	167	1.6	2438	1781	17.4
驴	882	5.1	4654	3826	22.0
骡	659	4.5	2278	1810	12.5
骆驼	92	3.0	1183	725	23.3
羊	1188333	17.0	4388735	3681990	52.6
绵羊	357930	13.6	1887190	1507677	57.3
山羊	830403	19.0	2501545	2174313	49.9
生猪	167000	41.2	686031	567263	139.9

12－30　牲畜增减变化情况(2016年,年中数)

单位:头(只)

指　　标	繁殖仔畜		成活仔畜		成幼畜死亡	
	头　数	繁殖率(%)	头　数	成活率(%)	头　数	死亡率(%)
牲畜总头数	**7227491**	**105.9**	**7075617**	**97.9**	**87264**	**0.7**
大牲畜和羊合计	6270534	94.0	6184047	98.6	76669	0.7
大牲畜	140931	97.5	138824	98.5	1235	0.3
牛	133349	100.9	131834	98.9	1028	0.3
马	2289	49.2	2216	96.8	99	0.7
驴	2622	46.3	2583	98.5	55	0.3
骡	1502		1069	71.2	27	0.2
骆　驼	1169	56.4	1122	96.0	26	0.4
羊	6129603	93.9	6045223	98.6	75434	0.7
绵　羊	2995500	104.0	2949396	98.5	30465	0.6
山　羊	3134103	86.0	3095827	98.8	44969	0.7
生　猪	956957	633.0	891570	93.2	10595	1.0

12－30　续表

单位:头(只)

指　　标	自宰自食头数		出卖牲畜头数		
	小　计	自食率(%)	小　计	出卖肉畜头数	出卖率(%)
牲畜总头数	**1630860**	**13.0**	**6721545**	**5407032**	**43.2**
大牲畜和羊合计	1438951	12.5	5761604	4585366	40.0
大牲畜	21439	5.6	144442	98625	25.9
牛	20688	6.3	134860	93466	28.5
马	107	0.7	2655	1489	10.3
驴	529	2.9	4387	2508	13.6
骡	85	0.6	1434	697	4.9
骆　驼	30	0.5	1106	465	7.2
羊	1417512	12.8	5617162	4486741	40.5
绵　羊	534948	10.7	2895079	2170025	43.3
山　羊	882564	14.5	2722083	2316716	38.2
生　猪	191909	18.5	959941	821666	79.1

12－31　能繁殖母畜、耕役畜及改良畜(2016年,年末数)

单位:头(只)

指　　标	能繁殖母畜	耕役畜	良种牲畜	改良种牲畜
牲畜总头数	**4373908**	**23475**	**3526987**	**3432034**
大牲畜和羊合计	4306735	23475	3260764	3325147
大牲畜	140569	23475	175790	71792
牛	130050	5623	165659	59508
马	3806	2338	2483	4731
驴	5445	6656	6934	6008
骡		8811		
骆　驼	1268	47	714	1545
羊	4166166		3084974	3253355
绵　羊	1494262		1507790	1032132
山　羊	2671904		1577184	2221223
生　猪	67173		266223	106887

12－32　能繁殖母畜、耕役畜及改良畜(2016年,年中数)

单位:头(只)

指　　标	能繁殖母畜	耕役畜	良种牲畜	改良种牲畜
牲畜总头数	**7073780**	**19765**	**6914056**	**5351870**
大牲畜和羊合计	6908780	19765	6079252	5153130
大牲畜	168524	19765	280806	74764
牛	155952	7428	258282	64728
马	5082	2329	9277	3997
驴	5369	5037	10847	5261
骡		4837		
骆　驼	2121	134	2400	778
羊	6740256		5798446	5078366
绵　羊	2912297		2963956	1747276
山　羊	3827959		2834490	3331090
生　猪	165000		834804	198740

12－33 主要年份主要畜产品产量

年份	猪牛羊肉（吨）	山羊毛（吨）	绵羊毛（吨）	山羊绒（吨）	山羊皮（万张）	绵羊皮（万张）	牛奶（吨）
1957	12770	470	1158	340	50.4	36.9	1059
1965	15410	728	2225	592	26.3	39.0	930
1970	13965	632	2350	476	45.9	30.9	1390
1975	17735	610	3260	507	49.7	41.3	897
1978	19405	574	3864	407	36.9	32.9	1047
1980	19682	654	6298	492	42.2	36.7	433
1981	17729	571	5968	492	29.7	29.1	687
1982	28257	649	8529	519	41.6	41.7	613
1983	28881	410	7444	457	47.0	55.9	913
1984	26533	437	5399	437	27.5	29.7	886
1985	28515	587	7275	486	30.5	40.3	951
1986	30763	411	6192	394	36.6	44.7	1247
1987	34003	379	6697	408	30.2	44.7	1738
1988	35264	419	7036	396	23.7	37.2	1395
1989	43960	388	7677	416	30.4	39.7	1691
1990	44339	397	7731	441	50.3	51.4	2173
1991	51440	414	6350	444	71.8	73.4	1639
1992	45790	423	6285	480	78.2	81.3	1656
1993	49396	422	6317	555	81.7	90.5	1197
1994	52387	471	6894	591	58.7	79.1	882
1995	61501	561	7802	649	72.7	78.5	2080
1996	81236	712	9191	696	103.5	110.5	3975
1997	94230	725	9831	739	156.8	139.4	5230
1998	82419	724	10067	751	89.1	97.4	5106
1999	94812	689	9013	672	114.9	117.1	7710
2000	85506	587	7674	559	96.3	114.3	9721
2001	80632	734	6780	733	88.5	102.2	7795
2002	77523	715	6052	821	93.8	94.3	25855
2003	119021	1137	7285	1053	138.4	115.4	136461
2004	139823	1257	8081	1336	173.9	151.4	248115
2005	158249	1562	9119	1723	256.1	278.7	260139
2006	173149	1714	9553	1734	240.9	245.6	291018
2007	143303	1971	7136	1642	273.7	214.6	295155
2008	136301	2228	7667	2155	269.0	159.3	285773
2009	135805	6642	8194	1808	271.4	165.0	285000
2010	143893	2020	10005	2620	302.4	162.3	285494
2011	145473	2029	12498	2654	243	187.5	267007
2012	146925	1872	11864	2549	259	155.8	137726
2013	155519	1476	11937	2710	255.0	147.6	130840
2014	152802	1517	11878	2678	273.6	168.1	134028
2015	153575	1525	12163	2783	246.1	193.3	136203
2016	158813	1582	12284	2829	245.3	194.2	134164

12－34　主要畜禽产品产量

指　　标	2015	2016	2016年比2015年增长(%)
当年出栏肉猪头数(头)	724568	734263	1.3
当年出售和自宰肉用牛(头)	91242	94082	3.1
当年出售和自宰肉用羊(只)	4766095	4870323	2.2
当年肉类总产量(吨)	160506	165097	2.9
#猪　肉	55067	56527	2.7
牛　肉	14821	15322	3.4
羊　肉	83687	86964	3.9
奶类产量(吨)	162350	159482	-1.8
#牛　奶	136203	134164	-1.5
山羊毛产量(吨)	1525	1582	3.7
绵羊毛产量(吨)	12163	12284	1.0
山羊绒产量(吨)	2783	2829	1.7
蜂蜜产量(吨)	28	27	-3.6
禽蛋产量(吨)	7279	7279	
年末实有家禽(万只)	90	94	4.4
年内牛皮产量(张)	89917	91517	1.8
绵羊皮产量(万张)	193.34	194.19	0.4
山羊皮产量(万张)	246.13	245.29	-0.3
驼绒产量(吨)	15	21	40.0
出售肉类总量(吨)	97593	97675	0.1
#猪　肉	40042	40561	1.3
牛　肉	8664	8361	-3.5
羊　肉	47751	47901	0.3
出售羊毛数量(吨)	13447	10085	-25.0

主要统计指标解释

农、林、牧、渔业总产值 指以货币表现的农、林、牧、渔业全部产品的总量,它反映一定时期内农业生产总规模和总成果。农业总产值的计算方法通常是按农、林、牧、渔业产品及其副产品的产量分别乘以各自单位产品价格求得;少数生产周期较长,当年没有产品或产品产量不易统计的,则采用间接方法匡算其产值;然后将四业产品产值相加即为农业总产值。

粮食产量 指全社会的产量。包括国有经济经营的、集体统一经营的和农民家庭经营的粮食产量,还包括工矿企业办的农场和其他生产单位的产量。粮食除包括稻谷、小麦、玉米、高粱、谷子及其他杂粮外,还包括薯类和豆类。其产量计算方法,豆类按去豆荚后的干豆计算;薯类(包括甘薯和马铃薯,不包括芋头和木薯)1963 年以前按每 4 公斤鲜薯折 1 公斤粮食计算,从 1964 年开始改为按 5 公斤鲜薯折 1 公斤粮食计算。城市郊区作为蔬菜的薯类(如马铃薯等)按鲜品计算,并且不作粮食统计。其他粮食一律按脱粒后的原粮计算。

油料产量 指全部油料作物的生产量。包括花生、油菜籽、芝麻、向日葵籽、胡麻籽(亚麻籽)和其他油料。不包括大豆,木本油料和野生油料。花生以带壳干花生计算。

水产品产量 指人工养殖的水产品和天然生长的水产品的捕捞量。包括海水的鱼类、虾蟹类、贝类和藻类以及内陆水域的鱼类、虾蟹类和贝类,不包括淡水生植物。

猪、牛、羊肉产量 指当年出栏并已屠宰、除去头蹄下水后带骨肉(即胴体重)的重量。

牲畜总增头数 是反映牲畜的总体增长情况、牲畜头数增殖情况和死亡损失情况的一项数量指标,以大畜、小畜和猪分畜种计算。

总增头数=期内繁殖成活仔畜头数—期内成幼畜死亡头数

期末牲畜存栏头数 指调查期末农村各种合作经济组织和国营农场,农民个人,机关、团体、学校、工矿企业,部队等单位以及城镇居民饲养的大牲畜、猪、羊的存栏头数。

耕地面积 指可以用来种植农作物、经常进行耕锄的田地,包括熟地、当年新开荒地、连续撂荒未满三年的耕地和当年的休闲地(轮歇地),还包括以种植农作物为主并附带种植桑树、茶树、果树和其他林木的土地,以及沿海、沿湖地区已围垦利用的“海涂”、“湖田”等面积。不包括属于专业性的桑园、茶园、果园、果木苗圃、林地、芦苇地、天然或人工草地面积。

农作物播种面积 指实际播种或移植有农作物的面积。凡是实际种植有农作物的面积,不论种植在耕地上还是种植在非耕地上,均包括在农作物播种面积中。在播种季节基本结束后,因遭灾而重新改种和补种的农作物面积,也包括在内。

有效灌溉面积 指具有一定的水源,地块比较平整,灌溉工程或设备已经配套,在一般年景下当年能够进行正常灌溉的耕地面积。

农用化肥施用量 指本年内实际用于农业生产的化肥数量,包括氮肥、磷肥、钾肥和复合肥。化肥施用量要求按折纯量计算数量。折纯量是把氮肥、磷肥、钾肥分别按含氮、含五氧化二磷、含氧化钾的百分之一百成份进行折算后的数量。复合肥按其所含主要成分折算。

农业机械总动力 指主要用于农、林、牧、渔业的各种动力机械的动力总和。包括耕作机械、排灌机械、收获机械、农用运输机械、植物保护机械、牧业机械、林业机械、渔业机械和其他农业机械〔内燃机按引擎马力折成瓦(特)计算、电动机按功率折成瓦(特)计算〕。不包括专门用于乡、镇、村、组办工业、基本建设、非农业运输、科学试验和教学等非农业生产方面用的动力机械与作业机械。

十三、工 业

资料整理员：才慧岚

鄂尔多斯文化艺术中心

13－1 年销售收入2000万元以上全部独立法人工业企业单位数和工业总产值

指　　标	2006	2007	2008	2009	2010	2011	2012	2013	2014	2015	2016
单位企业个数(个)	**443**	**420**	**469**	**488**	**451**	**385**	**371**	**390**	**372**	**387**	**379**
在总计中:											
国有控股	39	29	34	33	35	51	29	64	72	75	71
在总计中:											
轻工业	93	84	78	97	84	54	43	37	30	35	—
重工业	350	336	391	391	367	331	328	353	342	352	—
在总计中:											
国有企业	21	15	17	19	19	24	29	19	18	16	13
集体企业	12	13	14	12	12	11	7	6	5	3	4
联营企业						1					
股份合作企业	6	5	3	4	4	3	5	1	1	1	1
有限责任公司	145	132	175	185	179	159	191	236	231	249	245
股份有限公司	25	22	26	25	26	28	27	29	27	26	26
私营企业	207	207	210	218	191	136	74	73	65	67	66
其他经济类型企业	2	1				4	21	8	8	8	7
港、澳、台及外商投资企业	25	25	24	25	20	19	17	18	17	17	17
工业总产值(现价、亿元)	**634.98**	**959.56**	**1613.58**	**1897.97**	**2681.07**	**3745.03**	**3983.66**	**4267.94**	**4375.73**	**4338.30**	**4875.22**
在总计中:											
国有控股	194.50	300.83	463.40	572.06	771.09	1068.73	1126.42	1242.82	1197.73	1251.71	1243.70
在总计中:											
轻工业	93.25	114.11	109.91	129.80	200.41	212.41	197.53	235.03	203.13	219.69	—
重工业	541.73	845.45	1503.67	1768.17	2480.66	3532.63	3786.13	4032.91	4172.60	4118.61	—
在总计中:											
国有企业	36.08	70.21	112.53	100.65	200.32	292.96	367.02	424.12	414.72	406.27	399.89
集体企业	2.35	3.00	10.87	9.58	14.72	21.18	2.98	4.03	1.06	0.72	1.02
联营企业						1.20					
股份合作企业	16.88	36.86	54.10	59.47	111.20	197.50	220.50	0.96	2.05		4.87
有限责任公司	298.85	441.30	715.20	913.20	1109.45	1486.10	1821.40	2048.50	2079.38	2126.05	2301.77
股份有限公司	91.73	98.60	201.90	301.64	437.36	780.60	884.29	1073.92	1081.62	1034.52	1244.70
私营企业	127.50	164.00	299.10	371.47	566.63	737.80	342.10	336.06	424.18	435.91	571.06
其他经济类型企业	0.38	0.79				18.80	149.87	41.53	65.53	40.55	64.72
港、澳、台及外商投资企业	61.10	144.90	219.80	141.95	241.09	208.82	195.45	338.80	307.19	294.28	287.20

13－2 年销售收入2000万元以上全部独立法人工业企业年平均人数

单位:人

指　　标	2013	2014	2015	2016
总　　计	**189870**	**192628**	**189908**	**180584**
按登记注册类型分				
国有企业	31437	30399	31263	22670
集体企业	553	307	180	295
股份合作企业	32	28	25	120
有限责任公司	93362	94777	97410	93294
股份有限公司	26947	25469	19062	22249
私营企业	14764	17427	16221	16863
外商投资企业	18478	2566	20960	19683
港、澳、台投资企业	3312	3070	3191	3989
按工业行业划分				
煤炭开采和洗选业	105613	100585	99359	92944
石油和天然气开采业	712	741	728	710
非金属矿采选业	658	660	771	447
农副食品加工业	323	491	546	570
食品制造业	1360	1195	1244	1025
酒、饮料制造业	1112	855	948	898
纺织业	10097	8648	8509	6370
纺织服装、鞋、帽制造业	85	85	85	85
木材加工及木、竹、藤、棕、草制品业	140	65	32	-
印刷业和记录媒介的复制	231	170	179	180
石油加工、炼焦及核燃料加工业	12030	12691	11798	11088
化学原料及化学制品制造业	18177	20223	21772	21994
医药制造业	613	624	484	477
塑料制品业	566	455	485	507
非金属矿物制品业	4514	3326	2942	2106
黑色金属冶炼及压延加工业	12711	14375	12908	12850
有色金属冶炼及压延加工业	489	1784	1124	1141
金属制品制造业	507	655	470	522
通用设备制造业	375	451	320	245
专用设备制造业	899	812	714	615
汽车制造业	2422	3440	3874	3528
电气机械及器材制造业	201	2312	2080	276
计算机、通信和其他电子设备制造业			766	2718
电力、热力的生产和供应业	14442	15869	14721	15909
燃气生产和供应业	694	1217	2071	2387
水的生产和供应业	899	899	978	992

13－3 分旗区年销售收入2000万元以上全部独立法人工业企业单位数和工业总产值(2016年)

单位:亿元

地 区	规模以上工业企业		#国有企业		#集体企业	
	企业单位数(个)	总产值(当年价)	企业单位数(个)	总产值(当年价)	企业单位数(个)	总产值(当年价)
东 胜 区	59	564.99	2	68.57		
达拉特旗	52	662.18				
准格尔旗	106	1085.39	4	218.69	2	0.80
鄂托克前旗	17	219.34				
鄂托克旗	45	606.13			1	0.20
杭 锦 旗	20	55.40				
乌 审 旗	21	800.25				
伊金霍洛旗	55	851.66	7	112.63	1	
康巴什区	4	29.88				

13－3 续表1

单位:亿元

地区	#股份合作企业		#有限责任公司		#外商及港、澳、台商投资企业	
	企业单位数(个)	总产值(当年价)	企业单位数(个)	总产值(当年价)	企业单位数(个)	总产值(当年价)
东胜区			51	331.82	2	74.42
达拉特旗			42	428.76	3	15.09
准格尔旗			88	571.82	5	18.93
鄂托克前旗			16	216.73		
鄂托克旗			38	486.04	4	154.43
杭锦旗			16	49.60	1	2.90
乌审旗			18	121.76	1	10.39
伊金霍洛旗	1	4.87	36	678.88	1	11.03
康巴什区			4	29.87		

12－3 续表2

单位:亿元

地区	大型企业		中型企业		小型企业		微型企业	
	企业单位数(个)	总产值(当年价)	企业单位数(个)	总产值(当年价)	企业单位数(个)	总产值(当年价)	企业单位数(个)	总产值(当年价)
东胜区	5	232.72	10	79.47	42	250.16	1	2.00
达拉特旗	5	150.83	14	222.34	32	288.61	1	0.39
准格尔旗	8	524.99	19	290.89	68	254.12	6	13.39
鄂托克前旗			4	59.06	10	157.22	1	2.93
鄂托克旗	10	379.87	4	25.87	30	200.35		
杭锦旗			1	16.28	13	32.22	3	1.42
乌审旗			7	741.64	14	58.61		0.00
伊金霍洛旗	5	492.58	14	157.20	33	192.30	2	9.58
康巴什区			2	21.50	2	8.38		

13－4　年销售收入2000万元以上全部独立法人工业企业主要经济指标(2016年)

单位:万元

指　标	企业单位数(个)	亏损企业	工业总产值(当年价)	工业销售产值(当年价)
总　计	**379**	**111**	**48752162.30**	**122184495.20**
在总计中:国有控股企业	71	25	12436950.30	11554145.40
按企业规模分				
大型企业	33	11	17810021.10	15851461.50
中型企业	75	25	16142516.20	15920310.00
小型企业	244	70	14419684.70	90033033.40
微型企业	14	2	297175.10	297137.40
按登记注册类型分				
内资企业	362	104	45880206.60	119494466.20
国有企业	13	3	3998875.10	3891536.80
集体企业	4	1	10243.90	10243.90
股份合作企业	1		48666.80	48666.80
有限责任公司	245	72	23017665.50	21026758.80
国有独资公司	10	5	4541858.40	4008868.30
其他有限责任公司	235	67	18475807.10	17017890.50
股份有限公司	26	8	12446957.00	88438118.30
私营企业	66	19	5710571.40	5446640.00
其他企业	7	1	647226.90	632501.60
港、澳、台商投资企业	9	4	440762.80	405875.20
外商投资企业	8	3	2431192.90	2284153.80

13－4 续表1

单位:万元

指　　标	资产总计	流动资产合计	固定资产合计	固定资产原价
总　　计	**88379140.70**	**26736995.40**	**34594469.80**	**48642028.30**
在总计中:国有控股企业	31498921.90	7832110.10	13591275.90	20690858.50
按企业规模分				
大型企业	45955619.7	15176158.4	19390902.1	29991613.8
中型企业	26227169.9	6429142.9	9693801.7	11407357.8
小型企业	15392360	4941547.9	5177840.3	6921871.3
微型企业	430233.2	106988.2	192598.5	160748.4
按登记注册类型分				
内资企业	74507349.60	23705141.90	29042641.90	41172774.50
国有企业	10630922.40	2633476.40	5006051.30	7888382.50
集体企业	20651.00	11483.40	2286.60	7861.00
股份合作企业	94444.80	3260.00		
有限责任公司	43953575.00	13892759.90	16858991.20	23161234.10
国有独资公司	7726612.60	3030031.00	2231417.30	3828028.70
其他有限责任公司	36226962.40	10862728.90	14627573.90	19333205.40
股份有限公司	13377478.60	4940523.80	5573460.10	8027771.90
私营企业	6230310.70	2142625.90	1577836.00	2057946.70
其他企业	199967.10	81012.50	24016.70	29578.30
港、澳、台商投资企业	1909598.70	524010.80	571762.50	652237.80
外商投资企业	11962192.40	2507842.70	4980065.40	6817016.00

13－4 续表2

单位:万元

指　　标	负债合计	流动负债合计	所有者权益合计	实收资本
总　　计	**50086060.00**	**26355101.30**	**38293077.50**	**13473366.80**
在总计中:国有控股企业	17043416.10	9228601.50	14455505.40	5785975.50
按企业规模分				
大型企业	24916558.80	12115816.30	21039060.70	6545770.40
中型企业	15207863.20	8266762.40	11019305.90	4206177.60
小型企业	9502786.10	5753471.70	5889571.90	2558604.60
微型企业	234305.50	96352.50	195927.80	47991.40
按登记注册类型分				
内资企业	41782407.20	22402498.60	32724939.30	11686168.00
国有企业	5281216.90	2278103.60	5349705.50	1892639.90
集体企业	12886.70	12256.10	7764.20	611.00
股份合作企业	4863.10		89581.70	9581.70
有限责任公司	24577711.40	14845972.40	19375861.70	7507791.70
国有独资公司	3226792.20	2360339.00	4499820.20	1824124.70
其他有限责任公司	21350919.20	12485633.40	14876041.50	5683667.00
股份有限公司	8017881.00	2979020.50	5359597.40	1203753.30
私营企业	3824979.40	2255623.40	2405330.40	1047475.40
其他企业	62868.70	31522.60	137098.40	24315.00
港、澳、台商投资企业	1443989.70	678292.00	465609.00	474622.60
外商投资企业	6859663.10	3274310.70	5102529.20	1312576.20

13－4 续表3

单位:万元

指　　标	主营业务收入	主营业务成本	营业利润
总　　计	**47206853.60**	**35377823.40**	**6289762.10**
在总计中:国有控股企业	9979293.00	6831491.50	1468346.40
按企业规模分			
大型企业	17282770.60	12161836.20	2337007.90
中型企业	15568545.50	12017611.80	2155420.10
小型企业	14004910.10	10938749.90	1747144.20
微型企业	273208.70	204469.80	42147.40
按登记注册类型分			
内资企业	43006899.80	32368892.90	5876545.60
国有企业	3707725.50	2267434.10	754707.70
集体企业	12474.90	10680.20	162.50
股份合作企业	48666.80	32818.80	8887.90
有限责任公司	20414501.80	14813434.20	2802748.00
国有独资公司	2337245.80	1413939.40	531550.10
其他有限责任公司	18077256.00	13399494.80	2271197.90
股份有限公司	12532009.70	10453742.90	1398942.50
私营企业	5631494.70	4311890.30	784908.90
其他企业	660026.40	478892.40	126188.10
港、澳、台商投资企业	415091.20	323860.40	-7616.50
外商投资企业	3784862.60	2685070.10	420833.00

13－4 续表4

单位:万元

指　　标	利润总额	亏损企业亏损总额	本年应付工资总额
总　　计	**6344629.20**	**656743.40**	**2375977.00**
在总计中:国有控股企业	1489453.90	286617.40	953382.20
大型企业	2347452.10	224045.10	1587121.10
中型企业	2157739.00	250824.60	491862.60
小型企业	1780054.10	180239.20	290682.00
微型企业	42160.50	1149.30	3566.80
按登记注册类型分			
内资企业	5939512.70	586959.60	2087007.00
国有企业	757090.60	68139.00	402767.80
集体企业	162.20	328.80	691.90
股份合作企业	8887.90		715.40
有限责任公司	2844921.60	283170.00	990256.00
国有独资公司	530212.00	56760.00	294200.50
其他有限责任公司	2314709.60	226410.00	696055.50
股份有限公司	1416180.20	129849.00	545787.80
私营企业	786062.70	105436.40	128761.10
其他企业	126207.50	36.40	18027.00
港、澳、台商投资企业	-7397.50	34421.20	29424.10
外商投资企业	412514.00	35362.60	259545.90

13－5 大中型工业企业主要经济指标(2016年)

单位:万元

指 标	企业单位数(个)	亏损企业	工业总产值(当年价)	工业销售产值(当年价)
总 计	**108**	**36**	**33952537.30**	**31771771.50**
在总计中:国有控股企业	35	15	10268493.80	9768776.40
按企业规模分				
大型企业	33	11	17810021.10	15851461.50
中型企业	75	25	16142516.20	15920310.00
按登记注册类型分				
内资企业	97	30	31225144.70	29236391.70
国有企业	11	3	3917778.30	3810440.00
集体企业				
股份合作企业				
有限责任公司	61	20	14501622.70	12986722.00
国有独资公司	5	4	4115617.30	3946427.00
其他有限责任公司	56	16	10386005.40	9040295.00
股份有限公司	13	4	10701065.00	10549593.00
私营企业	10	3	1724194.80	1523767.10
其他企业	2		380483.90	365869.60
港、澳、台商投资企业	6	4	367354.30	335137.80
外商投资企业	5	2	2360038.30	2200242.00

13－5 续表 1

单位:万元

指　　标	资产总计	流动资产合计	固定资产合计	固定资产原价
总　　计	**72182789.60**	**21605301.30**	**29084703.80**	**41398971.60**
在总计中:国有控股企业	26237814.00	6562679.30	11139772.30	17442979.70
按企业规模分				
大型企业	45955619.70	15176158.40	19390902.10	29991613.80
中型企业	26227169.90	6429142.90	9693801.70	11407357.80
按登记注册类型分				
内资企业	58743451.80	18592044.20	23650920.10	34076720.20
国有企业	10543553.60	2629862.30	5006051.30	7888382.50
集体企业				
股份合作企业				
有限责任公司	32597520.10	9862716.60	12946642.20	17951237.50
国有独资公司	6568570.30	2847927.10	2087747.40	3618320.60
其他有限责任公司	26028949.80	7014789.50	10858894.80	14332916.90
股份有限公司	12040551.70	4571222.70	4779510.00	7019262.50
私营企业	3528469.60	1516140.20	897462.20	1194935.80
其他企业	33356.80	12102.40	21254.40	22901.90
港、澳、台商投资企业	1621199.90	512420.10	569171.70	643802.50
外商投资企业	11818137.90	2500837.00	4864612.00	6678448.90

13－5 续表2

单位：万元

指　标	负债合计	流动负债合计	所有者权益合计	实收资本
总　计	40124422.00	20382578.70	32058366.60	10751948.00
在总计中：国有控股企业	13505094.50	7214538.40	12732719.30	4628068.60
按企业规模分				
大型企业	24916558.80	12115816.30	21039060.70	6545770.40
中型企业	15207863.20	8266762.40	11019305.90	4206177.60
按登记注册类型分				
内资企业	32106205.20	16456686.80	26637245.60	9008203.20
国有企业	5265900.40	2278103.60	5277653.20	1881058.50
集体企业				
股份合作企业				
有限责任公司	17245529.20	10319246.30	15351990.10	5379270.60
国有独资公司	2457681.80	1988216.60	4110888.50	1443557.60
其他有限责任公司	14787847.40	8331029.70	11241101.60	3935713.00
股份有限公司	7338820.20	2620949.20	4701731.30	1021300.70
私营企业	2250533.80	1233852.50	1277935.80	717058.00
其他企业	5421.60	4535.20	27935.20	9515.40
港、澳、台商投资企业	1212488.80	671097.90	408711.20	457822.60
外商投资企业	6805728.00	3254794.00	5012409.80	1285922.20

13－5 续表3

单位:万元

指　　标	主营业务收入	主营业务成本	营业利润	利润总额
总　　计	32851316.10	24179448.00	4492428.00	4505191.10
在总计中:国有控股企业	8066858.00	5259739.30	1322941.80	1325026.40
按企业规模分				
大型企业	17282770.60	12161836.20	2337007.90	2347452.10
中型企业	15568545.50	12017611.80	2155420.10	2157739.00
按登记注册类型分				
内资企业	28797455.80	21282403.70	4086788.70	4107627.90
国有企业	3626628.70	2216163.60	729660.50	732043.40
集体企业				
股份合作企业				
有限责任公司	12445727.80	8748971.80	1785127.80	1786844.50
国有独资公司	2235734.20	1322839.60	528851.20	526170.50
其他有限责任公司	10209993.60	7426132.20	1256276.60	1260674.00
股份有限公司	10729240.40	8892003.70	1247661.50	1264070.60
私营企业	1626818.00	1201477.60	212517.10	212847.60
其他企业	369040.90	223787.00	111821.80	111821.80
港、澳、台商投资企业	343875.90	272694.90	-9574.80	-9296.90
外商投资企业	3709984.40	2624349.40	415214.10	406860.10

13－5 续表4

单位:万元

指　　标	亏损企业亏损总额	本年应付职工薪酬
总　　计	474869.70	2078983.70
在总计中:国有控股企业	264700.70	881357.40
按企业规模分		
大型企业	224045.10	1587121.10
中型企业	250824.60	491862.60
按登记注册类型分		
内资企业	405684.30	1794941.10
国有企业	68139.00	401683.00
集体企业		
股份合作企业		
有限责任公司	195942.80	796939.60
国有独资公司	55830.10	289969.70
其他有限责任公司	140112.70	506969.90
股份有限公司	91054.00	522777.20
私营企业	50548.50	59142.00
其他企业		14399.30
港、澳、台商投资企业	34421.20	27183.60
外商投资企业	34764.20	256859.00

13－6 年销售收入2000万元以上全部独立法人工业企业分行业主要经济指标(2016年)

单位:万元

指 标	企业单位数(个)	亏损企业	工业总产值(当年价)	工业销售产值(当年价)
按工业行业种类分				
采矿业	**172**	**33**	**31212231.80**	**30948164.70**
煤炭开采和洗选业	160	30	24335032.00	23987113.20
石油和天然气开采业	3	1	6771575.60	6856307.70
非金属矿采选业	9	2	105624.20	104743.80
制造业	**147**	**59**	**11657265.30**	**85361076.60**
农副食品加工业	4		286706.40	279422.50
食品制造业	3	1	230695.50	58145.10
酒、饮料制造业	5	1	89542.10	87297.10
纺织业	7	3	928713.70	900567.50
纺织服装、鞋、帽制造业	1		4200.20	4200.20
木材加工及木、竹、藤、棕、草制品业	—	—	—	—
印刷业和记录媒介的复制	2		4224.40	4224.40
石油加工、炼焦及核燃料加工业	10	6	1421226.10	1122343.90
化学原料及化学制品制造业	58	20	4764538.70	79372583.60
医药制造业	5	1	99184.50	110546.50
塑料制品业	6	3	67284.10	67710.90
非金属矿物制品业	16	11	218939.90	192334.30
黑色金属冶炼及压延加工业	4	2	1530262.50	1364212.20
有色金属冶炼及压延加工业	3	1	439528.30	424440.00
金属制品制造业	4	2	275148.60	275148.60
通用设备制造业	1	1	4746.10	681.50
专用设备制造业	4	1	96012.30	101908.30
汽车制造业	10	5	654480.50	487704.60
电气机械及器材制造业	2		112869.70	112869.70
计算机、通信和其他电子设备制造业	2	1	428961.70	394735.70
电力、燃气及水的生产和供应业	**60**	**19**	**5882665.20**	**5875253.90**
电力、热力的生产和供应业	37	10	21414848.00	2141484.80
燃气生产和供应业	16	7	36781796.00	3678179.60
水的生产和供应业	7	2	555895.00	55589.50

13－6 续表 1

单位:万元

指　　标	资产总计	流动资产合计	固定资产合计	固定资产原价
按工业行业种类分				
采矿业	**47206738.50**	**15540940.40**	**14761693.60**	**21731826.40**
煤炭开采和洗选业	46576852.20	15454451.20	14322184.90	21517416.30
石油和天然气开采业	574026.20	62685.60	413745.40	181759.10
非金属矿采选业	55860.10	23803.60	25763.30	32651.00
制造业	**30775666.80**	**9412730.80**	**13165630.00**	**16771985.90**
农副食品加工业	72997.20	31832.60	38309.70	57470.20
食品制造业	226201.20	28572.50	101379.10	109686.10
酒、饮料制造业	458933.30	192727.10	36135.80	39959.70
纺织业	2895761.00	905301.30	1070618.60	1348655.80
纺织服装、鞋、帽制造业	2293.00	2127.50	165.50	804.10
木材加工及木、竹、藤、棕、草制品业				
印刷业和记录媒介的复制	13640.70	10027.50	2565.10	7260.90
石油加工、炼焦及核燃料加工业	3095206.90	758553.50	1460433.20	2227485.40
化学原料及化学制品制造业	12343355.00	3119278.60	5582300.70	6776106.00
医药制造业	78729.60	27804.50	17141.20	32148.80
塑料制品业	95703.40	34717.60	57947.80	67395.90
非金属矿物制品业	704968.20	228608.80	425829.20	289837.30
黑色金属冶炼及压延加工业	4355224.40	1531242.50	2183664.40	3276281.20
有色金属冶炼及压延加工业	926307.40	507008.60	321426.50	326980.10
金属制品制造业	442046.00	385241.10	56044.50	61165.00
通用设备制造业	46968.50	16176.10	30792.40	30489.00
专用设备制造业	115206.40	73338.80	28796.40	43258.40
汽车制造业	2466445.70	807472.90	775926.00	1047269.60
电气机械及器材制造业	141272.90	116659.50	14797.70	17238.40
计算机、通信和其他电子设备制造业	2294406.00	636039.80	961356.20	1012494.00
电力、燃气及水的生产和供应业	**10396735.40**	**1783324.20**	**6667146.20**	**10138216.00**
电力、热力的生产和供应业	8155740.40	1115653.30	5220470.50	8476294.70
燃气生产和供应业	1794228.50	457790.40	1241285.00	1388382.40
水的生产和供应业	446766.50	209880.50	205390.70	273538.90

13－6 续表2

单位:万元

指　　标	负债合计	流动负债合计	所有者权益合计	实收资本
按工业行业种类分				
采矿业	**21974584.20**	**9486866.30**	**25232153.50**	**4649299.70**
煤炭开采和洗选业	21836075.80	9447567.50	24740775.60	4592725.30
石油和天然气开采业	105349.80	19962.60	468676.40	52088.80
非金属矿采选业	33158.60	19336.20	22701.50	4485.60
制造业	**20731522.20**	**13265518.20**	**10044142.80**	**6778592.40**
农副食品加工业	38541.00	27151.50	34456.20	12156.00
食品制造业	136033.20	121112.00	90168.10	11650.40
酒、饮料制造业	310367.70	129926.90	148565.60	135697.60
纺织业	1659721.80	1057768.60	1236039.10	121259.30
纺织服装、鞋、帽制造业	1324.60	504.60	968.30	800.00
木材加工及木、竹、藤、棕、草制品业				
印刷业和记录媒介的复制	4762.00	3942.00	8878.70	2602.20
石油加工、炼焦及核燃料加工业	2144290.00	982267.40	950916.00	758417.40
化学原料及化学制品制造业	8730180.80	4752367.60	3613174.10	2677628.80
医药制造业	38068.90	35215.10	40660.70	48715.00
塑料制品业	30477.60	29213.70	65225.60	67549.90
非金属矿物制品业	497648.40	398149.40	207319.90	136358.70
黑色金属冶炼及压延加工业	2638108.10	2248627.50	1717116.30	1064000.00
有色金属冶炼及压延加工业	712878.90	375199.30	213428.50	217680.00
金属制品制造业	403235.90	398835.90	38810.10	39000.00
通用设备制造业	35480.70	34808.70	11487.80	21830.00
专用设备制造业	85765.20	85764.20	29441.10	26316.10
汽车制造业	2025434.80	1690868.90	441010.60	233939.70
电气机械及器材制造业	110520.50	105180.10	30752.20	15000.00
计算机、通信和其他电子设备制造业	1128682.10	788614.80	1165723.90	1187991.30
电力、燃气及水的生产和供应业	**7379953.60**	**3602716.80**	**3016781.20**	**2045474.70**
电力、热力的生产和供应业	5997693.50	2720167.10	2158046.70	1647011.60
燃气生产和供应业	1072542.00	744357.00	721686.20	299275.00
水的生产和供应业	309718.10	138192.70	137048.30	99188.10

13－6 续表3

单位：万元

指　　标	主营业务收入	主营业务成本	营业利润
按工业行业种类分			
采矿业	**30969820.20**	**22402361.40**	**5295800.90**
煤炭开采和洗选业	24116615.80	16514936.00	4399582.70
石油和天然气开采业	6771530.00	5849973.70	872644.10
非金属矿采选业	81674.40	37451.70	23574.10
制造业	**10069907.40**	**8022917.40**	**387443.70**
农副食品加工业	256835.90	188522.30	52624.40
食品制造业	235413.10	227461.60	-1648.00
酒、饮料制造业	78973.70	35249.90	11187.40
纺织业	873697.30	601928.80	148578.30
纺织服装、鞋、帽制造业	4192.30	3792.60	20.70
木材加工及木、竹、藤、棕、草制品业			
印刷业和记录媒介的复制	4330.90	2452.00	339.70
石油加工、炼焦及核燃料加工业	1203921.70	995678.00	-69327.50
化学原料及化学制品制造业	4164348.10	3268782.40	157330.00
医药制造业	59683.60	45313.30	4330.40
塑料制品业	69983.60	53974.90	11399.20
非金属矿物制品业	194924.90	166249.40	-6918.50
黑色金属冶炼及压延加工业	1406642.80	1038749.20	112270.50
有色金属冶炼及压延加工业	366788.40	310281.20	47890.90
金属制品制造业	278458.10	275297.60	-411.50
通用设备制造业	2014.30	6779.90	-8554.20
专用设备制造业	97432.30	85704.10	5647.60
汽车制造业	495177.90	501497.20	-66125.10
电气机械及器材制造业	46647.80	40541.80	3249.70
计算机、通信和其他电子设备制造业	230440.70	174661.20	-14440.30
电力、燃气及水的生产和供应业	**6167126.00**	**4952544.60**	**606517.50**
电力、热力的生产和供应业	2372375.30	1293026.30	556819.10
燃气生产和供应业	3737614.90	3612500.90	54446.00
水的生产和供应业	57135.80	47017.40	-4747.60

13－6　续表 4

单位:万元

指　　标	利润总额	亏损企业亏损总额	本年应付职工薪酬
按工业行业种类分			
采矿业	**5261285.70**	**186942.10**	**1494954.00**
煤炭开采和洗选业	4364880.70	184429.20	1452718.20
石油和天然气开采业	872650.60	2495.80	37784.70
非金属矿采选业	23754.40	17.10	4451.10
制造业	**433806.60**	**413677.00**	**597561.00**
农副食品加工业	52760.00		7327.10
食品制造业	182.80	2837.80	7380.90
酒、饮料制造业	11117.00	3925.00	4038.40
纺织业	162233.70	7906.60	55759.00
纺织服装、鞋、帽制造业	20.70		709.10
木材加工及木、竹、藤、棕、草制品业			
印刷业和记录媒介的复制	345.30		957.00
石油加工、炼焦及核燃料加工业	-65937.20	96933.80	99644.00
化学原料及化学制品制造业	172672.80	147391.00	195152.00
医药制造业	4439.50	598.40	3794.70
塑料制品业	11566.70	940.50	2506.20
非金属矿物制品业	-3493.50	15963.80	18958.00
黑色金属冶炼及压延加工业	115148.80	43002.40	130799.50
有色金属冶炼及压延加工业	48148.90	730.00	5352.40
金属制品制造业	-413.80	750.30	2915.00
通用设备制造业	-8465.30	8465.30	1548.70
专用设备制造业	5828.70	1798.30	4437.80
汽车制造业	-65279.30	71283.40	20426.20
电气机械及器材制造业	3455.80		1931.30
计算机、通信和其他电子设备制造业	-10525.00	11150.40	33923.70
电力、燃气及水的生产和供应业	**649536.90**	**56124.30**	**283462.00**
电力、热力的生产和供应业	590884.70	33374.20	258951.70
燃气生产和供应业	56301.30	20168.70	18499.20
水的生产和供应业	2350.90	2581.40	6011.10

13－7 大中型工业企业分行业主要经济指标(2016年)

单位:万元

指标	企业单位数(个)	亏损企业	工业总产值(当年价)	工业销售产值(当年价)
按工业行业种类分				
采矿业	**54**	**8**	**23681136.3**	**23522175.9**
煤炭开采和洗选业	53	8	16951013.50	16707321.00
石油和天然气开采业	1		6730122.80	6814854.90
非金属矿采选业				
制造业	**43**	**24**	**8576022.90**	**6553764.70**
农副食品加工业	1		275533.90	269133.90
食品制造业	1	1	219028.10	41702.70
酒、饮料制造业	1	1	3224.30	3159.80
纺织业	2	1	787423.30	764645.00
纺织服装、鞋、帽制造业				
木材加工及木、竹、藤、棕、草制品业				
印刷业和记录媒介的复制				
石油加工、炼焦及核燃料加工业	8	6	1166505.50	867718.50
化学原料及化学制品制造业	17	7	3310767.60	2172807.30
医药制造业				
塑料制品业				
非金属矿物制品业	3	3	65227.90	48667.10
黑色金属冶炼及压延加工业	3	2	1493271.50	1329892.30
有色金属冶炼及压延加工业	1		143785.90	146157.20
金属制品制造业				
通用设备制造业				
专用设备制造业	1		69030.00	69030.00
汽车制造业	4	2	615834.50	448686.50
电气机械及器材制造业				
计算机、通信和其他电子设备制造业	1	1	426390.40	392164.40
电力、燃气及水的生产和供应业	**11**	**4**	**1695378.1**	**1695830.9**
电力、热力的生产和供应业	9	2	1608822.30	1609275.10
燃气生产和供应业	1	1	75934.80	75934.80
水的生产和供应业	1	1	10621.00	10621.00

13－7 续表1

单位：万元

指　　标	资产总计	流动资产合计	固定资产合计	固定资产原价
按工业行业种类分				
采矿业	**40348705.40**	**13291768.70**	**13217965.70**	**19770153.60**
煤炭开采和洗选业	39856253.50	13235656.40	12861129.00	19672378.70
石油和天然气开采业	492451.90	56112.30	356836.70	97774.90
非金属矿采选业				
制造业	**26352764.40**	**7623220.70**	**12256243.90**	**15511608.90**
农副食品加工业	55202.10	21850.70	33351.40	52450.30
食品制造业	116413.70	14309.60	90629.00	94870.10
酒、饮料制造业	421585.40	180328.20	13805.80	19850.50
纺织业	2838991.60	866514.90	1058781.30	1330485.10
纺织服装、鞋、帽制造业				
木材加工及木、竹、藤、棕、草制品业				
印刷业和记录媒介的复制				
石油加工、炼焦及核燃料加工业	2821756.40	736052.30	1449248.40	2215136.40
化学原料及化学制品制造业	10086501.70	2567297.00	5087681.70	6053184.80
医药制造业				
塑料制品业				
非金属矿物制品业	557023.40	171590.90	369347.60	198048.90
黑色金属冶炼及压延加工业	4345810.60	1524340.60	2181239.10	3268650.00
有色金属冶炼及压延加工业	557089.40	180766.20	315492.50	316088.40
金属制品制造业				
通用设备制造业				
专用设备制造业	53540.10	29150.80	12265.20	19724.60
汽车制造业	2222308.70	697438.70	683045.70	930625.80
电气机械及器材制造业				
计算机、通信和其他电子设备制造业	2276541.30	633580.80	961356.20	1012494.00
电力、燃气及水的生产和供应业	**5481319.8**	**690311.9**	**3610494.2**	**6117209.1**
电力、热力的生产和供应业	4870861.10	514422.60	3207132.90	5650328.90
燃气生产和供应业	452495.50	51284.70	373173.10	421938.00
水的生产和供应业	157963.20	124604.60	30188.20	44942.20

13－7 续表2

单位:万元

指　　标	负债合计	流动负债合计	所有者权益合计	实收资本
按工业行业种类分				
采矿业	**18487400.40**	**7437212.00**	**21861304.50**	**4022589.10**
煤炭开采和洗选业	18436711.20	7437212.00	21419541.80	3995954.30
石油和天然气开采业	50689.20		441762.70	26634.80
非金属矿采选业				
制造业	**17494868.30**	**11078104.90**	**8857895.80**	**5780261.80**
农副食品加工业	28652.90	23581.30	26549.20	5890.00
食品制造业	45803.70	30882.50	70610.00	5600.00
酒、饮料制造业	294807.40	117136.10	126778.00	128000.00
纺织业	1613749.70	1014345.90	1225241.80	109200.00
纺织服装、鞋、帽制造业				
木材加工及木、竹、藤、棕、草制品业				
印刷业和记录媒介的复制				
石油加工、炼焦及核燃料加工业	2116958.30	957475.70	704798.00	745437.40
化学原料及化学制品制造业	6994418.20	3628259.50	3092083.40	2064400.30
医药制造业				
塑料制品业				
非金属矿物制品业	403880.60	340103.90	153142.90	86705.50
黑色金属冶炼及压延加工业	2631418.60	2241938.00	1714392.00	1060000.00
有色金属冶炼及压延加工业	355353.40	355353.40	201736.00	200000.00
金属制品制造业				
通用设备制造业				
专用设备制造业	18970.10	18970.10	34570.00	3285.00
汽车制造业	1862446.70	1561717.10	359861.90	191343.60
电气机械及器材制造业				
计算机、通信和其他电子设备制造业	1128408.70	788341.40	1148132.60	1180400.00
电力、燃气及水的生产和供应业	**4142153.3**	**1867261.8**	**1339166.3**	**949097.1**
电力、热力的生产和供应业	3654046.4	1505022	1216814.6	807877.1
燃气生产和供应业	332147.90	332147.90	120347.50	140000.00
水的生产和供应业	155959.00	30091.90	2004.20	1220.00

13－7　续表3

单位:万元

指　　标	主营业务收入	主营业务成本	营业利润	利润总额
按工业行业种类分				
采矿业	**23282026.00**	**17215644.10**	**3737577.30**	**3696585.40**
煤炭开采和洗选业	16551948.80	11401278.00	2865359.50	2824367.60
石油和天然气开采业	6730077.20	5814366.10	872217.80	872217.80
非金属矿采选业				
制造业	**7671849.00**	**6005006.10**	**248601.60**	**290946.80**
农副食品加工业	247980.70	180781.20	52116.10	52116.10
食品制造业	219028.10	214151.00	-3769.30	-2837.80
酒、饮料制造业	2700.70	1927.60	-3757.40	-3925.00
纺织业	769673.80	510126.50	139083.70	152646.50
纺织服装、鞋、帽制造业				
木材加工及木、竹、藤、棕、草制品业				
印刷业和记录媒介的复制				
石油加工、炼焦及核燃料加工业	944448.30	771025.00	-87122.40	-84134.10
化学原料及化学制品制造业	3206522.80	2473620.60	127398.00	142554.30
医药制造业				
塑料制品业				
非金属矿物制品业	44429.50	38958.00	-14470.80	-12435.70
黑色金属冶炼及压延加工业	1371837.10	1007485.20	112077.90	115015.10
有色金属冶炼及压延加工业	118522.90	115634.30	177.00	435.00
金属制品制造业				
通用设备制造业				
专用设备制造业	69030.00	59204.90	7208.30	7208.30
汽车制造业	449805.70	459249.80	-65273.80	-64545.50
电气机械及器材制造业				
计算机、通信和其他电子设备制造业	227869.40	172842.00	-15065.70	-11150.40
电力、燃气及水的生产和供应业	**1897441.1**	**958797.8**	**506249.1**	**517658.9**
电力、热力的生产和供应业	1819423.40	885484.10	521450.60	529407.40
燃气生产和供应业	67198.00	61135.70	-10209.10	-10097.00
水的生产和供应业	10819.70	12178.00	-4992.40	-1651.50

13－7 续表4

单位:万元

指　　标	亏损企业亏损总额	本年应付职工薪酬
按工业行业种类分		
采矿业	**88131.6**	**1325681.6**
煤炭开采和洗选业	88131.60	1288713.00
石油和天然气开采业		36968.60
非金属矿采选业		
制造业	**348231.00**	**528534.60**
农副食品加工业		7021.30
食品制造业	2837.80	6560.60
酒、饮料制造业	3925.00	1726.00
纺织业	7123.90	52831.70
纺织服装、鞋、帽制造业		
木材加工及木、竹、藤、棕、草制品业		
印刷业和记录媒介的复制		
石油加工、炼焦及核燃料加工业	96933.80	98043.40
化学原料及化学制品制造业	101425.40	163018.10
医药制造业		
塑料制品业		
非金属矿物制品业	12435.70	12061.00
黑色金属冶炼及压延加工业	43002.40	129756.10
有色金属冶炼及压延加工业		3083.80
金属制品制造业		
通用设备制造业		
专用设备制造业		2391.20
汽车制造业	69396.60	18410.80
电气机械及器材制造业		
计算机、通信和其他电子设备制造业	11150.40	33630.60
电力、燃气及水的生产和供应业	**38507.1**	**224767.5**
电力、热力的生产和供应业	26758.60	212986.00
燃气生产和供应业	10097.00	8744.30
水的生产和供应业	1651.50	3037.20

13－8　分旗区年销售收入2000万元以上全部独立法人工业企业主要经济指标(2016年)

单位:万元

指　标	2015	2016	东胜区	达拉特旗	准格尔旗
企业单位数(个)	387	379	59	52	106
内资企业(个)	370	362	57	49	101
工业总产值(当年价)	43383032.20	48455018.60	5649945.20	6621828.40	10853901.50
内资企业(万元)	40626982.50	45620597.00	4905721.70	6470908.00	10664610.00
国有企业(万元)	4249622.50	4027148.30	685741.20		2186879.30
集体企业(万元)	7154.70	10243.90			8223.10
股份合作企业(万元)		48666.80			
有限责任公司(万元)	21260456.30	22729782.70	3293333.00	3342756.20	5044971.20
股份有限公司(万元)	10345218.10	12446957.00	752705.90	750276.10	2756154.20
私营企业(万元)	4359056.20	5710571.40	20749.90	1997391.80	668382.20
其他企业(万元)	405474.70	647226.90	153191.70	380483.90	
港、澳、台商投资企业(万元)	375158.00	432237.90	4200.20	8524.90	162929.30
外商投资企业(万元)	2380891.70	2402183.70	740023.30	142395.50	26362.20
工业销售产值(当年价)	42269868.70	121895161.00	5472030.80	6289173.10	10727927.70
资产合计	82829519.80	88378673.30	18727400.40	6176588.70	27817333.50
流动资产合计	27571309.20	26736944.40	5136109.10	1954095.10	8978961.60
固定资产合计	35713027.30	34132287.20	6714659.70	3282983.70	10094316.50
固定资产原价	45984318.90	47935754.50	9104956.80	4909947.70	15867036.80
负债合计	47726221.30	50083983.70	13090030.10	3553073.30	13432923.90
流动负债合计	24982841.40	26072626.10	6463204.40	2346065.70	5875976.00
所有者权益合计	35102715.70	38294686.30	5637369.40	2623515.40	14384409.20
实收资本	12221084.00	13367516.80	2632658.50	1053834.20	3631547.70
主营业务收入	42390667.60	47189187.90	6869047.60	6780804.10	10808499.40
主营业务成本	31854093.40	35361594.20	5425303.80	4495772.40	7607852.40
主营业务税金及附加	847856.20	950022.40	112471.90	39517.30	315319.00
营业利润	5181989.60	6293686.80	697505.30	1627088.60	1549917.40
利润总额	5161905.60	6348583.00	719791.10	1631082.10	1558071.20
本年所得税费用	495232.00	810393.20	53597.70	287936.70	246199.90
本年应交增值税	2938976.40	2540151.20	260669.40	174215.70	627390.20
本年应付工资总额	1793579.20	2182913.80	335182.50	254466.70	898494.30
年平均人数(人)	189908	182600.00	22500.00	22100.00	48600.00

13－8 续表

单位:万元

指　　标	鄂托克前旗	鄂托克旗	杭锦旗	乌审旗	伊金霍洛旗	康巴什区
企业单位数(个)	17	45	20	21	55	4
内资企业(个)	17	41	19	20	54	4
工业总产值(当年价)	2193369.90	6061259.90	553986.00	8002519.10	8516558.30	298794.00
内资企业(万元)	2193369.90	4516998.70	524976.80	7898606.00	8406221.50	298794.00
国有企业(万元)					1126254.60	
集体企业(万元)		2020.80				
股份合作企业(万元)					48666.80	
有限责任公司(万元)	869522.30	2716642.50	441610.10	1031711.40	5978324.80	298794.00
股份有限公司(万元)	26053.30	1186849.40	12198.50	6784879.40	177840.20	
私营企业(万元)	1297794.30	599531.00	71168.20	82015.20	973538.80	
其他企业(万元)		11955.00			101596.30	
港、澳、台商投资企业(万元)		154771.60			110336.80	
外商投资企业(万元)		1389489.60	29009.20	103913.10		
工业销售产值(当年价)	1983000.50	4528354.80	536393.40	83916916.80	8472791.20	257906.90
资产合计	1564693.60	11768412.70	2262281.80	5461127.50	13158573.50	1442729.00
流动资产合计	129703.40	4192948.10	667732.20	761521.80	4616678.80	299245.30
固定资产合计	554499.80	5404812.30	666138.80	3132506.20	4130773.50	613779.30
固定资产原价	856752.30	7043339.00	705533.50	3275982.60	6114428.70	764050.90
负债合计	1219195.10	7876321.30	1808709.80	3402000.40	4742516.90	961289.20
流动负债合计	861102.30	5110281.10	1148413.00	1543285.30	2298801.00	707972.50
所有者权益合计	345498.30	3892090.90	453572.10	2059127.10	8416055.40	481439.70
实收资本	525234.40	2436036.00	456133.60	1158909.80	1378578.60	200434.00
主营业务收入	1634684.70	5735533.30	374104.00	7788461.40	6959133.50	256585.60
主营业务成本	1634895.10	4862123.10	302033.50	6635954.60	4203949.50	209939.00
主营业务税金及附加	5842.20	60142.30	954.80	28439.90	384272.60	3074.20
营业利润	-52304.00	128606.10	5941.60	807482.50	1531201.60	-5677.00
利润总额	-52530.30	146413.70	16664.50	808097.70	1514726.70	2312.50
本年所得税费用	-2930.40	46880.70	1250.70	722.30	174379.50	2356.10
本年应交增值税	4620.00	194293.40	-3364.10	702395.10	610818.40	-8834.20
本年应付工资总额	33046.70	285931.50	16352.80	96347.10	437692.20	18463.20
年平均人数(人)	4800.00	34500.00	2700.00	6600.00	38800.00	2000.00

13－9 主要年份主要工业产品产量

年 份	原煤（万吨）	洗煤（万吨）	碳化钙（万吨）	汽车（辆）	发电量（万千瓦时）	烧碱（折100%）（吨）
1952	9.23		0.25			36
1957	25.70		3.54		17	4243
1965	32.90		0.12		182	7200
1970	63.40		2.51		445	4798
1975	128.70		0.75		2211	5324
1978	219.30		1.76		3646	631
1980	188.50		3.32		3771	3134
1981	170.30		2.10		4050	3427
1982	226.30		2.08		3844	4816
1983	231.90		2.05		4052	3614
1984	214.24		1.17		4778	6400
1985	261.70	0.90	1.45		5250	5918
1986	291.53	1.29	2.49		5245	6656
1987	379.05	7.48	3.20		7449	7105
1988	424.33	10.36	2.13		7929	11729
1989	522.56	16.59	2.71		8497	21997
1990	610.64	26.20	2.98		7867	11673
1991	700.92	25.94	2.94		6368	8393
1992	763.68	23.00	2.60		11023	16939
1993	967.00	18.00	2.73		46500	13400
1994	1213.00	27.00	3.88		82649	20268
1995	1969.75	39.70	4.48		144688	34932
1996	2073.43	26.00	5.54		336526	42751
1997	2634.10	27.16	5.78		459981	38361
1998	2818.54	47.59	4.00		480800	32447
1999	2549.78	98.75	4.21		695159	40764
2000	2678.91	65.60	5.19		905266	27101
2001	3629.44	43.36	4.67		951747	26707
2002	5919.12	120.26	5.84		1188885	27752
2003	8103.29	193.61	5.48		1503756	15433
2004	12776.99	161.14	6.24		1914326	25580
2005	15252.72	282.91	9.25		2326003	22434
2006	17625.00	195.31	81.60		2750172	13529
2007	19849.90	219.04	168.30	5182.00	3477496	9747
2008	27877.80	484.20	124.40	4493.00	4186752	204673
2009	33840.00	937.20	118.10	7981.00	4356851	250555
2010	44934.20	1588.67	93.80	9955.00	4875080	366055
2011	58793.75	1831.14	157.50	6064.00	5574417	331601
2012	63937.90	1558.85	160.20	732.00	5701067	329226
2013	63070.71	3051.00	300.20	71294.00	6526850	424733
2014	63119.00	2971.59	339.30	59782.00	6997700	896663
2015	61516.00	3155.78	397.00	92743.00	7384000	967949
2016	56816.19	2804.69	403.00	97935.00	7109000	1073712

注：从2016年起，用于炼焦的洗煤填报洗精煤，不用于炼焦的洗煤填报其他洗煤。

13－9 续表

年份	化肥（折纯）（吨）	精甲醇（万吨）	PVC（万吨）	羊绒衫（万件）	水泥（万吨）	天然气（万立方米）
1952						
1957						
1965						
1970	587					
1975	1340				0.59	
1978	2333				1.31	
1980	2952				1.78	
1981	2868	1.70		1.86	0.78	
1982	3930	6.00		6.63	1.43	
1983	5237	16.10		10.12	3.04	
1984	6639	24.59		16.00	1.72	
1985	6125	35.00		22.43	2.51	
1986	5645	54.73		23.37	3.46	
1987	4320	37.83		32.91	3.09	
1988	5729	29.94		50.88	3.31	
1989	4620	23.70		39.19	3.17	
1990	6847	29.13		18.35	3.84	
1991	11206	29.80		29.88	3.85	
1992	13441	17.99		51.50	6.97	
1993	17600	12.56		124.00	12.00	
1994	26801	25.00		140.00	12.00	
1995	18226	111.00		167.80	18.58	
1996	18922	81.34		293.59	33.28	
1997	17268	94.12		507.47	54.54	
1998	15383	37.25		400.14	67.86	
1999	20193	46.93		404.73	90.06	
2000	7548	53.66		405.90	125.98	45491
2001	10846	32.00		428.00	128.75	70059
2002	17692			525.76	130.27	84895
2003	18200			625.90	258.60	115688
2004	30377			879.00	281.43	171900
2005	19695			803.17	365.68	385679
2006	19425	18.00		860.10	445.73	530678
2007	18476	121.10		891.22	675.48	704797
2008	276435	79.80	25.40	473.61	597.17	1005252
2009	1198866	117.70		516.88	853.21	1460271
2010	555020	142.20	40.30	1174.30	823.90	2020487
2011	678468	249.70	45.40	1360.21	973.82	2486043
2012	620447	339.60	46.20	1010.51	609.69	2590897
2013	534921	351.20	54.50	1189.10	656.70	2706185
2014	490174	407.90	110.60	1255.70	468.40	2809876
2015	1837304	443.20	136.00	1379.80	429.10	2900010
2016	1671116	523.10	151.30	1385.50	511.10	2990000

13－10 分旗区主要工业产品产量(2016年)

指　标	2015	2016	东胜区	达拉特旗	准格尔旗
原　煤(万吨)	61516	56816			
洗　煤(万吨)	3155.78	2804.69			
原　盐(吨)	10381.00	11416.90			
白　酒(万升)	2894.40	2.70	0.07	1.80	
羊绒衫(万件)	1379.80	1385.50	311.30	1074.20	
化学原料药(吨)	428.90	514.70			
中成药(吨)	903.00	877.00			
天然气(万立方米)	2900010	2990000			
水　泥(万吨)	429.10	511.1	19.90	170.40	
生　铁(万吨)	17.60	13.60			
铁合金(万吨)	103.00	122.10			7.70
发电量(亿千瓦时)	709.62	710.94			
#火　电	684.56	697.82			
水　电	14.92	8.85			
焦　炭(万吨)	779.78	831.49			
烧　碱(万吨)	96.80	107.40		33.60	
氮肥(折100%)(万吨)	183.70	167.10			9.20
精甲醇(万吨)	443.20	523.10		138.2	248.7

13－10 续表

指　　标	鄂托克前旗	鄂托克旗	杭锦旗	乌审旗	伊金霍洛旗	康巴什区
原　煤(万吨)						
洗　煤(万吨)						
原　盐(吨)	11416.90					
白　酒(万升)	0.80				0.05	
羊绒衫(万件)						
化学原料药(吨)	514.70					
中成药(吨)			877.00			
天然气(万立方米)						
水　泥(万吨)		296.80			24.00	
生　铁(万吨)		13.60				
铁合金(万吨)		114.40				
发电量(亿千瓦时)						
#火　电						
水　电						
焦　炭(万吨)						
烧　碱(万吨)		73.80				
氮肥(折 100%)(万吨)		25.90		132.00		
精甲醇(万吨)		3.3		132.9		

主要统计指标解释

工业总产值　是以货币表现的工业企业在一定时间内工业生产的工业最终产品或提供工业性劳务活动的总价值量。工业总产值计算方法作了如下四个方面的修订：

(1)凡自备原材料，不论其加工繁简程度如何，一律按全价，即包括自备原材料的价值，计算工业总产值。

(2)凡来料加工，加工企业一律按财务上结算的加工费计算工业总产值，即不包括定货者来料的价值。

(3)自制半成品、在制品期末期初差额价值，原则上应计入工业总产值，但如果会计产品成本核算中不计算自制半成品，在制品成本，则不计入工业总产值；如果会计产品成本核算中计算自制半成品、在制品成本的，则计入工业总产值。

(4)从 1995 年第三次工业普查开始，包括今后的工业年度，进度统计报表，工业企业填报现价工业总产值，计算中间投入中的中间物质消耗价值，直接利用现有的会计核算资料，一律按不含增值税的价格计算。

按修订后的新规定计算的工业总产值包括三项内容：本年生产成品价值、对外加工费收入、自制半成品在制品期末期初差额。

轻工业　指提供生活的消费品和制作手工工具的工业，按其所使用的原料不同，可分为两大类：

(1)以农产品为原料的轻工业，是指直接或间接以农产品为基本原料的轻工业。主要包括食品制造、饮料制造、烟草加工、纺织、缝纫、毛皮制作、造纸以及印刷等工业。

(2)以非农业产品为原料的轻工业，是指以工业产品为原料的轻工业。主要包括文教用品、工艺美术用品制造、化学药品制造、合成纤维制造、日用化学制品、日用玻璃制品、日用金属制品、手工工具制造、医疗器械制造、文化和办公用机械制造等工业。

重工业　指生产资料的工业，是为国民经济各部门提供物质技术基础的工业。按其生产和产品用途，可以分为下列三类：

(1)采掘(伐)工业，是指对自然资源的开采，包括石油开采、煤炭开采、金属矿开采、非金属矿开采和木材采伐工业。

(2)原料工业，是指提供国民经济各部门使用的原料动力和燃料的工业。包括金属冶炼及加工、炼焦及焦炭化学、化工原料、水泥、人造板等原材料工业，以及电力、石油和煤炭等加工工业。

(3)制造工业，是指对原料进行加工制造的工业。包括装备国民经济各部门的机械设备制造工业、金属结构、水泥制品等工业，以及为农业提供的生产资料和化肥、农药等工业。

根据上述划分原则，修理业中修理作业对象是工业的划为重工业，否则划为轻工业。

轻重工业总产值的划分也是按“工厂法”计划的，即一个工业企业在正常情况下生产的主要产品的性质属于轻工业，则该企业的全部总产值作为轻工业的总产值，一个工业企业的主要产品的性质属于重工业，则该企业的全部总产值作为重工业总产值。

工业产品生产量　是指报告期内本企业（单位）生产的，经验收合格、符合规定的质量标准或订货合同要求的，办理入库手续的产品数量。

对于企业或单位来讲　不论是主要车间生产的或辅助车间、附属车间、副产品车间生产的；不论是要销售的商品量或本企业的自用量；不论自备原材料生产的或用定货者来料生产的；也不是计划内或计划外生产的，只要是本企业生产的合格品，均应统计为生产量。

工业产品销售量　指报告期内本企业（单位)实际销售的工业产品数量。包括本期生产本期销售的产品和上期生产、本期销售的产品。不包括尚未生产，但已预收货款或预开提货单位的产品数量和本期销售、本期退回的产品数量。

工业产品库存量　是指报告期期初、期末本企业(单位)实际结存的合格产品数量。

独立核算工业企业　工业企业按其行政和财务核算是否独立,分为独立核算工业企业和非独立核算工业企业。

独立核算工业企业,应同时具备下列三个条件:

(1)行政上有独立的组织形式;

(2)经济上独立核算、自负盈亏、编制独立的资金平衡表;

(3)有权与其它单位签订合同,并在银行设有独立户头。独立核算工业企业无论是单一性生产或联合性生产的企业,均以整个企业作为一个基层单位进行统计。

工业增加值　是指货币表现的工业企业(单位)在报告期内进行工业生产活动的最终成果。按照工业增加值的三种表现形态(价值形态、收入形态和产品形态)产生三种计算方法,即:生产法、收入法和支出法。目前,工业增加值计算一般采用生产法和收入法(也称分配法)。

生产法是从生产的角度,以产品的价值构成为基础,计算工业增加值的一种方法。目前暂以工业总产值作为工业总产出,扣除中间投入后,所得余额即为工业增加值。其计算公式为:

报告期工业增加值=报告期工业总产值－报告期工业中间投入

分配法是从生产要素所有者获得收入的角度,以分配项目来计算工业增加值的一种方法。其计算公式为:

工业增加值=劳动者报酬+生产税净额+营业盈余+固定资产折旧

工业经济效益综合指数　工业经济效益综合指数是综合衡量工业经济效益各方面在数量上总体水平一种特殊相对数,是反映工业经济运行质量的指标。工业经济效益综合指数根据反映经济效益各个侧面的若干新时期指标经过综合计算得到,它是以各项工业经济效益指标实际数值分别除以该项指标的全国标准值并乘以各自的权数,加总后除以总权数求得。计算公式为:

工业经济效益综合指数=

$$\sum \frac{\text{某项经济效益指标报告期数值}}{\text{该项指标全国标准值}} \times \text{权数} \div \text{总权数}$$

工业产品销售率:指报告期工业销售产值与同期全部工业总产值之比,是反映工业产品生产已实现销售的程度,分析工业产销衔接情况,研究工业产品满足社会需求程度的重要分析指标。计算公式为:

工业产品销售率(%)=

$$\frac{\text{报告期现价工业销售产值}}{\text{报告期现价工业总产值}}$$

工业资金利税率　是指报告期已实现的利润、税金总额与同期的资产(流动资产和固定资产净值)之比,是反映工业企业资金运用的经济效益,分析资金投入效果的主要分析指标。计算公式为:

资资金利税率(%)=

$$\frac{\text{报告期累计实现利税总额}}{\text{报告期流动资产平均余额}+\text{报告期固定资产净值平均余额}} \times 100\%$$

十四、建筑业

资料整理员：雷乌日娜

■ 青铜器广场

14－1 1997年-2016年建筑业企业概况

年 份	企业单位个数(个)	年末从业人员(万人)	建筑业总产值(万元)
1997	49		44149
1998	54	0.54	64846
1999	53	0.45	82946
2000	52	1.05	134155
2001	51	1.22	165811
2002	60	1.41	256696
2003	62	1.63	380982
2004	63	2.09	482600
2005	68	3.07	684870
2006	75	2.96	1006741
2007	87	2.84	1455481
2008	106	4.21	1534134
2009	130	4.72	2162026
2010	198	6.33	2758006
2011	198	8.38	4108635
2012	191	7.33	4350358
2013	221	8.32	4718022
2014	218	6.51	3632970
2015	217	4.29	1540324
2016	219	3.00	1708525

14－2 建筑业企业分行业主要经济指标(2016年)

指标	建筑业总产值(万元)	建筑工程产值	安装工程产值	其他产值	竣工产值(万元)	房屋建筑施工面积(平方米)	房屋建筑竣工面积(平方米)
总计	**1708525**	**1338011**	**110181**	**260333**	**928248**	**2529996**	**1313564**
按登记注册类型分组							
内资企业	1708525	1338011	110181	260333	928248	2529996	1313564
国有企业							
联营企业							
有限责任公司	902606	659600	47975	195031	311521	774283	262091
股份有限公司	3169	3169			3169		
私营企业	802750	675242	62206	65302	613558	1755713	1051473
其他企业							
按国民经济行业分组							
房屋和土木工程建筑业	1640159	1302046	102599	235514	894881	2529996	1313564
房屋工程建筑	538891	483168	34332	21391	304063	2435296	1288560
土木工程建筑业	1101268	818878	68267	214123	590818	94700	25004
建筑安装业	2281	244	819	1218	740		
建筑装饰业和其他建筑业	66085	35721	6763	23601	32627		
按企业资质等级分组							
施工总承包	1615558	1293851	68151	253556	876233	2529996	1313564
一级	517913	359730	23718	134465	328689	321948	100120
二级	576176	479576	31763	64837	241180	960369	458353
三级及以下	521469	454545	12670	54254	306364	1247679	755091
专业承包	92967	44159	42030	6778	52015		
一级	8698	1167	5842	1689	4989		
二级	16259	254	15200	805	15454		
三级及以下	68010	42738	20988	4284	31572		

14－2 续表

指　　标	年末自有施工机械设备净值(万元)	年末自有施工机械设备台数(台)	年末自有施工机械设备总功率(千瓦)	年末从业人员(人)	房屋建筑面积竣工率(%)	产值利润率(%)
总　计	**88022**	**3736**	**371371**	**29885**	**51.92**	**5.40**
按登记注册类型分组						
内资企业	88022	3736	371371	29885	51.92	5.40
国有企业						
联营企业						
有限责任公司	51299	2586	284978	11893	33.85	2.30
股份有限公司				177		-5.40
私营企业	36723	1150	86393	17815	59.89	8.92
其他企业						
按国民经济行业分组						
房屋和土木工程建筑业	86304	3704	370505	26832	51.92	5.05
房屋工程建筑	16444	2306	37172	10701	52.91	8.57
土木工程建筑业	69860	1398	333333	16131	26.40	3.33
建筑安装业	298	16	11	343		65.59
建筑装饰业和其他建筑业	1420	16	855	2710		11.88
按企业资质等级分组						
施工总承包	85487	3654	367131	27398	51.92	5.65
一级	26479	536	42784	5434	31.10	5.38
二级	42368	936	286395	13087	47.73	0.18
三级及以下	16639	2182	37952	8877	60.52	11.95
专业承包	2535	82	4240	2487		1.02
一级	7	5	75	163		4.81
二级	1235	33	2844	535		3.70
三级及以下	1293	44	1321	1789		-0.10

14—3 建筑施工企业主要财务指标(2016 年)

单位:万元

指　　标	资产合计	流动资产合　　计	其中:存货	固定资产合　　计	固定资产原　　价	累计折旧	其中:本年折旧
总　　计	7281447	5463418	610031	680921	913507	344670	40093
按登记注册类型分组							
内资企业	7281447	5463418	610031	680921	913507	344670	40093
国有企业							
联营企业							
有限责任公司	2109589	1514867	236131	305136	389994	133951	15033
股份有限公司	11775	8147	53	3535	5840	2305	726
私营企业	5160083	3940404	373847	372250	517673	208414	24334
其他企业							
按国民经济行业分组							
房屋和土木工程建筑业	7109418	5321336	597052	652189	863629	322634	38790
房屋工程建筑	1858256	1523814	132689	119809	151392	60579	3709
土木工程建筑业	5251162	3797522	464363	532380	712237	262055	35081
建筑安装业	17177	10850	295	5260	5636	934	147
建筑装饰业和其他建筑业	154852	131232	12684	23472	44242	21102	1156
按企业资质等级分组							
施工总承包	6933364	5216444	565737	614247	812812	306002	35824
一级	2064689	1584365	85871	88282	149685	63988	8072
二级	3284748	2442333	274023	325753	433315	166072	16559
三级以下	1583927	1189746	205843	200212	229812	75942	11193
专业承包	348083	246974	44294	66674	100695	38668	4269
一级	42681	39534	12108	3116	7080	3965	242
二级	20435	13844	1254	5228	8061	2832	960
三级以下	284967	193596	30932	58330	85554	31871	3067

14－3 续表1

单位:万元

指　　标	负债合计	流动负债合　　计	长期负债合　　计	所有者权益合　　计	其中：实收资本	营业收入
总　　计	**4436542**	**4101563**	**209303**	**2844904**	**1390001**	**1569357**
按登记注册类型分组						
内资企业	4436542	4101563	209303	2844904	1390001	1569357
国有企业						
联营企业						
有限责任公司	993901	900063	48519	1115688	700754	799921
股份有限公司	3861	3861		7913	8300	3590
私营企业	3438780	3197639	160784	1721303	680947	765846
其他企业						
按国民经济行业分组						
房屋和土木工程建筑业	4315975	3982309	208541	2793443	1356198	1491137
房屋工程建筑	1163443	1069189	2868	694813	318509	520926
土木工程建筑业	3152532	2913120	205673	2098630	1037689	970211
建筑安装业	8357	8356		8820	7188	9414
建筑装饰业和其他建筑业	112210	110898	762	42641	26615	68806
按企业资质等级分组						
施工总承包	4191728	3860757	205537	2741635	1340770	1461859
一级	1223312	1038803	183986	841377	349724	509233
二级	2285710	2219967	13131	999038	443902	538805
三级以下	682706	601987	8420	901220	547144	413821
专业承包	244814	240806	3766	103269	49231	107498
一级	34499	34499		8182	4490	7770
二级	14966	11296	3670	5469	5250	12855
三级以下	195349	195011	96	89618	39491	86873

14－3 续表2

单位:万元

指　　标	营业成本	营业税金及附加	其他业务利　润	管理费用	其中:税金	财务费用
总　　计	1305617	35075	1435	90409	7082	73609
按登记注册类型分组						
内资企业	1305617	35075	1435	90409	7082	73609
国有企业						
联营企业						
有限责任公司	698371	18244	493	46724	4516	14413
股份有限公司	3655	53		472	4	-1
私营企业	603591	16778	942	43213	2562	59197
其他企业						
按国民经济行业分组						
房屋和土木工程建筑业	1247234	34058	1434	84272	6092	70570
房屋工程建筑	424947	17049	857	19156	1346	11489
土木工程建筑业	822287	17009	577	65116	4746	59081
建筑安装业	5666	206	1	1136	39	178
建筑装饰业和其他建筑业	52717	811		5001	951	2861
按企业资质等级分组						
施工总承包	1218334	33470	1435	73812	5545	72114
一级	444652	12187	253	21733	3321	29567
二级	463927	10053	461	30316	439	36249
三级以下	309755	11230	721	21763	1785	6298
专业承包	87283	1605		16597	1537	1495
一级	6406	74		645	12	228
二级	11980	113		750	6	194
三级以下	68897	1418		15202	1519	1073

14—3 续表 3

单位:万元

指　　标	营业利润	营业外收入	营业外支出	利润总额	应交所得税	应付职工薪　酬
总　计	82653	16498	6970	92178	20548	165754
按登记注册类型分组						
内资企业	82653	16498	6970	92178	20548	165754
国有企业						
联营企业						
有限责任公司	23316	1309	3867	20755	4764	93203
股份有限公司	-171			-171	20	931
私营企业	59508	15189	3103	71594	15764	71620
其他企业						
按国民经济行业分组						
房屋和土木工程建筑业	73349	16354	6869	82830	18971	148270
房屋工程建筑	46404	344	586	46162	6317	79159
土木工程建筑业	26945	16010	6283	36668	12654	69111
建筑安装业	1495	2	1	1496	247	751
建筑装饰业和其他建筑业	7809	142	100	7852	1330	16733
按企业资质等级分组						
施工总承包	81800	16296	6866	91230	19955	156439
一级	16184	15668	3984	27868	5501	57321
二级	1843	186	974	1055	7161	64227
三级以下	63773	442	1908	62307	7293	34891
专业承包	853	202	104	948	593	9315
一级	418			418	59	554
二级	605		4	601	36	498
三级以下	-170	202	100	-71	498	8263

主要统计指标解释

建筑施工企业 指从事房屋、构筑物和设备安装生产活动的独立施工单位，分为建筑安装企业和自营施工单位两种组织形式。建筑安装企业是指行政上有独立组织、经济上实行独立核算的企业。一般称为建筑公司、安装公司、工程公司、工程局(处)等。自营施工单位是指附属于现有生产企业、事业内部或行政单位的，为建造和修理本单位固定资产而自行组织的，并同时具备下述条件：(1)对内独立核算；(2)有固定组织和施工队伍；(3)全年施工期在半年以上。

建筑业总产值 在一定时期内完成的以价值表现的生产总量，是反映建筑业生产成果的综合指标。建筑业总产值包括：①施工产值，即建筑企业自行完成的建筑工程产值、设备安装工程产值、建筑物大修理价值及非标准设备制作的产值。②附属、辅助生产单位为外单位提供的建筑制品和工业性作业价值。③为外单位进行建筑安装提供服务的产值和建筑机械租赁收入。④其他产值，如企业所属勘察设计单位向外单位提供的科研成果、技术服务和劳务的收入等。⑤勘察设计产值等。

施工产值 指建筑施工企业自行完成的按工程进度计算的建筑安装生产总值，它包括建筑工程产值；设备安装工程产值；房屋、构筑物修理产值；非标准设备制造产值。

竣工产值 又称竣工工程产值，一般是以单位工程为对象。它是指在报告期内，按照设计所规定的工程内容全部完成，达到了设计规定的交工条件，经有关部门检查验收鉴定合格的单位工程价值之和。

房屋建筑面积 是指房屋全部平面面积的总和。它从房屋的外墙线算起，包括可供使用的有效面积和墙柱等结构占用面积，多层房屋按各层(包括地下室)面积总和计算，旧房加层或改造，只计算增加的建筑面积；旧房拆除重建，计算其全部面积。临时房屋不计算建筑面积。

房屋建筑施工面积 是指报告期内施过工的全部房屋建筑面积，它包括本期新开工的面积，上期跨入本期继续施工的房屋面积，以及上期停缓建在本期继续施工的房屋面积。本期竣工的房屋面积和本期施工后又停缓建的面积仍应包括在施工面积中。

房屋建筑竣工面积 是指在报告期内房屋建筑按照设计要求已全部完工，达到了使用条件，经检查验收鉴定合格的房屋建筑面积。

住宅竣工面积 指房屋建筑竣工面积中的供居住用的房屋建筑竣工面积。如单位职工家属宿舍和集体宿舍(包括职工单身宿舍和学生宿舍)等房屋建筑竣工面积。

十五、交通运输和邮电

资料整理员：郝东娜 高 飞

草原情公园

15－1 交通及邮电业务基本情况

指　标	2006	2007	2008	2009	2010	2011	2012	2013	2014	2015	2016
交　通											
公路通车里程(公里)	12184	13824	14574	15992	17508	17682	18102	18475	18820	19126	22840
#等级公路	9249	9959	11158	13237	15848	15958	16409	16782	17127	17433	22228
高速公路	279	279	279	658	658	658	658	682	720	1136	1136
一级公路	140	140	160	183	395	395	815	1322	1493	1077	1263
二级公路	1579	1590	1676	1849	1973	2065	2065	2445	2334	2386	2683
等外公路	2935	3865	3416	2755	1659	1724	1693	1693	1693	1693	612
铁路通车里程(公里)	364	669	725	1024	1208	1231	1280	1576	1667	1887	2001
邮　电											
邮电业务收入(亿元)	17.03	7.26	11.44	15.34	20.43	22.85	24.93	28.4	23.0	20.1	20.8
邮政业务收入	0.52	0.59	0.62	0.72	0.81	0.93	1.19	1.21	1.10	1.90	1.31
电信业务收入	16.51	6.66	10.82	14.61	19.62	21.91	23.74	27.23	21.90	18.20	18.20
国内业务量											
包　裹(万件)	6.42	5.74	5.18	5.34	5.86	7.39	8.31	8.22	6.62	2.39	2.57
汇　兑(万笔)	17.66	32.54	46.51	61.75	93.61	122.89	110.87	77.60	52.16	30.64	14.57
报纸累计份数(万份)	1830	1992	2341	2408	2414	2702	2257	2374	2474	2489	2416
杂志累计份数(万份)	104	94	110	114	125	134	167	148	138	127	118
邮政储蓄年末余额(万元)	104266	101704	127954	106607	117716	145255	217556	283586	303984	223196	264773
固定电话用户(万户)	30.34	33.47	26.96	26.81	24.49	25.03	25.04	23.34	22.40	21.60	10.80
移动电话用户(万户)	100.01	139.21	164.66	235.29	296.22	299.43	301.24	306.21	249.80	137.50	208.80
互联网注册拨号用户(万户)	3.10	6.78	6.88	7.16	13.53	10.44	13.07	17.80	18.60	24.30	25.70
邮路单程长度(公里)	4369	4369	4369	4369	4369	4455	4528	5300	5300	5374	5410

注:1.电信业务收入2007年以后为电信业务总量。
　2.2008年开始,电信业务数据来源移动、联通、电信三大运营商。

15－2 主要年份交通线路、客货运输量及周转量

年份	公路运输				
	通车里程（公里）	货运量（万吨）	货运周转量（万吨公里）	客运量（万人次）	客运周转量（万人公里）
1990	3068	353	35998	300	25245
1991	3068	407	37300	372	29535
1992	3068	474	44813	389	29817
1993	3068	538	48973	202	12675
1994	3200	598	51389	188	10014
1995	3194	1093	84069	254	17433
1996	3648	2029	134077	736	27775
1997	3298	2635	181880	807	72057
1998	5560	2821	190418	837	75187
1999	6030	3022	226117	821	67252
2000	6658	3319	250560	861	71280
2001	7236	4007	278661	1021	72991
2002	7976	4163	316388	1045	77853
2003	8315	4321	346588	1065	79875
2004	9041	9910	755131	1491	114601
2005	12852	15800	1203277	2001	148935
2006	12184	21330	1599622	2102	156537
2007	13824	29512	2239790	2921	221328
2008	14574	14574	2683956	1784	243368
2009	15992	18604	3494511	1948	270381
2010	17508	23450	4367811	2095	289554
2011	17682	30356	5680800	2305	318700
2012	18102	35258	6877146	2423	335066
2013	18475	40206	7982991	2537	350606
2014	18820	16997	1944995	1063	209720
2015	19126	18951	2181465	840	156541
2016	22840	17426	2225061	647	159972

15－2 续表

年份	铁路运输					民航		
	通车里程（公里）	货运量（万吨）	货运周转量（万吨公里）	客运量（万人次）	客运周转量（万人公里）	线路	旅客吞吐量（人次）	货邮吞吐量（吨）
1990								
1991								
1992								
1993								
1994								
1995								
1996								
1997								
1998								
1999								
2000								
2001								
2002								
2003								
2004	324	7054	770312	118	12329			
2005	328	8214	946431	126	12876			
2006	364	9865	1220700	108	11461			
2007	669	12015	1452073	110	11728	4	77488	390
2008	725	15130	1740453	90	9455	7	307513	1085
2009	1024	18455	2549970	90	9073	9	472656	1823
2010	1208	20942	2946397	89	9390	12	816737	3074
2011	1231	22341	3217396	58	6029	26	1301806	5993
2012	1280	23306	3524038	55	5468	38	1800572	9752
2013	1576	26402	3955406	48	5027	38	1731900	9500
2014	1667	29570	4433993	75	8530	42	1503000	7000
2015	1887	26688	4565685	97	10995	36	1523000	11000
2016	2001	29789	4679181	119	13584	39	1707000	13000

15－3　分旗区交通及邮电业务基本情况(2016年)

指　　标	东胜区	达拉特旗	准格尔旗	鄂托克前旗	鄂托克旗	杭锦旗	乌审旗	伊金霍洛旗
交　通								
公路通车里程(公里)	1319.0	3178.4	3114.5	2716.0	3683.2	3676.3	2729.3	2423.3
#国　道	241.2	229.6	283.7	84.3	654.2	159.1	182.2	219.7
邮　电								
邮政业务总量(万元)	5157.05	822.37	1322.77	236.99	608.81	382.41	353.84	691.67
国内业务量								
包　裹(万件)	0.61	0.21	0.44	0.07	0.22	0.23	0.51	0.27
汇　兑(万笔)	2.28	3.36	4.02	0.60	0.72	1.31	0.94	1.33
报纸累计份数(万份)	767.01	226.04	349.48	147.88	210.44	177.26	244.55	293.31
杂志累计份数(万份)	48.42	9.85	20.03	5.92	7.62	4.07	7.33	15.08
邮政储蓄年末余额(万元)	69614.79	33053.32	49529.65	10811.15	32918.48	19488.23	14760.85	34596.43
邮路单程长度(公里)	1095	649	879	315	518	498	565	891

15－4 机动车保有量(2016 年)

单位:辆

项目	机动车保有量					
	总计	营运				
		合计	#公路客运	#公交客运	#出租客运	#旅游客运
总计	**542859**	**38547**	**1212**	**802**	**6076**	**17**
汽车合计	521503	33645	1212	802	6076	17
载客汽车	448834	8310	1212	802	6076	17
大型	2763	1911	1098	726		15
中型	886	226	109	76		
小型	433169	6172	4		6076	2
微型	12016	1	1			
载货汽车	68123	24051				
重型	18734	18297				
中型	521	236				
轻型	48617	5496				
微型	251	22				
其他汽车	4546	1284				
摩托车	16435	6				
挂车	4921	4896				
重型	4734	4709				
中型	187	187				
轻型						
其他类型						

15－4 续表

项　目	机动车保有量					
	营　运				非营运	校车
	#教练	#货运	#危化运输	#租赁		
总　计	**1302**	**28013**	**836**	**289**	**504299**	**13**
汽车合计	1296	23367	589	286	487845	13
载客汽车	86			117	440511	13
大　型	16			56	841	11
中　型	1			40	658	2
小　型	69			21	426997	
微　型					12015	
载货汽车	977	22579	547	8	44072	
重　型	27	17786	476	8	437	
中　型	4	200	32		285	
轻　型	946	40511	39		43121	
微　型		22			229	
其他汽车	233	848	42	161	3262	
摩托车	5	4			530	
挂　车	4	4642	247	3	25	
重　型	4	4455	247	3	25	
中　型		187				
轻　型						
其他类型						

主要统计指标解释

公路通车里程　是反映公路建设发展规模的重要指标,也是计算运输网密度等指标的基础资料,是指实际达到交通部制定的公路工程技术标准规定的等级的公路长度。

客(货)运量　指运输业实际运送的旅客(货物)数量,货运按吨计算,客运按人计算。客(货)运量反映运输业为国民经济和人民生活服务的数量指标,也是制定和检查运输生产计划,研究运输发展规模和速度的重要指标。

旅客(货物)周转量　指运输业运送的旅客(货物)数量与其相应运输距离的乘积之总和。是反映运输业生产总成果的重要指标,也是编制和检查运输生产计划、计算运输效率、劳动生产率以及核算运输单位成本的主要基础资料。通常以人公里和吨公里为计算单位。计算货物周转量通常按发出站与到达站之间最短距离,也就是计费距离计算。

邮电业务总量　指以货币表现的邮电部门为用户传递信息和提供其他邮电服务的总量,它综合反映一定时期邮电工作的总成果,是研究邮电业务量构成和发展趋势的重要指标。

机动车保有量　是指内燃机车(包含摩托车,汽车,货车,不包含电动车)在某地区的总量。

十六、国内贸易

资料整理员：乌日娜　郝东娜

■ 乌兰木伦四号桥

16－1 主要年份社会消费品零售总额(按销售单位所在地分)

单位:万元

年 份	合 计	市的零售额	县及县以下零售额
1978	13107		13107
1980	17203		17203
1981	17711		17711
1982	20978		20978
1983	22311	7062	15249
1984	24587	8773	15814
1985	38610	10814	27796
1986	49330	16870	32460
1987	63417	22140	41277
1988	77910	27375	50535
1989	73867	26364	47503
1990	90080	31927	58153
1991	123396	44530	78866
1992	147441	57805	89636
1993	176415	68337	108078
1994	220330	98843	121487
1995	271601	114886	156715
1996	334769	141712	193057
1997	379770	162842	216928
1998	422019	178980	243039
1999	482423	204950	277473
2000	556934	215239	341695
2001	641388	256695	384693
2002	925125	342996	582129
2003	1058413	402403	656010
2004	1313486	552741	760745
2005	1528822	640263	888559
2006	1855813	837965	1017848
2007	2233080	1042768	1190312
2008	2782962	1335227	1447735
2009	3131525	1495516	1636009
2010	3721770	2918074	803695
2011	4399977	3606577	793400
2012	5013886	4091483	922403
2013	5538138	4605363	932775
2014	6094847	5104482	990365
2015	6603243	5520479	1082764
2016	7268069	6076559	1191509

16－2　主要年份社会消费品零售总额(按行业分)

单位：万元

年　份	批发零售贸易业	餐饮业	其他行业
1978	12006	206	895
1980	15252	400	1551
1981	15741	292	1678
1982	18019	396	2563
1983	19243	665	2403
1984	20500	524	3563
1985	35892	706	2012
1986	45998	1098	2234
1987	58779	2135	2503
1988	70667	4089	3154
1989	67112	3380	3375
1990	80590	5655	3835
1991	110120	7409	5867
1992	130750	10003	6688
1993	157735	12701	5979
1994	198353	14006	7971
1995	240087	18228	13286
1996	299821	20511	14437
1997	333162	31294	15314
1998	355584	43023	23412
1999	383355	70456	28612
2000	439747	88254	28933
2001	501708	109462	30218
2002	733097	174429	17599
2003	835291	204484	18638
2004	1029246	262313	21927
2005	1253017	275805	
2006	1562337	293476	
2007	1916784	316296	
2008	2442680	340282	
2009	2772041	359484	
2010	3332805	388965	
2011	3589226	810751	
2012	4263359	750527	
2013	4729070	809068	
2014	5163290	931557	
2015	5663278	939965	
2016	6242858	1025211	

16－3 分旗区社会消费品零售总额(2016年)

单位:万元

指标	东胜区	达拉特旗	准格尔旗	鄂托克前旗	鄂托克旗	杭锦旗	乌审旗	伊金霍洛旗	康巴什区
社会消费品零售总额	2440468.4	646941.2	1095207.3	228244.5	435384.7	391772.6	419794.7	531652.6	1078602.5
同比上年增速(%)	9.4	11.3	10.5	11.7	11.6	9.4	10.5	10.5	9.4
按销售单位所在地分									
城镇的零售额	2440468.4	437092.9	731169.9	135356.5	302098.5	266363.1	337099.0	348308.4	1078602.5
乡村的零售额		209848.3	364037.4	92888.0	133286.2	125409.5	82695.7	183344.2	
按消费形态分									
餐饮收入	206864.6	96134.0	323047.0	58064.0	89987.7	66167.7	97572.3	56817.5	30555.8
商品零售	2233603.8	550807.2	772160.3	170180.5	345397.0	325604.9	322222.4	474835.1	1048046.7

16－4 限额以上批发和零售业商品销售分类情况(2016年)

单位:万元

指　　标	批发业		零售业	
	销售额	零售额	销售额	零售额
总　　计	**6559631.9**	**266027.7**	**3178716.7**	**3109330.6**
粮油、食品类	21752.6	8398.0	181762.4	156200.3
饮料类	6874.1	3274.8	39439.3	39439.3
烟酒类	332825.1		60704.6	60704.6
服装、鞋帽、针纺织品类	114594.2	2490.6	134130.0	134130.0
化妆品类			19806.5	19806.5
金银珠宝类			22929.4	22929.4
日用品类			46139.2	46139.2
五金、电料类			27463.1	27463.1
体育、娱乐用品类			2232.0	2232.0
书报杂志类			5868.6	5868.6
电子出版物及音像制品类			96.4	96.4
家用电器和音像器材类			27939.6	27939.6
中西药品类	1850.3		44776.4	44776.4
文化办公用品类			5538.7	5538.7
家具类			63958.2	63958.2
通讯器材类			2615.9	2601.3
煤炭及制品类	5971529.3	189684.7	14985.0	14985.0
石油及制品类	8059.3	3549.0	1144554.7	1100920.3
化工材料及制品类	12332.9			
金属材料类	6945.1			
建筑及装潢材料类	12900.0	1012.6	40944.3	40944.3
机电产品及设备类			15291.2	15206.2
汽车类			973433.9	973433.9
种子饲料类			90.0	
其他类	69969.0	57618.0	304017.3	304017.3

16－5 限额以上批发零售贸易业商品销售情况

（2016年，按登记注册类型分）

单位：万元

指 标	法人企业（个）	从业人数（人）	销售合计		
				批 发	零 售
总 计	**287**	**13207**	**9466526.7**	**6188510.6**	**3278016.1**
一、批发业	59	3403	6274329.4	6019453.5	254875.9
内资企业	59	3403	6274329.4	6019453.5	254875.9
国有企业	3	610	354577.7	346179.7	8398
有限责任公司	49	2700	5765007.4	5588217	176790.4
国有独资公司	5	945	3963397.3	3942962.8	20434.5
其他有限责任公司	44	1755	1801610.1	1645254.2	156355.9
股份有限公司	1	6	63971	6353	57618
私营企业	6	87	90773.3	78703.8	12069.5
私营有限责任公司	6	87	90773.3	78703.8	12069.5
其他	9	259	53946.7	44354.2	9592.5
二、零售业	**228**	**9804**	**3192197.3**	**169057.1**	**3023140.2**
内资企业	226	9615	3158851.3	169057.1	2989794.2
国有企业	1	16	2619.1		2619.1
有限责任公司	117	5302	2293630.6	166673.2	2126957.4
国有独资公司	2	840	1346402.7	81005.6	1265397.1
其他有限责任公司	115	4462	947227.9	85667.6	861560.3
股份有限公司	3	283	142245.7		142245.7
私营企业	101	3950	711755.1	2383.9	709371.2
私营独资企业	16	152	29020		29020
私营合伙企业	1	6	511.3		511.3
私营有限责任公司	80	3562	656104.4	2383.9	653720.5
私营股份有限公司	4	230	26119.4		26119.4
其他企业	4	64	8600.8		8600.8

16－6 限额以上批发、零售业企业商品销售情况

(2016 年,按行业分)

单位:万元

指标	法人企业(个)	从业人员(人)	销售合计	批 发	零 售
总 计	287	13207	9466526.7	6188510.6	3278016.1
一、批发业	59	3403	6274329.4	6019453.5	254875.9
农、林、牧产品批发	2	74	81066	15050	66016
食品、饮料及烟草制品批发	3	696	344356.8	341082	3274.8
纺织、服装及家庭用品批发	1	290	114594.2	112103.6	2490.6
医药及医疗器材批发	2	106	6508.7	6508.7	
矿产品、建材及化工产品批发	50	2174	5721805.6	5538711.1	183094.5
煤炭及制品批发	44	2100	5679539.2	5501125.4	178413.8
金属及金属矿批发	1	6			
建材批发	1	19	6825.9	6825.9	
其他批发业	1	63	5998.1	5998.1	
二、零售业	228	9804	3192197.3	169057.1	3023140.2
综合零售	38	2597	296418.6	8905.5	287513.1
百货零售	31	2176	272372.8	8847.5	263525.3
超级市场零售	7	421	24045.8	58	23987.8
食品、饮料及烟草制品专门零售	12	855	160654	32209.4	128444.6
文化、体育用品及器材专门零售	5	98	6865.3		6865.3
图书、报刊零售	3	38	5693.4		5693.4
医药及医疗器材专门零售	13	565	44636.4	708.1	43928.3
药品零售	13	565	44636.4	708.1	43928.3
汽车、摩托车、燃料及零配件专门零售	113	4367	2396927.9	124850.2	2272077.7
汽车零售	73	2411	559450.3		559450.3
机动车燃料零售	38	1943	1579644.3	124850.2	1454794.1
家用电器及电子产品专门零售	17	329	31492		31492
日用家电设备零售	10	238	23456.2		23456.2
计算机、软件及辅助设备零售	5	56	5302.3		5302.3
通信设备零售	2	35	2733.5		2733.5
五金、家具及室内装饰材料专门零售	16	415	137445.9	2383.9	135062
家具零售	6	129	62062.5		62062.5
货摊、无店铺及其他零售业	14	578	117757.2		117757.2
生活用燃料零售	6	325	49333.6		49333.6

16－7 限额以上批发、零售业企业资产及负债情况

（2016年，按登记注册类型分）

单位：万元

指 标	资产合计	#流动资产	负债合计	实收资本
总 计	4101708.9	2463492.3	3232802.2	686992.5
一、批发业	2693444.2	1657396.7	2213737.4	375436.6
内资企业	2693444.2	1657396.7	2213737.4	375436.6
国有企业	361260.5	347298.1	251020.7	3511.1
有限责任公司	2106822.5	1199128.9	1697024.9	360116.9
国有独资公司	1318662.9	653371.2	1088648.7	224056.0
其他有限责任公司	788159.6	545757.7	608376.2	136060.9
股份有限公司	1200	200	200	160
私营企业	224161.2	110769.7	265491.8	11648.6
私营有限责任公司	224161.2	110769.7	265491.8	11648.6
其他企业	23365.3	10231.8	9445.0	6800.0
二、零售业	1408264.7	806095.6	1019064.8	311555.9
内资企业	1360527.8	793060.4	991029.6	302055.9
国有企业	1900.8	1724.8	1392.0	508.8
有限责任公司	840633.7	410933.6	592695.6	182006.3
国有独资公司	137585.4	22643.1	145189.1	24420.8
其他有限责任公司	703048.3	388290.5	447506.5	157585.5
股份有限公司	6852.3	1669.0	4046.0	428.6
私营企业	503885.8	373097.2	386838.9	117919.8
私营独资企业	11535.0	9894.0	5158.1	5836.1
私营合伙企业	224.5	103.4	199.4	22.0
私营有限责任公司	475975.2	353506.6	379230.0	104714.6
私营股份有限公司	16151.1	9593.2	2251.4	7347.1
其他企业	7255.2	5635.8	6057.1	1192.4

16－8　限额以上批发、零售业企业资产及负债情况

（2016 年，按行业分）

单位：万元

指　　标	资产合计	#流动资产	负债合计	实收资本
总　　计	4101708.9	2463492.3	3232802.2	686992.5
一、批发业	2693444.2	1657396.7	2213737.4	375436.6
农、林、牧产品批发	239642.3	233823.3	233980.2	1465.8
食品、饮料及烟草制品批发	129776.5	115011.8	20072.2	2205.3
纺织、服装及家庭用品批发	129812.0	106177.5	113971.8	14700.0
医药及医疗器材批发	3992.2	3774.6	2701.6	593.0
矿产品、建材及化工产品批发	2172116.7	1182439.3	1827873.6	352472.5
煤炭及制品批发	2149158.8	1168168.0	1810375.1	348172.5
建材批发	7615.8	6884.3	5886.8	1000.0
其他批发业	18104.5	16170.2	15138	4000
二、零售业	1408264.7	806095.6	1019064.8	311555.9
综合零售	234640.5	178542.0	212922.7	33778.0
百货零售	222342.2	167581.2	192316.5	31815.4
超级市场零售	12298.3	10960.8	20606.2	1962.6
食品、饮料及烟草制品专门零售	150132.8	94116.1	93582.5	13357.2
文化、体育用品及器材专门零售	4922.9	3584.3	2169.0	1112.8
图书、报刊零售	3076.0	2278.8	2042.4	792.8
医药及医疗器材专门零售	28833.0	22905.2	19423.4	8798.7
药品零售	28833.0	22905.2	19423.4	8798.7
汽车、摩托车、燃料及零配件专门零售	731454.3	335833.1	527650.7	200426.2
汽车零售	330091.1	224987.8	221490.5	79617.3
机动车燃料零售	294987.7	110638.9	201468.1	118808.9
家用电器及电子产品专门零售	75475.7	63456.7	56697.6	18510.9
日用家电设备零售	63956.3	56619.5	50198.8	13567.9
计算机、软件及辅助设备零售	9578.8	5725.9	5529.1	3883.0
通信设备零售	1940.6	1111.3	969.7	1060.0
五金、家具及室内装饰材料专门零售	61497.9	42178.5	32909.2	20561.8
货摊、无店铺及其他零售业	121307.6	65479.7	73709.7	15010.3
生活用燃料零售	94704.1	44369.5	53717.4	11620.0

16－9　限额以上批发、零售贸易企业主要财务指标情况

（2016年，按登记注册类型分）

单位：万元、人

指　标	主营业务收入	主营业务成本	利润总额	本年应交增值税	从业人员平均人数
总　计	**9152249.5**	**8609700.6**	**165098.0**	**184219.0**	**14632**
一、批发业	**6256150.7**	**5935451.0**	**138593.5**	**110334.9**	**3836**
内资企业	6256150.7	5935451.0	138593.5	110334.9	3836
国有企业	305938.1	219181.8	35480.4	14581.0	600
有限责任公司	5821948.4	5606257.9	114798.3	95431.7	3133
其他有限责任公司	1784514.5	1663631.0	21304.6	9035.9	2186
股份有限公司	63971.0	52700.0	4.0	1.8	6
私营企业	64293.2	57311.3	-11689.2	320.4	97
私营有限责任公司	64293.2	57311.3	-11689.2	320.4	97
其他企业	53756.1	46112.6	544.6	362.7	600
二、零售业	**2896098.8**	**2674249.6**	**26504.5**	**73884.1**	**10796**
内资企业	2860158.8	2642649.9	32000.5	73884.1	10605
国有企业	2619.1	1885.8	503.4		16
有限责任公司	2034908.9	1921183.5	3658.1	71389.9	6290
股份有限公司	142161.6	108125.1	17343.9		296
私营企业	671866.4	604090.6	10168.0	2473.6	3939
私营独资企业	28259.5	24528.7	304.8	61.1	146
私营有限责任公司	616976.2	559846.7	3979.8	2412.5	3558
私营股份有限公司	26119.4	19240.6	5879.1		229
其他企业	8602.8	7364.9	327.1	20.6	64

16－10 限额以上批发、零售业主要财务指标情况

（2016年，按行业分）

单位：万元

指标	主营业务收入	主营业务成本	利润总额	本年应交增值税	从业人员平均人数（人）
总　计	9152249.5	8609700.6	165098.0	184219.0	14632
一、批发业	6256150.7	5935451.0	138593.5	110334.9	3836
农、林、牧产品批发	81066	70015.4	101.7	8.5	77
食品、饮料及烟草制品批发	295526.6	208398.2	35417.3	14574.3	683
纺织、服装及家庭用品批发	114594.2	96512.6	-26.5	2135.6	280
医药及医疗器材批发	6523.2	5514.7	369.4	0.2	106
矿产品、建材及化工产品批发	5752442.6	5551000.6	103147.8	92133.7	2632
煤炭及制品批发	5710191.6	5510028.2	103157.5	91959.9	2546
建材批发	6825.9	6508.5	143.3	56.3	19
其他批发业	5998.1	4009.5	-416.2	1482.6	58
二、零售业	2896098.8	2674249.6	26504.5	73884.1	10796
综合零售	283352.6	241928.9	7958.2	333.6	2695
百货零售	264020.6	224613.6	10328.9	302.3	2272
超级市场零售	19332.0	17315.3	-2370.7	31.3	423
食品、饮料及烟草制品专门零售	160936.3	136895.1	7469.9	5.7	756
文化、体育用品及器材专门零售	6799.7	5128.5	438.8		175
图书、报刊零售	5627.8	4282.4	516.3		97
医药及医疗器材专门零售	41156.9	35854.6	2322.2	967.0	533
药品零售	41156.9	35854.6	2322.2	967.0	533
汽车、摩托车、燃料及零配件专门零售	2108857.7	2002520.5	-1344.3	71899.9	5443
汽车零售	522155.6	486215.8	-6243.4	2785.9	2389
汽车零配件零售	229573.1	212890.9	5131.2	223.0	14
机动车燃料零售	1357129.0	1303413.8	-232.1	68891.0	3040
家用电器及电子产品专门零售	30614.5	27791.0	-174.6	127.4	290
日用家电设备零售	23461.5	21068.0	-284.2	109.7	206
计算机、软件及辅助设备零售	4506.5	4079.0	155.0	17.5	56
通信设备零售	2646.5	2644.0	-45.4	0.2	28
五金、家具及室内装饰材料专门零售	136257.0	116711.1	4836.3	831.2	321
货摊、无店铺及其他零售业	128124.1	107419.9	4998	-280.7	583
生活用燃料零售	54585.9	41419.9	3466.2	-293.8	325

16－11 限额以上住宿业销售情况(2016年)

单位:万元

指 标	营业额				
		客房收入	餐费收入	商品销售收入	其他收入
总 计	17055.9	9259.6	6820.2	207.5	768.6
旅游饭店	13612.8	6967.3	5888.0	166.1	591.4
一般旅馆	2326.6	497.5	497.5	30.0	
其他住宿服务	1116.5	493.2	434.7	11.4	177.2

16－12 限额以上餐饮业销售情况(2016年)

单位:万元

指 标	营业额	
		商品销售收入
总 计	111017.6	5073.3
正 餐	106103.4	875.7
快 餐	4914.2	4197.6

注:限额以上为年销售收入200万元以上的餐饮企业。

16－13 限额以上住宿餐饮企业资产及负债情况

（2016年，按登记注册和行业分）

单位：万元

指　　标	资产合计	#流动资产	负债合计	实收资本
总　　计	479454.1	187082.1	395176.5	79183.6
住宿业	71047.6	17135.7	49365.6	19237.5
按登记注册类型分组:				
内资企业	71047.6	17135.7	49365.6	19237.5
国有企业	701.2	252.6	612.0	10.0
有限责任公司	37552.2	6452.3	25973.0	11405.3
其他有限责任公司	37552.2	6452.3	25973.0	11405.3
股份有限公司	1117.6	685.4	920.3	
私营企业	31434.7	9504.4	21819.3	6948.2
私营独资企业	27120.9	7034.5	19611.5	3688.2
私营有限责任公司	4313.8	2469.9	2207.8	3260.0
私营股份有限公司	241.9	241.0	41.0	874.0
其他企业				
按中类分组:	60197.3	10554.6	41431.7	15648.5
旅游饭店	6661.7	5689.0	5746.2	915.0
一般旅馆	4188.6	892.1	2187.7	2674.0
其他住宿服务	408406.5	169946.4	345810.9	59946.1
餐饮业				
按登记注册类型分组:	401126.3	167355.2	338413.3	59446.1
内资企业	13151.6	2428.2	1316.9	10.0
国有企业	201640.2	87164.9	185941.8	26057.5
有限责任公司	201191.8	86726.6	185513.8	26057.4
股份有限公司	1086.6	608.5	862.6	224.0
私营企业	183980.6	77004.0	149294.8	32912.6
私营独资企业	5318.0	2316.0	3968.0	1190.0
私营合伙企业	4.0			2.0
私营有限责任公司	178658.6	74688.0	145326.8	31720.6
其他企业	1267.3	149.6	997.2	242.0
外商投资企业	7280.2	2591.2	7397.6	500.0
按中类分组:				
正　餐	369855.8	135367.6	305304.3	57746.1
快　餐	38550.7	34578.8	40506.6	2200.0

16－14 限额以上住宿餐饮企业主要财务指标情况

（2016 年，按登记注册类型分）

单位：万元

指标	主营业务收入	主营业务成本	利润总额	应交所得税	全部从业人员年平均人数（人）
总计	126098.6	61757.8	-15867.0	257.7	8005
住宿业	16342.7	8710.3	-143.1	10.6	1206
按登记注册类型分组：					
内资企业	16342.7	8710.3	-143.1	10.6	1206
国有企业	614.3	301.0	31.2		30
有限责任公司	7575.8	3821.3	-3.2	10.1	508
其他有限责任公司	7575.8	3821.3	-3.2	10.1	508
股份有限公司	859.3	665.7	40.6		36
私营企业	6903.5	3756.3	-256.1		597
私营独资企业	6265.9	3653.1	-185.0		527
私营有限责任公司	637.6	103.2	-71.1		70
私营股份有限公司	389.8	166.0	44.4	0.5	35
其他企业					
按中类分组：	12800.9	6256.8	-294.2	10.1	1071
旅游饭店	2325.6	1709.0	106.7		66
一般旅馆	1216.2	744.5	44.4	0.5	69
其他住宿服务	109755.9	53047.5	-15723.9	247.1	6799
餐饮业					
按登记注册类型分组：	107521.4	51929.8	-16583.3	247.1	6730
内资企业	2015.8	660.7	-890.7		1
国有企业	45954.8	25137.9	-13646.6	17.2	3673
有限责任公司	45415.4	24869.3	-13651.3	15	3608
股份有限公司	374.7	236.5	-120.3		31
私营企业	57933.9	25096.4	-2037.7	229.9	2859
私营独资企业	1139.4	650.2	241.0	196.5	51
私营合伙企业	6.0				8
私营有限责任公司	56788.5	24446.2	-2278.7	33.4	2800
其他企业	1242.2	798.3	112.0		166
外商投资企业	2234.5	1117.7	859.4		69
按中类分组：					
正餐	104841.7	49665.8	-15082.5	247.1	6712
快餐	4914.2	3381.7	-641.4		87

16－15　亿元以上商品交易市场成交情况(2016年)

单位:个、万元

指　　标	摊位数量	总成交额
总　　计	857	347718
粮油、食品类	171	247015
其中:粮油类	21	36780
饮料类	25	4000
烟酒类	25	1400
服装、鞋帽、针纺织品类	21	684
化妆品类	4	208
日用品类	20	3530
五金、电料类	18	4490
体育、娱乐用品类	1	18
电子出版物及音像制品类	1	7
家用电器和音像器材类	10	430
中西药品类	1	25
文化办公用品类	4	290
建筑及装潢材料类	10	410
其他类	546	85211

主要统计指标解释

社会消费品零售总额 指各种经济类型的批发零售贸易业、餐饮业、制造业和其他行业的零售额和农民对非农业居民零售额的总和。

商品购进总额 指各种经济类型的批发零售贸易企业从本企业以外的单位和个人购进或进口作为转卖或加工后转卖的商品。

商品销售总额 指各种经济类型的批发零售贸易企业对本企业以外的单位和个人出售或出口的商品。

期末库存 指报告期末各种经济类型的批发零售贸易企业已取得商品所有权的全部商品。

商品销售收入(营业收入) 指批发零售贸易企业商业销售收入接受其他单位委托代销商品的收入和餐饮企业的营业收入(包括餐费收入、冷热饮收入、服务收入和其他收入)。

商品销售成本(营业成本) 指批发零售贸易企业已销商品应负担的进货原价和餐饮企业的原材料成本、商品进价成本。

十七、对外经济贸易和旅游

资料整理员：郝东娜　陈耀龙

成吉思汗陵

17－1 对外经济贸易和旅游情况

指　　标	2015	2016	2016年比2015年增长(%)
对外经济贸易			
进出口总额(万美元)	71131	127877	79.4
出口额	58271	44160	-24.3
进口额	12862	83717	549.4
外商投资基本情况			
利用外商直接投资合同数量(个)	3	7	133.3
实际利用外资金额(万美元)	173000	194800	12.6
旅　游			
国内旅游人数(万人)	868.3	1040.6	19.9
旅游总收入(亿元)	255.9	313.9	22.7
旅游外汇收入(万美元)	2536	2723	7.4

17－2 主要年份进出口贸易总额

单位:万美元

年　　份	进出口总额	出口总额	进口总额
1989	3051	3051	
1990	1093	1093	
1991	3010	3010	
1992	3159	3155	4
1993	1939	1915	24
1994	4310	3643	667
1995	8163	6723	1440
1996	6466	6111	355
1997	6042	5401	641
1998	7919	6634	1285
1999	11805	10952	853
2000	18354	17202	1152
2001	24765	23374	1391
2002	34437	32898	1539
2003	51256	49179	2077
2004	60040	58685	1355
2005	58332	55087	3245
2006	48693	37037	11656
2007	60618	52401	7767
2008	86352	69578	16774
2009	44768	22298	22470
2010	43068	31668	11400
2011	61500	31026	30474
2012	42260	22903	19357
2013	113600	34578	79100
2014	72180	47455	24725
2015	71131	58271	12862
2016	127877	44160	83717

17－3 对外贸易出口总值

单位:万美元

国别名称	2015	2016	2016年比2015年增长(%)
出口总值	**58270.8**	**30551.8**	**-47.57**
按国别(地区)分:			
亚洲	**25351.9**	**14028.5**	**-44.66**
# 香港	2712.6	2375.1	-12.44
越南	99.2	259.4	161.40
日本	1532.9	1411.9	-7.90
菲律宾	192.9	102.6	-46.81
台湾	53.3	48.1	-9.76
印度	4874.1	5475.8	12.34
印度尼西亚	436.8	480.6	10.03
巴基斯坦	45.7	125.8	175.10
韩国	3009.0	3328.6	10.62
蒙古	338.9	38.5	-88.65
泰国	458.3	382.1	-16.64
非洲	**522.0**	**166.4**	**-68.12**
# 南非	312.0	57.9	-81.44
马达加斯加	29.0	108.5	274.78
欧洲	**6167.9**	**5482.8**	**-11.11**
# 德国	547.3	724.7	32.42
法国	1428.5	1667.0	16.69
意大利	1839.7	1301.3	-29.26
英国	822.7	1450.6	76.33
俄罗斯	526.2	339.2	-35.55
北美洲	**10153.7**	**4041.2**	**-60.20**
# 美国	10021.5	3867.3	-61.41
加拿大	132.2	173.9	31.53
大洋洲	**519.7**	**192.1**	**-63.04**
# 澳大利亚	466.3	183.9	-60.55
新西兰	11.2	8.2	-26.88
拉丁美洲	**15555.6**	**6640.8**	**-57.31**
# 墨西哥	54.8	4731.9	8542.14
巴西	2058.7	366.4	-82.20
智利	6807.7	1542.5	-77.34

17－4　对外贸易出口商品总值

单位:万美元

指　　标	2015	2016	2016 年比 2015 增长(%)
山羊绒	1745.5	1110.5	-36.4
硅铁	6574.2	4294.7	-34.7
服装及衣着附件	4809.0	5867.5	22.0
纺织纱线、织物及制品	352.1	315.7	-10.3
黏土及其他耐火矿物	173.8	113.7	-34.6
机电产品	15595.2	11959.4	-23.3

17－5　对外贸易进口商品总值

单位:万美元

指　　标	2015	2016	2016 年比 2015 年增长(%)
机械设备	8377.9	57933.8	974.3
高新技术产品	4411.9	72937.5	1553.2
计算机集成制造技术	11.8	0.2	-98.6
纺织机械及零件	1106.2	369.3	-66.7

17-6 旅游事业发展情况

指　标	单位	2014	2015	2016
旅行社总数	个	93	98	106
国际旅行社	个	14	15	15
国内旅行社	个	79	83	91
旅行社从业人员	人	310	337	382
国际旅行社	人	56	60	67
国内旅行社	人	254	325	315
星级饭店总数	个	33	32	32
高A级旅游景区和全国工农业旅游示范点	个	47	50	50
# 国家5A级旅游景区	个	2	2	2
国家4A级旅游景区	个	21	24	27
全国工农业旅游示范点	个	4	4	4
旅游人数	万人	751.20	868.30	1040.57
# 入境旅游人数	万人	3.10	3.20	3.47
旅游总收入	亿元	197.10	255.90	313.91
# 国际旅游收入	万美元	2507	2536	2723

注:2010年自治区采用新的统计口径,旅游人数只统计过夜游客,而不计一日游游客。

主要统计指标解释

进出口总额 海关进出口总额指实际进出我国国境的货物总金额。包括对外贸易实际出口货物,来料加工装配进出口货物,国家间、联合国及国际组织无偿援助物资和赠送品,华侨、港、澳、台同胞和外籍华人捐赠品,租赁期满归承租人所有的租赁货物,进料加工进出口物,边境地方贸易及边境地区小额贸易进出口货物(边民互市贸易除外),中外合资经营企业,中外合作经营企业、外商独资企业进出口货物和公用物品,到日离岸价格在规定限额以上的进出口货样和广告品(无商业价值、无使用价值和免费提供出口的除外),从保税仓库提取在中国境内销售的进口货物,以及其他进出口货物。进出口总额用以观察一个国家在对外贸易方面的总规模。我国规定出口货物按离岸价格统计进口货物按到岸价格统计。

利用外资 指我国各级政府、部门、企业和其他经济组织通过对外借款、吸收外商直接投资以及用其他方式筹措的境外现汇、设备、技术等。

对外借款 是我国利用外资的重要部分。指通过对外正式签订借款协议,从境外筹措的资金,包括外国政府贷款、国际金融组织贷款、外国银行商业贷款、出口信贷以及对外发行债券等。1996 年及以前还包括对外发行股票。

外商直接投资 指外国企业和经济组织或个人(包括华侨、港、澳、台胞以及我国在境外注册的企业)按我国有关政策、法规,用现汇、实物技术等在我国境内开办外商独资企业,与我国境内的企业或经济组织共同举办中外合资经营企业,合作经营企业或合作开发资源的投资(包括外商投资收益的再投资),以及经政府有关部门批准的项目投资总额内企业从境外借入的资金。

外商其他投资 指除对外借款和外商直接投资以外的各种利用外资的形式。包括企业在境内外股票市场公开发行的以外币计价的股票(目前主要是香港证券市场发行的 H 股和在境内证券市场发行的 B 股)发行价总额,国际租赁进口设备的应付款。补偿贸易中外商提供的进口设备,技术、物料的价款、加工装配贸易中外商提供的进口设备、物料的价款。

旅游人数 包括入境国际旅游者人数、出境居民人数和国内旅游者人数。

入境国际旅游者人数 指来中国参观、访问、旅行、探亲、访友、休养、考察、参加会议和从事经济、科技、文化、教育、宗教等活动的外国人、华侨、港澳同胞和台湾同胞的人数。不包括外国在我国的常驻机构,如使领馆、通讯社、企业办事处的工作人员;来我国常住的外国专家、留学生以及在岸逗留不过夜人员。

国内旅游者人数 指我国大陆居民和在我国常住 1 年以上的外国人、华侨、港、澳、台同胞离开常住于地在境内其他地方的旅游设施内至少停留一夜,最长不超过 6 个月的人数。

国际旅游(外汇)收入 指入境旅游的外国人、华侨、港澳同胞和台湾同胞在中国大陆旅游过程中发生的一切旅游支出,对于国家来说就是国际旅游(外汇)收入。

国际旅行社 指经营对外招徕并接待外国人、华侨、港澳同胞和台湾同胞来中国、归国或回内地旅游业务的旅行社。

国内旅行社 指负责经营招徕、组团、接待国内旅客的旅游业务,以及不对外招徕,负责经营接待国际旅行社或其它涉外部门组织的外国人、华侨、港澳同胞和台湾同胞来中国、归国或回内地的旅游业务的旅行社。

星级饭店 指已评定星级的饭店。

十八、金融和保险

资料整理员：郝东娜

■ 视界公园

18—1 银行系统机构、人员数(2016年)

单 位	机构数(个)	年末人数(人)
总 计	686	10334
中国人民银行	8	310
中国农业发展银行	7	154
中国工商银行	46	1075
中国农业银行	57	999
中国银行	24	509
中国建设银行	41	1043
#准旗建行	9	274
交通银行	4	113
准旗交行	1	24
中信银行	8	156
华夏银行	3	147
招商银行	2	45
浦发银行	5	75
兴业银行	5	108
民生银行	4	56
光大银行	3	55
鄂尔多斯银行	74	932
包商银行	11	244
乌海银行	8	108
农村商业银行	115	1409
农村信用社	166	1785
村镇银行	35	694
邮储银行	60	317

注:2012年7月份伊旗联社改制为伊旗农商行。

18－2 金融机构信贷资金平衡表(2016年,本外币)

单位:万元

负债项目	2016	资产项目	2016
资金来源合计	**36644293**	**资金运用合计**	**36644293**
各项存款	31239299	各项贷款	29106052
境内存款	31233794	境内贷款	29105801
住户存款	15792910	住户贷款	4055819
活期存款	6501768	短期贷款	2178669
定期及其他存款	9291142	消费贷款	277814
非金融企业存款	7715608	经营贷款	1900855
活期存款	4266968	中长期贷款	1877150
定期及其他存款	3448640	消费贷款	1308556
广义政府存款	6770317	经营贷款	568594
财政性存款	906189	非金融企业及机关团体贷款	25049982
机关团体存款	5864127	短期贷款	7955520
非银行业金融机构存款	954959	中长期贷款	15733219
境外存款	5505	票据融资	1137916
金融债券		融资租赁	
卖出回购资产	67673	各项垫款	223327
借款及非银行业金融机构拆入	5333	非银行业金融机构贷款	
联行往来(净)	4356797	境外贷款	251
应付及暂收款	689576	债券投资	2332713
各项准备	1844536	股权及其他投资	3754391
所有者权益	1654749	存放非银行业金融机构款项	
其中:实收资本	662515	联行往来(净)	
其他	-3213670	其中:境内存放二级准备金	913087
		外汇买卖	
		应收及预付款	620262
		投资性房地产	1757
		固定资产	627299

18－3 主要年份金融机构各项存、贷款余额

单位:万元

年　份	存款合计	单位存款	财政性存款	储蓄存款	贷款合计
1985	21019	6806	3059	12080	41926
1986	29309	10626	2912	16137	53149
1987	41487	14710	632	21661	67938
1988	43221	15591	-275	26189	93998
1989	53638	14386	2948	34381	109630
1990	74930	19625	2772	48604	143161
1991	88649	22578	2910	61943	171116
1992	104118	28614	1542	77808	211409
1993	129394	27771	4100	106795	310386
1994	235550	48678	6710	161611	369942
1995	292183	76751	7236	206482	722482
1996	355320	87572	5049	254704	917974
1997	458997	119371	15656	321407	1087352
1998	559156	153912	18183	384535	760242
1999	672455	184425	17476	462956	1370963
2000	775576	204541	7857	536251	939224
2001	912011	193655	25156	641132	1124423
2002	1101722	265105	24189	737339	1372344
2003	1410017	349144	22071	916967	1699646
2004	1883683	475954	58092	1192606	2068540
2005	3059224	934526	175188	1620865	2755548
2006	3918887	1221523	217146	1992452	3884105
2007	4821628	1455271	307102	2270020	5035518
2008	7866729	2326805	359342	3244386	6402016
2009	13491676	5248712	534423	4647989	12056728
2010	17608770	6471195	667028	5863378	15621280
2011	20215390	11888820	448955	7807046	19613277
2012	21949177	11215550	244214	10316736	22181093
2013	23256906	10794922	135013	11815797	23685646
2014	25002282	11448958	201253	12706459	25887421
2015	27009157	11291122	1215428	12592562	27020246
2016	31181803	13571107	906189	13074318	29097655

注:1. 本表自 2006 年开始部分数据按本外币计算。

2. 2011 年企业存款更名单位存款,包括企业、事业、机关、部队和社会团体的存款。

3. 2015 年单位存款更名为非金融企业及机关团体存款,该指标包括非金融企业及机关团体存款。

18－4 房地产贷款基本情况

单位:万元

指　　标	2015	2016	2016年比2015增长(%)
合　　计	1986074	1603083	-19.3
房地产开发贷款	198998	210775	5.9
地产开发贷款			
其中:政府土地储备机构贷款			
房产开发贷款	198998	210775	5.9
住房开发贷款	109795	142423	29.7
其中:保障性住房开发贷款	42225	58262	38.0
商业用房开发贷款	56403	52553	-6.8
其他房产开发贷款	32800	15800	-51.8
购房贷款	1787076	1392308	-22.1
# 企业购房贷款	47750	773	-98.4
商业用房贷款	22533	773	-96.6
住房贷款	25217		
个人购房贷款	1739326	1392435	-19.9
个人商业用房贷款	308110	245781	-20.2
个人住房贷款	1431216	1146954	-19.9
新建房贷款	1393588	1109217	-20.4
其中:抵押贷款	1366108	1108988	-18.8
再交易房贷款	37628	37737	0.3

18－5 保险收入和赔付

指　标	2015	2016	2016 比 2015 增长(%)
机构总计(家)	**201**	**276**	**37.3**
#地区级	201	276	37.3
保险保费收入(万元)	**424542**	**491097**	**15.7**
财产险	160095	162419	1.5
人身险	264448	328678	24.3
人寿保险	226239	274723	121.5
健康保险	31757	45762	44.1
意外伤害保险	6452	8194	27.0
赔付支出(万元)	**110742**	**128413**	**16.0**
财产险	73821	80163	8.6
人身险	36921	48249	30.7
人寿保险	24160	32135	33.0
健康保险	10780	13717	27.2
意外伤害保险	1981	2397	21.0

主要统计指标解释

信贷资金　指金融机构以信用方式积聚和分配的货币资金。金融机构信贷资金的来源有关各项存款、金融债券、对国际金融机构负责、流通中现金、其他项目等；信贷资金的运用有各项贷款、有价证券及投资、金银占款、外汇占款、财政借款及在国际金融机构中的资产等。

贷款　指企业、机关、团体或居民根据资金必须收回的原则，把货币存入银行或其他信贷机构保管并取得一定利息的一种信用活动形式。根据存款对象性质的不同可划分为单位存款、个人存款、财政性存款、委托存款、其他存款等科目。它是银行信贷资金的主要来源。

贷款　指银行或其他信贷机构根据资金必须归还的原则，按一定利率，为企业、个人等提供资金的一种信用活动形式。我国银行贷款分为短期贷款、中长期贷款、融资租赁、票据融资、各项垫款、境外贷款。

保险金额　指保险人承担赔偿或者给付保险金责任的最高限额。

保费　指投保人为取得保险人在约定范围内所承担赔偿责任而支付给保险人的费用。

赔款　指保险人根据保险合同的规定，向被保险人支付的赔偿保险责任损失的金额。

给付　包括死伤医疗给付和满期给付。死伤医疗给付是指保险人根据人寿保险及长期健康保险合同的规定，因被保险人在保险期内发生保险责任范围内的保险事故支付给被保险人（或受益人）的金额。满期给付是指被保险人生存期满，保险人按人寿保险合同规定支付给被保险人的满期保险金额。

十九、教育、科技和文化

资料整理员：郝东娜 贾永平

■ 图书馆

19－1　教育事业基本情况(2016年)

单位:所、人

项　目	学校数	毕业生数	招生数	在校学生数	教职工数	
					合　计	#专任教师
中等专业学校(普通)	3	2496	2539	7731	429	339
中等技术学校	3	1576	1842	5650	429	339
中等师范学校		920	697	2081		
普通高等教育	4			7982	1100	857
成人中等专业学校	3				137	124
普通中学	68	27319	24317	79984	10439	7828
高　中	22	10676	10566	32718	4833	2929
初　中	46	16643	13751	47266	5606	4899
职业中学	7	3034	3426	9009	1065	847
小　学	131	13984	27124	135326	10084	8541
学前教育	308	29032	30483	87427	10137	7298
特殊教育	3	13	15	277	115	103

19－2　主要年份各类学校概况

单位：所、人

年　份	学校总数			在校学生数			教职工数		
	中　专	中　学	小　学	中　专	中　学	小　学	中　专	中　学	小　学
1952		1	304		226	20458		44	708
1957		4	283		1456	33251		187	1282
1965	2	11	801	187	4585	70940	70	462	2880
1970	1	19	719		15610	91339	38	2194	2733
1975	1	66	2290	600	40388	160496	58	2486	8393
1978	3	445	1614	1338	72491	157239	208	3959	7810
1980	4	247	1491	2154	60459	139701	341	4244	8455
1981	5	166	1381	2077	53097	134154	425	3950	8058
1982	5	175	1320	2008	46895	127834	483	3944	8131
1983	5	138	1277	2123	44022	128863	532	3654	8232
1984	6	122	1221	2275	45385	142131	584	3394	8086
1985	6	109	1256	2388	48106	148242	598	3643	8403
1986	6	101	1267	2320	48324	154655	854	4070	9977
1987	6	101	1239	2336	53075	153553	684	4455	10002
1988	6	103	1192	2982	53537	148824	808	4633	10018
1989	6	105	1146	3578	55054	145375	870	4810	10034
1990	6	104	1023	3319	57557	143224	886	4987	10050
1991	6	110	995	3336	61194	142076	883	5164	10066
1992	6	103	929	3274	61815	145193	877	5245	10071
1993	6	101	915	3659	55285	145014	867	5335	9928
1994	6	99	898	2726	57894	143048	854	5357	10036
1995	6	90	854	2859	60212	141073	878	5307	9767
1996	6	84	751	2983	60793	139376	884	5353	9749
1997	6	74	601	3361	59240	134471	873	5284	9501
1998	6	69	472	4020	63545	126309	718	4726	7780
1999	6	64	435	4781	64104	120247	746	4992	7891
2000	4	67	407	5227	66832	114255	636	5347	7861
2001	4	89	354	5376	71282	107983	772	5661	7811
2002	4	68	297	4805	75027	101496	734	5398	7566
2003	4	73	266	5199	83033	97290	761	6020	7767
2004	4	76	230	6944	89664	94189	743	6619	7747
2005	6	85	204	7991	97769	96361	779	7668	8260
2006	7	77	167	9387	100435	98125	772	8302	8220
2007	7	75	147	9724	104387	97711	773	8743	8381
2008	8	82	139	9585	101034	107381	726	9257	8452
2009	6	75	130	10827	98420	106324	720	9323	8770
2010	4	69	117	14588	96350	103193	723	9533	8992
2011	4	72	117	10734	98260	106216	775	10674	8702
2012	5	72	122	8822	97736	107485	870	11044	9220
2013	4	74	121	8620	95877	111939	680	11306	9407
2014	6	66	122	8059	83748	116065	551	10209	9459
2015	6	66	128	8167	82033	123155	548	10343	9594
2016	6	68	131	7731	79984	135326	566	10439	8541

19－3　少数民族学校基本情况(2016年)

单位:所、人

项　目	学校数	毕业生数	招生数	在校学生数	教职工数	
					合　计	#专任教师
普通中学	10	2093	1892	6191	1285	943
初　中	3	1396	1166	4064	698	617
高　中	7	697	726	2127	587	326
职业中学	2	379	484	1470	270	206
小　学	12	1141	2149	10839	1353	1005
学前教育	30	4880	5242	14428	1584	1217

19－4　各类学校在校学生数

单位:人

项　目	2015	2016	2016年比2015年增长(%)
普通中等专业学校	8167	7731	-5.3
普通中学	82033	79984	-2.5
高　中	31288	32718	4.6
初　中	50745	47266	-6.9
小　学	123155	135326	9.9
学前教育	84942	87427	2.9
职业中学	8904	9009	1.2
特殊教育学校	269	277	3.0

19－5 分旗区各类学校概况(2016年)

项　目	市直属	东胜区	达拉特旗	准格尔旗	鄂托克前旗	鄂托克旗	杭锦旗	乌审旗	伊金霍洛旗	康巴什区
各类学校数(个)	9	116	118	81	20	35	27	41	52	24
普通中等专业学校	2	1								
普通中学	4	13	10	13	3	5	5	5	7	3
高　中	4	2	2	3	2	2	2	2	2	1
初　中		11	8	10	1	3	3	3	5	2
职业中学	1	1	1	1	1	1		1		
小　学	1	29	27	25	5	8	4	8	17	7
学前教育		72	79	41	11	20	17	26	28	14
各类学校在校学生数(人)	19716	77060	53151	58960	11918	20909	14904	20370	28307	14459
普通中等专业学校	6881	850								
普通中学	11311	15145	13423	15097	3034	4563	3915	3954	5834	3699
高　中	11003	2795	5096	5748	929	1351	1305	1293	2009	1189
初　中	308	12350	8327	9349	2105	3212	2610	2661	3834	2510
职业中学	819	793	2344	3099	1240	230	108	376		
小　学	508	37266	22443	25707	4763	10087	6498	9166	12554	6334
学前教育		23006	14879	15057	2881	6029	4383	6856	9910	4426

19－6　国有各类独立科研机构、人员、经费(2016年)

项　目	合　计	县以上部门属科技机构合计	自然科学与技术领域	科学信息与文献机构	旗区属科技机构
机构数(个)	8	7	6	1	1
从业人员数(人)	530	485	474	11	45
从事科技活动人员(人)	437	400	392	8	37
# 高级专业人员	115	113	111	2	2
中级专业人员	72	64	61	3	8
初级专业人员	152	151	148	3	1
经费支出总额(万元)	13483	12854	12634	220	629
人员费(万元)	7732	7207	7017	190	525
固定资产(万元)	32321	32229	32223	6	92
课题数(个)	18	18	18		
课题经费支出(万元)	888	888	888		
专利受权(件)					
科技论文(篇)	63	63	63		

19－7　全市政府科技拨款情况（2016 年）

单位：万元

项　　目	总　额（决算数）
地方财政科技拨款合计	**20642**
科技技术拨款	20642
# 科学技术管理事务	3199
基础研究	261
应用研究	384
技术研究与开发	4914
科技条件与服务	2023
社会科学	599
科学技术普及	2005
科技交流与合作	125
科技重大专项	3865
其他科学技术支出	3267

19－8　科技成果情况（2016 年）

项　　目	合 计	独立科研机构	大专院校	企 业		其 他
					科研机构专制企业	
登记成果数	**40**	**2**		**24**		**14**
鉴定项目	26	1		11		14
验收项目数	1	1				
评审项目数						
行业准入数	13			13		
其　　他						

19－9　专利情况(2016年)

单位:项

项　目	合 计	发 明	实用新型	外观设计
专利申请	1529	256	1043	230
专利授权	913	75	629	209

19－10　技术贸易情况(2016年)

项　目	合同数	合同成交额(万元)	
		合　计	# 技术交易额
合　计	22	4626	4594
技术开发合同	15	2874	2842
技术转让合同	7	1752	1752
技术咨询合同			
技术服务合同			

19－11 各类科技计划项目情况(2016年,工业类)

项目	级别	投资(万元)			
		总额	拨款	自筹	其他
合计					
科技型中小型企业技术创新基金	国家	152	152		
科技型中小型企业技术创新基金	自治区				
科技创新引导奖励资金	自治区				
应用研究与开发资金	自治区	8178	520	7658	
科技合作	自治区	40	40		
科技重大专项	自治区	16008.85	1100	14408.85	500

19－12 各类科技计划项目情况(2016年,农社类)

项目	项目数	级别			投资(万元)				
		国家	自治区	市	总额	科技拨款	地方匹配	自筹	其他
合计									
特派员项目	9			9	91	91			
科技富民强县计划									
应用研究与开发资金				292					
科技能力建设									
自然科学基金									
科技重大专项									

19—13　国家高新技术企业基本情况(2016年)

企业名称	认定时间	工业总产值(万元)	总收入(万元)	利税(万元)	年末就业人员(人)	大专以上人员(人)	科技活动经费支出总额(万元)
鄂尔多斯市中轩生化股份有限公司	2013	39741	41703	1188	644	309	1279
中科合成油内蒙古有限公司	2014	21565	9895	-165	182	149	1762
内蒙古伊泰煤制油有限责任公司	2013	81811	8181	6304	955	846	4164
鄂尔多斯市天骄资源发展有限责任公司	2015	5582	5382	984	89		467
鄂尔多斯市隆圣矿山机电有限责任公司	2015	466	145	-1	18	16	50
鄂尔多斯市金诚泰化工有限责任公司	2015	52836	53464	-579	505	2	1773
内蒙古鄂尔多斯资源股份有限公司	2015	122553	158563	3782	1736	909	5683
鄂尔多斯市西金矿冶有限责任公司	2015	389856	670495	33521	3514	1427	19648
鄂尔多斯市君正能源化工有限公司	2014	312266	310855	78691	1786	897	10350
久泰能源内蒙古有限公司	2014	161041	152704	9587	1104	746	4581
内蒙古久和能源科技有限公司	2013	102500	42965	4509	256	203	1405
佳华(鄂尔多斯市)科技有限公司	2015		693	-11	38	37	332
国电内蒙古晶阳能源有限公司	2015	57791	57791	-16192	432	283	1192
内蒙古博大实地化学有限公司	2015	103913	99361	-11209	519	321	3159
鄂尔多斯市莱福士光电科技有限公司	2015	2566	1201	-508	99	71	313
内蒙古鄂尔多斯联合化工有限公司	2013	61022	62831	-27240	264	179	4016
内蒙古乌审召生态产业发展有限公司	2013	898	202		30	24	33
内蒙古博源工程有限责任公司	2014		2433	-2222	59	59	1949
鄂尔多斯市神东天隆化工有限责任公司	2015	16477	16477	2037	230	98	694
内蒙古鄂托克旗盛安九二九化工有限责任公司	2014	8235	8337	3792	44	15	372
内蒙古久科康瑞环保科技有限公司	2014		6438	1136	56	56	1015
内蒙古真金种业科技有限公司	2014		5081	1514	40	33	321
内蒙古双欣环保材料股份有限公司	2015	146547	177385	8137	1034	655	5342
鄂尔多斯市源盛光电有限责任公司	2015	426390	252482	48691	2849	2490	38087
鄂尔多斯市阿西诺文化科技有限公司	2014		65	-30	15	15	14
内蒙古东源水务科技发展有限公司	2015	6439	6439	1969	47	42	258
内蒙古康宁爆破有限责任公司	2015	17002	17002	194	120	55	766
中铁十六局集团铁运工程有限公司	2015		160497	9487	244	880	6061
内蒙古鄂尔多斯电力冶金股份有限公司	2015	538133	448444	81813	3075	1577	13460

19－14　规模以上工业企业办科技机构情况(2016 年)

项　　目	机构数(个)	机构人员合计(人)	#博士毕业	#硕士毕业	机构经费支出(万元)	仪器和设备原价(万元)
总　计	24	1916	76	326	61136.0	33433.5
#国有控股企业	2	71	13	52	2069.4	3480.2
按企业规模分组						
大型企业	13	773	34	112	12367.6	29561.5
中型企业	2	132	10	111	4328.0	865.8
小型企业	7	156	21	58	1023.0	2569.1
微型企业	2	855	11	45	43417.4	437.1
按登记注册类型分组						
内资企业	21	1860	63	315	56872.6	32172.0
国有企业	1	55	12	43	1313.7	3220.0
股份合作企业						
有限责任公司	12	1554	27	205	46049.1	23125.2
国有独资公司	1	16	1	9	755.7	260.2
其他有限责任公司	11	1538	26	196	45293.4	22865.0
股份有限公司	7	233	18	62	9420.7	5456.9
私营企业	1	18	6	5	89.1	369.9
港、澳、台商投资企业	1	3		3	245.4	753.7
外商投资企业	2	53	13	8	4018.0	507.8
按国民经济行业大类分组						
煤炭开采和洗选业	3	134	13	55	2759.8	3500.2
食品制造业						
酒、饮料和精制茶制造业	1	18	6	5	89.1	369.9
纺织业	3	120	3	12	8742.2	4024.4
石油加工、炼焦和核燃料加工业	1	22			10.0	13.0
化学原料和化学制品制造业	14	1578	41	244	49271.5	24702.3
医药制造业						
非金属矿物制品业	1	3		3	245.4	753.7
金属制品						
黑色金属冶炼和压延加工业	1	41	13	7	18.0	70.0
汽车制造业						
通用设备制造业						
电气机械和器材制造业						
电力、热力、燃气及水生产和供应业						

19－15 规模以上工业企业研究与试验发展(R&D)人员情况(2016年)

项目	R&D人员合计(人)	参加项目人员	管理和服务人员	全时人员	非全时人员	#研究人员
总计	**6805**	**5872**	**933**	**4111**	**2694**	**2074**
#国有控股企业	1764	1391	373	1208	556	509
按企业规模分组						
大型企业	3236	2555	681	2257	979	964
中型企业	1752	1583	169	698	1054	460
小型企业	967	888	79	575	392	274
微型企业	850	846	4	581	269	376
按登记注册类型分组						
内资企业	5973	5381	592	3839	2134	1907
国有企业	923	783	140	709	214	233
股份合作企业						
有限责任公司	4067	3708	359	2415	1652	1421
国有独资公司	341	293	48	238	103	127
其他有限责任公司	3726	3415	311	2177	1549	1294
股份有限公司	764	672	92	627	137	219
私营企业	219	218	1	88	131	33
港、澳、台商投资企业	306	284	22	160	146	40
外商投资企业	526	207	319	112	414	127
按国民经济行业大类分组						
煤炭开采和洗选业	1637	1462	175	926	711	489
食品制造业	169	109	60	81	88	81
酒、饮料和精制茶制造业	18	18		11	7	8
纺织业	480	469	11	410	70	117
石油加工、炼焦和核燃料加工业	352	269	83	199	153	92
化学原料和化学制品制造业	2576	2444	132	1731	845	837
医药制造业						
非金属矿物制品业	181	159	22	72	109	27
金属制品	190	153	37	50	140	49
黑色金属冶炼和压延加工业	374	68	306	16	358	92
汽车制造	321	297	24	188	133	94
通用设备制造业						
电气机械和器材制造业	68	68		61	7	31
电力、热力、燃气及水生产和供应业	219	137	82	173	46	76

19－16　规模以上工业企业研究与

项　　目	R&D经费内部支出合计(万元)	按活动类型分组			按支出用途分组	
		基础研究支出	应用研究支出	试验发展支出	经常费支出	#人员劳务费
总　　计	**342953.1**		**23015.9**	**319937.2**	**306940.3**	**72485.6**
#国有控股企业	106454.3		15355.4	91098.9	94325.8	19055.4
按企业规模分组						
大　型	133837.2		17948.1	115889.1	114773.3	31875.8
中　型	71047.8		1652.5	69395.3	63142.5	15567.2
小　型	94213.6		3415.3	90798.3	85607.1	10412.7
微　型	43854.5			43854.5	43417.4	14629.9
按登记注册类型分组						
内资企业	325040.4		22340.9	302699.5	290688.8	70042.2
国有企业	17643.0		15355.4	2287.6	11323.6	7755.8
股份合作企业						
有限责任公司	252399.1		5180.0	247219.1	228717.8	49172.2
国有独资公司	34763.0			34763.0	29918.7	7149.5
其他有限责任公司	217636.1		5180.0	212456.1	198799.1	42022.7
股份有限公司	46056.4		1805.5	44250.9	43766.7	11072.7
私营企业	8941.9			8941.9	6880.7	2041.5
港、澳、台商投资企业	5873.9			5873.9	4946.8	1421.3
外商投资企业	12038.8		675.0	11363.8	11304.7	1022.1
按国民经济行业大类分组						
煤炭开采和洗选业	55057.4		15657.4	39400.0	42908.8	13575.7
食品制造业	16770.8		4683.0	12087.8	15538.1	1573.3
酒、饮料和精制茶制造业	89.1			89.1	89.1	84.3
纺织业	29249.6		1805.5	27444.1	28266.5	7053.8
石油加工、炼焦和核燃料加工业	19487.0			19487.0	17004.2	3813.8
化学原料和化学制品制造业	115955.4			115955.4	102790.1	31189.2
医药制造业						
非金属矿物制品业	5295.9			5295.9	4542.2	1313.9
金属制品	44200.0			44200.0	43540.0	2204.0
黑色金属冶炼和压延加工业	675.0		675.0		475.0	161.5
汽车制造业	15039.0			15039.0	14376.3	2824.7
通用设备制造业						
电气机械和器材制造业	1843.2		82.8	1760.4	1440.1	1062.8
电力、热力、燃气及水生产和供应业	1934.9		112.2	1822.7	903.9	496.1

试验发展(R&D)经费情况(2016年)

按支出用途分组			按资金来源分组				R&D经费外部支出
资产性支出	土建工程	仪器设备	政府资金	企业资金	境外资金	其他资金	
36012.8	**363.9**	**35648.9**	**18338.1**	**321404.7**		**3210.3**	**7439.1**
12128.5	131.2	11997.3	12839.5	93614.8			5367.2
19063.9	94.5	18969.4	14099.1	119438.8		299.3	5582.3
7905.3	48.0	7857.3	40.0	68120.4		2887.4	916.8
8606.5	221.4	8385.1	4199.0	89991.0		23.6	640.0
437.1		437.1		43854.5			300.0
34351.6	363.9	33987.7	18318.1	303512.0		3210.3	7189.1
6319.4		6319.4	12819.5	4823.5			71.4
23681.3	363.9	23317.4	3522.6	245989.1		2887.4	6762.8
4844.3	83.6	4760.7		34763.0			5293.0
18837.0	280.3	18556.7	3522.6	211226.1		2887.4	1469.8
2289.7		2289.7	1916.0	43817.5		322.9	322.9
2061.2		2061.2	60.0	8881.9			32.0
927.1		927.1		5873.9			
734.1		734.1	20.0	12018.8			250.0
12148.6	94.5	12054.1	12819.5	41938.6		299.3	5435.8
1232.7		1232.7	661.5	16109.3			
			20.0	69.1			32.0
983.1		983.1	195.0	29054.6			22.9
2482.8		2482.8	1030.0	18457.0			71.4
13165.3	47.6	13117.7	2883.6	110160.8		2911.0	1113.6
753.7		753.7		5295.9			
660.0		660.0	20.0	44180.0			
200.0		200.0	20.0	655.0			
662.7		662.7		15039.0			
403.1	63.4	339.7		1843.2			
1031.0		1031.0	129.5	1805.4			54.2

19－17 规模以上工业企业研究与试验发展(R&D)项目情况(2016年)

项目	参加项目人员（人）	项目人员折合全时当量(人年)	项目经费内部支出(万元)
总　计	**5872**	**5294**	**334201.5**
#国有控股企业	1391	1553	105584.3
按企业规模分组			
大型企业	2555	2491	132317.4
中型企业	1583	1226	69323.3
小型企业	888	869	88758.2
微型企业	846	708	43802.6
按登记注册类型分组			
内资企业	5381	4784	317666.1
国有企业	783	847	17043.3
股份合作企业			
有限责任公司	3708	3277	247790.3
国有独资公司	293	321	34605.1
其他有限责任公司	3415	2957	213185.2
股份有限公司	672	517	45926.3
私营企业	218	142	6906.2
港、澳、台商投资企业	284	227	5120.2
外商投资企业	207	284	11415.2
按国民经济行业大类分组			
煤炭开采和洗选业	1462	1530	54603.7
食品制造业	109	161	15538.1
酒、饮料和精制茶制造业	18	18	89.1
纺织业	469	279	29140.7
石油加工、炼焦和核燃料加工业	269	264	18857.3
化学原料和化学制品制造业	2444	1924	114025.6
医药制造业			
非金属矿物制品业	153	176	44200.0
金属制品	159	179	4542.2
黑色金属冶炼和压延加工业	68	174	675.0
汽车制造	297	209	15039.0
通用设备制造业			
电气机械和器材制造业	68	59	1770.8
电力、热力、燃气及水生产和供应业	137	145	1039.0

19－18　文化事业基本情况(2016年)

项　　目	2016	项　　目	2016
一、文化部门艺术表演团体		举办展览个数(个)	60
单位数(个)	9	组织文艺活动次数(次)	1323
年末职工人数(人)	557	举办训练班次(次)	852
演出场次(次)	1112	训练班结业人数(人次)	52690
# 农村演出(次)	616	总收入(千元)	63518
观众人数(千人次)	920	固定资产原值(千元)	292873
总收入(千元)	94283	五、文化站	
# 财政补助(千元)	90116	机构数(个)	75
上级补助(千元)		从业人员(人)	299
事业收入(千元)	1170	举办展览个数(个)	242
# 演出收入(千元)	1170	组织文艺活动次数(次)	2318
总支出(千元)	95707	举办训练班次(次)	521
固定资产原值(千元)	57762	六、公共图书馆	
公用房屋建筑面积(平方米)	35731	单位数(个)	9
二、艺术学校		职工人数(人)	282
单位数(个)		发放借书证书(个)	64918
职工人数(人)		总流通人次(千人次)	1439
在校生数(人)		# 书刊外借人次(千人次)	430
三、文化部门艺术表演场所		总收入(千元)	49774
单位数(个)	4	七、文物保护管理机构	
职工人数(人)	50	机构数(个)	8
坐席数(个)	4946	从业人员(人)	82
四、群艺馆、文化馆		八、博物馆	
单位数(个)	10	机构数(个)	6
职工人数(人)	274	从业人员(人)	139

19－19　广播电视事业(2016年)

项　　目	单位	2016	项　　目	单位	2016
广播电视台			**其他类节目**		6424
广播电视台	座	8	电视转播发射台	座	102
调频广播发射台	座	172	有线电视用户数	座	35
中短波转播发射台	座		电视人口覆盖率	万户	99
广播人口覆盖率	%	99.13	节目套数	%	4
节目套数	套	4	全年电视节目制作情况	套	9254
全年广播节目制作情况	时	18.297	新闻资讯类节目	时	4357
新闻资讯类节目	时	4635	专题服务类节目	时	2349
专题服务类节目	时	6378	综艺类节目	时	315
综艺类节目	时	3	影视剧类节目	时	
广播剧类节目	时		广告类节目	时	1663
广告类节目	时	2449	其他类节目	时	570
其他类节目	时	1410	全年公共电视节目播出时间	时	56662
全年公共广播节目播出时间	时	64714	按节目类型分	时	
按节目类型分			新闻资讯类节目		12369
新闻资讯类节目	时	19699	专题服务类节目	时	8786
专题服务类节目	时	12193	综艺类节目	时	5650
综艺类节目	时	20266	影视剧类节目	时	20485
广播剧类节目	时	1519	广告类节目	时	4833
广告类节目	时	4610	其他类节目	时	4539

主要统计指标解释

普通高等学校 指按照国家规定的设置标准和审批程序批准举办，通过国家统一招生考试，招收高中毕业生为主要培养对象，实施高等教育的全日制大学、独立设置的学院和高等专科学校、短期职业大学。

成人高等学校 指按照国家有关规定审批，招收通过全国成人高教统一招生考试的具有高中毕业或同等学历的在职从业人员，利用脱产、半脱产、业余或函授等多种形式对其实施高等学历教育，培养高等教育专科或本科毕业水平的专门人才，修业年限，课程设置和总学时数均按高等学历教育要求付诸实施的学校。包括广播电视大学、职工高等学校、农民高等学校、管理干部学院、教育学院、独立设备的函授学院等。

小学学龄儿童入学率 指调查范围内已入小学学习的学龄儿童占校内外学龄儿童总数(包括弱智儿童，不包括盲聋哑儿童)的比重。计算公式为：

小学学龄儿童入学率＝已入学的小学学龄儿童数／校内外小学学龄儿童总数×100％

科技活动 指在自然科学、农业科学、医药科学、工程与技术科学、人文与社会科学领域(简称科学技术领域)中，与科技知识的产生、发展、传播和应用密切相关的有组织的活动。可分为研究与试验发展(R&D)、研究与试验发展成果应用及相关的科技服务三类活动。该定义是联合国教科文组织考虑成员国特别是发展中国家开展科技统计工作的需要，而对科技活动所作的统计界定。

科技活动人员 指直接从事科技活动以及专门从事科技活动管理和为科技活动提供直接服务，累计的实际工作时间占全年制度工作时间10％及以上的人员。(1)直接从事科技活动的人员包括：在独立核算的科学研究与技术开发机构、高等学校、各类企业及其他事业单位内设的研究室、实验室、技术开发中心及中试车间(基地)等机构中从事科技活动的研究人员、工程技术人员、技术工人及其它人员；虽不在上述机构工作，但编入科技活动项目(课题)组的人员；科技信息与文献机构中的专业技术人员；从事论文设计的研究生等。(2)专门从事科技活动管理和为科技活动提供直接服务的人员，包括：独立核算的科学研究与技术开发机构、科技信息与文献机构、高等学校、各类企业及其他事业单位主管科技工作的负责人，专门从事科技活动的计划、行政、人事、财务、物资供应、设备维护、图书资料管理等工作的各类人员，但不包括保卫、医疗保健人员、司机、食堂人员、茶炉工、水暖工、清洁工等为科技活动提供间接服务的人员。该指标用来反映投入科技活动人力的规模。

专业技术人员 指从事专业技术工作和专业技术管理工作的人员，即企事业单位中已经聘任专业技术职务从事专业技术工作和专业技术管理工作的人员，以及未聘任专业技术职务，现在专业技术岗位上工作的人员。包括工程技术人员，农业技术人员，科学研究人员，卫生技术人员，教学人×100％员，经济人员，会计人员，统计人员，翻译人员，图书资料、档案、文博人员，新闻出版人员，律师、公证人员，广播电视播音人员，工艺美术人员，体育人员，艺术人员及企业政治思想工作人员，共十七个专业技术职务类别。用来反映科技人力资源情况。

科技活动经费筹集 指从各种渠道筹集到的计划用于科技活动的经费，包括政府资金、企业资金、事业单位资金、金融机构贷款、国外资金和其他资金等。反映各社会经济主体对促进科技进步所做的努力。

专利 是专利权的简称，是对发明人的发明创造经审查合格后，由专利局依据专利法授予发明人和设计人对该项发明创造享有的专有权。包括发明、实用新型和外观设计。反映拥有自主知识产权的科技和设计成果情况。

文化事业机构 指从事专业文化工作和为专业文化工作服务的独立建制的单位。不包括这些单位另外举办独立核算的其他机构和各部门的业余文化组织。

艺术表演团体 指从事戏曲、音乐、舞蹈、杂技等专业艺术表演，有独立账户的单位，不包括半工半艺、半农半艺和民间职业剧团。

二十、体育、卫生、社会福利、环境保护和其他

资料整理员：郝东娜 高 飞 陈耀龙

■ 体育馆

20－1 体育事业基本情况

指　标	单位	2015	2016
运动员和裁判情况			
等级运动员	人	120	173
#二级	人	120	173
三级	人		
等级裁判	人	868	252
#二级	人	868	252
三级	人		
体育场地和人员情况			
#体育场地		4143	4701
体育场	个	55	67
体育馆	个	8	11
游泳馆	个	25	29
网球场	个	82	82
排球场	个	289	300
篮球馆、篮球场	个	895	1015
乒乓球场	个	326	356
羽毛球馆	个	111	111
群众活动馆	个	185	189
健身路径	个	1786	4634
非标准场地	个	19	345
举办运动会次数	次		29
国际	次		1
国内	次	1	11
区内	次		9
市内			8
《国家体育锻炼标准》达标人数	万人		
参加运动会运动员人数	万人		4.5
奖牌情况			
国家级比赛			
金牌	枚		
银牌	枚		
铜牌	枚		
自治区级比赛			
金牌	枚	41	44
银牌	枚	46	60
铜牌	枚	60	70

20－2　医疗卫生事业基本情况

指　　标	2015	2016
卫生机构(个)	1793	1773
#医　　院	78	82
市	27	27
县	51	55
乡镇卫生院	93	93
妇幼保健所	9	9
门诊部	27	30
诊　所	736	762
村卫生室	682	655
社区卫生服务中心	39	36
社区卫生服务站	53	61
疾病预防控制中心	9	9
卫生监督所	9	9
其　他	58	27
床位数(张)	10593	11022
#医　院	8717	9058
市	3809	4083
县	4908	6939
#卫生技术人员	17587	13308
执业医师	6354	4573
执业助理医师	1205	536
注册护士	6563	4971
药剂人员	1056	1035
检验人员	783	675
其他	1626	1518

注:1.卫生机构、职工人数含诊所、村卫生室、社区卫生服务中心、站等。
2.床位数不含诊所。
3.卫生技术人员、执业医师、执业助理医师、注册护士含非临床岗位。

20－3 主要年份卫生机构、人员、病床数

年份	卫生机构(个)			
	合计	#医院	#卫生院	#防疫站
1957	56	8	11	1
1965	242	13	107	8
1970	195	9	126	3
1975	251	16	131	8
1978	245	17	138	8
1980	262	12	141	9
1981	280	16	136	9
1982	284	15	140	9
1983	287	16	141	9
1984	285	17	142	9
1985	281	17	140	9
1986	284	17	136	9
1987	283	18	137	9
1988	290	19	133	9
1989	300	18	136	9
1990	293	18	137	9
1991	297	18	136	10
1992	298	18	136	10
1993	307	20	136	10
1994	306	20	136	9
1995	306	20	136	9
1996	496	21	137	9
1997	503	21	137	9
1998	489	21	135	9
1999	508	22	132	10
2000	763	21	128	10
2001	1205	22	117	9
2002	450	23	110	9
2003	418	24	110	9
2004	410	23	107	9
2005	542	24	108	9
2006	648	25	105	9
2007	657	23	108	9
2008	1103	26	109	9
2009	1254	26	109	9
2010	1851	50	106	9
2011	1746	53	105	9
2012	1734	65	105	9
2013	1760	81	94	9
2014	1849	82	94	9
2015	1793	78	93	9
2016	1773	82	93	9

20－3 续表

年份	卫生技术人员(人)			床位数(张)
	合计	#医士	#护士	
1957	335	64	56	115
1965	1525	298	102	1073
1970	1537	320	240	1301
1975	2221	482	268	2495
1978	2605	485	252	2559
1980	3245	482	291	2743
1981	3683	751	272	2695
1982	3885	895	378	2727
1983	4048	894	428	2806
1984	4208	1041	449	2834
1985	4191	1065	452	2801
1986	4304	1094	512	2897
1987	4436	1045	598	3133
1988	4705	888	582	3128
1989	4680	846	653	3170
1990	4781	782	628	3198
1991	4948	812	643	3237
1992	5110	879	700	3327
1993	5089	959	616	3568
1994	5161	937	577	3400
1995	5221	1022	547	3537
1996	5543	861	611	3614
1997	5829	970	619	3814
1998	5490	900	503	3997
1999	5970	952	502	4113
2000	6504	828	558	4025
2001	6688	755	618	3970
2002	5528		1335	3915
2003	5657		1276	4057
2004	5385		1312	4170
2005	5646		1405	4613
2006	6295		1612	4749
2007	6596		1584	4778
2008	7969		1726	9260
2009	8858		2099	9260
2010	11263		3206	7287
2011	12513		3799	7191
2012	13674		4595	8669
2013	15028		5525	9872
2014	16695	7227	6236	10193
2015	17587	7559	6563	10593
2016	13308	5109	4971	11022

注：1. 2002年(包括2002年)以后卫生技术人员不分中医师、西医师、医士。

2. 卫生技术人员、医师、护士中含非临床岗位人员。

20－4　分旗区卫生机构、病床数(2016年)

地　区	卫生机构(个)	#医　院	#卫生院	#妇幼保健院(所、站)	床位数(张)
东胜区	418	35	6	1	3738
达拉特旗	359	9	22	1	1425
准格尔旗	275	8	13	1	1491
鄂托克前旗	81	3	7	1	368
鄂托克旗	163	5	10	1	608
杭锦旗	152	3	12	1	595
乌审旗	118	5	8	1	627
伊金霍洛旗	183	11	15	1	1339
康巴什区	24	3		1	831

20－5　分旗区卫生技术人员(2016年)

地　区	卫生技术人员(人)	#执业医师	#执业助理医师	#注册护士	#药技人员
东胜区	4509	1498	106	1880	574
达拉特旗	1767	619	103	562	219
准格尔旗	2111	685	79	886	288
鄂托克前旗	411	162	34	83	55
鄂托克旗	922	325	58	307	125
杭锦旗	608	251	27	166	62
乌审旗	715	213	35	241	81
伊金霍洛旗	1273	449	71	445	151
康巴什区	992	371	23	401	155

20－6 交通事故情况

项　　目	2015	2016	2016 年比 2015 年增加(%)
发生数(起)	231	231	持平
死亡人数(人)	120	117	-2.5
受伤人数(人)	202	232	14.9
损失折款(万元)	120.4	137.6	14.3

20－7 火灾事故情况

项　　目	2015	2016	2016 年比 2015 年增加(%)
发生数(起)	646	426	-34.1
死亡人数(人)		1	
受伤人数(人)			
损失折款(万元)	503.5	322.5	-35.9

注:损失折款指直接损失。

20－8　社会福利事业基本情况

项　目	2013	2014	2015	2016
城乡居民最低生活保障人数(人)	72171	68151	55376	39147
城镇居民最低生活保障人数	21949	18259	14233	8954
农村居民最低生活保障人数	50222	49892	41143	30187
城镇低保标准(元/月)	480	495	534	534
农村低保标准(元/月)	390	402	414	414
农村五保供养服务				
农村散居五保户人数	4479	4409	4338	4041
单位数(个)	39	29	29	26
工作人员(人)	251	131	229	149
床位(张)	5033	2963	3509	2823
年末收养人数(人)	1900	1240	1184	1324

20－9　城乡医疗救助情况(2016年)

地　区	救助人数(人)	救助资金发放(万元)
总　计	41496	3907
东胜区	1768	470
达拉特旗	11499	651
准格尔旗	18108	1032
鄂托克前旗	1186	184
鄂托克旗	1012	246
杭锦旗	3327	248
乌审旗	457	331
伊金霍洛旗	3815	665
康巴什区	324	80

20－10 社会保险情况

项　　目	2014	2015	2016
养老保险情况			
参加基本养老保险人数(万人)	27.62	33.36	35.72
离退休(职)人数(万人)	4.78	5.24	5.29
实缴养老保险费(万元)	370734	328934	335477
基金当年支出(万元)	138271	168113	191704
城乡居民养老参保人数(万人)	51.69	51.30	51.28
享受待遇人数(万人)	17.34	17.96	18.82
城乡居民养老保险基金			
当年基金总收入(万元)	59470	58877	87448
#个人缴纳	19770	18412	21542
基金当年支出	65823	74894	79714
工伤保险情况			
参保职工(万人)	25.02	25.63	26.22
实缴工伤保险费(万元)	16733	16075	16103
工伤保险费支出(万元)	9680	8887	10235
生育保险情况			
参保职工(万人)	22.21	24.18	24.45
# 女性(万人)	7.58	8.52	8.62
实缴生育保险费(万元)	8045	9860	11864
生育保险费支出(万元)	10317	9172	9168

注:从2013年起城乡居民养老保险基金合并实施。

20－10 续表

项　目	2014	2015	2016
失业保险情况			
参保人数(万人)	19.50	20.10	20.40
失业保险费收入(万元)	29776.10	25698.00	23363.48
单　位	19593	17823	16546
个　人	10183	7875	6817
失业保险金支出合计(万元)	10687.49	7745.36	9651.86
# 失业保险金支出	2164.76	3600.31	3942.93
医疗补助金支出	42.89	121.82	892.90
职业培训和职业介绍补贴支出	54.48	5.36	
转移支出			6.64
其他促进就业支出	8425.36	4017.87	4809.39
医疗保险情况			
城镇基本医疗保险人数(万人)	66.45	67.42	68.41
职工基本医疗保险	34.13	35.08	35.90
在　职	27.62	28.58	29.12
退休人员	6.51	6.50	6.78
居民基本医疗保险	32.32	32.34	32.51
实缴基本医疗保险(万元)	143296	156816	176583
职工基本医疗保险	125865	135051	166679
统筹基金	62604	67176	83775
个人账户	63261	67875	82904
居民医疗保险(万元)	17431	21765	27399
农村新型合作医疗情况			
农村新型合作医疗参合人数(万人)	93.58	93.41	91.85
基金收入总额(万元)	64357	70232	76172
基金支出总额(万元)	64157	59908	69917

20－11 工业“三废”排放及治理情况

项　　目	2016
工业废水	
废水治理设施数(套)	242
废水治理设施处理能力(万吨/日)	83.07
废水治理设施运行费用(万元)	64544.50
工业废水排放量(万吨)	3640.63
化学需氧量排放量(吨)	2651.64
氨氮排放量(吨)	188.50
工业废气	
煤炭消费总量(万吨)	7807.50
燃料油消费量(不含车船用)(万吨)	0.24
废气治理设施数(套)	1496
废气治理设施处理能力(万标立方米/时)	11138.01
废气治理设施设备运行费用(万元)	163529.2
工业废气排放总量(万标立方米)	49057422.82
二氧化硫去除量(吨)	860854.33
二氧化硫排放量(吨)	57517.86
氮氧化物排放量(吨)	60872.20
烟尘去除量(吨)	8305905.72
烟(粉)尘排放量(吨)	45699.10

20－11 续表

项　目	2016
工业固体废物	
工业固体废物产生量(万吨)	6593.32
工业固体废物丢弃量(万吨)	
工业固体废物贮存量(万吨)	1103.57
工业固体废物处置量(万吨)	2520.65
工业固体废物综合利用量(万吨)	2969.10
工业固体废物综合利用率(%)	45.03
污染治理	
本年安排污染治理项目数(个)	37
城市环境保护投资(万元)	1041323.80
# 工业污染源治理投资	63330.16
项目“三同时”投资	621044.04
污染治理设施运行费用	259438.21
城市环境基础设施建设投资	96039.59
环境管理与污染防治科技投入	1471.80
排放收费及使用	
排污费缴纳单位(个)	454
排污费征收额(万元)	17152.11

20－12 全市重点调查工业污染

指 标	工业废气排放量（万标立方米）	废气治理设施数（套）	二氧化硫去除量（吨）	二氧化硫排放量（吨）
煤炭开采和洗选业	1811461.47	242	3155.784	4754.576
黑色金属矿采选业				
农副食品加工业	80			1.36
食品制造业	150237	7	1906.799	257.201
饮料制造业	2286.1	5		20.162
纺织业	11016.52			9.962
化学原料及化学制品制造业	10659110.24	529	127098.541	9882.392
医药制造业	5000			0.1
非金属矿物制品业	1887413.33	245	3516.236	781.27
黑色金属冶炼及压延加工业	337483.5	19	620.972	489.931
有色金属冶炼及压延加工业	1851316.8	96	3815.439	653.509
专业设备制造业				
电器机械及器材制造业				
通信设备、计算机及其他电子设备制造业	52935.99	13		1.17
电力、热力的生产和供应业	29489687.9	272	656376.904	29705.048
水的生产和供应业				

排放及处理利用情况(2016年)

烟(粉)尘去除量(吨)	烟尘(粉)排放量(吨)	工业固体废物产生量(万吨)	工业固体废物综合利用量(万吨)
25011.531	3149.44	4027.511509	2272.065056
	3.2	0.002	
17826.034	7.416	3.141347	3.141347
27.298	19.542	0.044406	0.011095
	11.424	0.02179	0.00299
619930.118	10286.045	510.271398	203.879327
	0.1		
165335.143	2107.459	31.56804	31.53217
5455.599	703.496	33.8	33.24
77454.619	1422.177	144.138875	32.823134
	7	0.336102	
6998516.975	21719.124	1670.92907	347.109246

20－13　城市环境质量指标

项　　目	单位	2013	2014	2015	2016
可吸入颗粒物浓度年均值	mg/m^3	0.085	0.072	0.069	0.063
二氧化硫浓度年均值	mg/m^3	0.027	0.022	0.02	0.015
二氧化氮浓度年均值	mg/m^3	0.027	0.026	0.024	0.023
区域环境噪声平均值	dB(A)	49.4	50.2	60.0	48.2
交通干线噪声平均值	dB(A)	61.3	63.5	48.1	59.9
pm2.5			0.028	0.027	0.024

注:2013 年为半年数据,不是全年数据。

主要统计指标解释

卫生机构 包括医疗机构、疾病预防控制中心(防疫站)、采供血机构、卫生监督及监测(检验)机构、医学科研和在职培训机构、健康教育所等。医疗机构包括医院、社区卫生服务中心(站)、疗养院、卫生院、门诊部、诊所(卫生所、医务室)、妇幼保健院(所、站)、专科疾病防治院(所、站)、急救中心(站)和临床检验中心。医疗机构分为非赢利性医疗机构和赢利性医疗机构。

医院 包括综合医院、中医医院、中西医结合医院、民族医院、各类专科医院和护理院。

卫生技术人员 指卫生机构中医生、护理人员、药剂人员、检验人员等卫生技术人员。

医生 指在医疗、预防保健机构工作且取得《执业医师证书》的执业医师和执业助理医师。

社会福利事业单位 指集中收养社会孤老、残、幼的机构,包括由民政部门管理的社会福利院、儿童福利院、精神病人福利院和城镇集体举办的福利院及农村集体举办的敬老院以及优抚医院和具有收养能力的社区服务中心等。该指标主要反映我国在社会福利性单位投入的水平。

农村五保户 指农村中既无劳动能力,又无经济来源的老、弱、孤、残的农民,其生活由集体供养,实行保吃、保穿、保住、保医、保葬(孤儿保教),简称"五保"。享受五保待遇的家庭叫五保户。

基本养老保险 1. 参加保险人数:指报告期末按照国家法律、法规和有关政策规定参加基本养老保险的职工人数。包括不能正常缴费、已中断缴费但未终止保险关系的职工人数。2. 离休、退休、退职人员;指正式办理了离休、退休、退职手续,并享受相应的离休、退休、退职待遇的人员。

基本医疗保险 1. 参加保险人数:指报告期末按国家有关规定参加基本医疗保险的人数。包括参加保险的职工人数和退休人员人数。2. 社会统筹基金收入:指根据国家有关规定,由纳入基本医疗保险范围的缴费单位,按国家规定的缴费基数和缴费比例缴纳的社会统筹基金,以及通过其他方式取得的形成基金来源的款项,包括:单位缴纳的社会统筹基金收入、财政补贴收入、利息收入、其他收入。

失业保险 1. 参加保险人数:指报告期末按照国家法律、法规和有关政策规定参加了失业保险的城镇企业事业单位的职工及地方政府规定参加失业保险的其他人员的人数。2. 失业保险金:指为保障失业人员的基本生活而按规定支付的失业保险金金额。保险福利费用总额指各单位在工资以外支付给职工和离休、退休、退职人员个人和用于集体的保险福利费用,不包括用于职工的劳动保护费用,由保险福利费用开支的医务人员工资,集体福利机构工作人员和病伤休息期满 6 个月以上人员的工资。

工伤保险 参加保险人数:指报告期末依据国家有关规定参加工伤保险的职工人数。

生育保险 参加保险人数:指报告期末依据有关规定参加生育保险的职工人数。

工业废水排放量 指经过企业厂区所有排放口排到企业外部的工业废水量。包括生产废水、外排的直接冷却水、超标排放的矿井地下水和与工业废水混排的厂区生活污水,不包括外排的间接冷却水(清污不分流的间接冷却水应计算在内)。

工业二氧化硫排放量 指企业在燃料燃烧和生产工艺过程中排入大气的二氧化硫数量。烟尘排放量指企业厂区内燃料燃烧产生的烟气中夹带的颗粒物数量。

工业固体废物产生量 指企业在生产过程中产生的固体状、半固体状和高浓度液体状废弃物的总量,包括危险废物、冶炼废渣、粉煤灰、炉渣、煤矸石、尾矿、放射性废物和其他废物等;不包括矿山开采的剥离废石和掘进废石(煤矸石和呈酸性或碱性的废石除外)。酸性或碱性废石指采掘的废石其流经水、雨淋水的 PH 值小于 4 或 PH 值大于 10.5 者。

危险废物 指列入国家危险废物名录或根据国家规定的危险废物鉴别标准和鉴别方法认定的,具有爆炸性、易燃性、易氧化性、毒性、腐蚀性、易传染疾病等危险特性之一的废物。

工业固体废物综合利用量 指通过回收、加工、循环、交换等方式,从固体废物中提取或者使其转化为可以利用的资源、能源和其他原材料的固体废物量(包括当年利用往年的工业固体废物累计贮存量),如用作农业肥料、生产建筑材料、筑路等。综合利用量由原产生固体废物的单位统计。

工业固体废物处置量 指将固体废物焚烧或者最终置于符合环境保护规定要求的场所,并不再回取的工业固体废物量(包括当年处置往年的工业固体废物累计贮存量)。处置方法有填埋(其中危险废物应安全填埋)、焚烧、专业贮存场(库)封场处理、深层灌注、回填矿井等。

二十一、旗县（区）资料

资料整理员：郝东娜

太阳广场

21－1 东胜区主要经济指标

指　　标	2015	2016	2016 年比 2015 年增长(%)
行政区域土地面积(平方公里)	2526	2526	
人口和就业			
年末户籍人口(人)	258654	262941	1.7
# 男性(人)	140708	144846	2.9
# 乡村人口(人)	49656	32193	-35.2
年末常住人口(人)	658800	508500	-22.8
# 男性(人)			
# 乡村人口(人)	44500	33200	-25.4
年末总户数(户)	105644	106796	1.1
# 乡村户数(户)	5637	5116	-9.2
出生人口(人)	3926	5597	42.6
死亡人口(人)	680	652	-4.1
全社会就业人员(人)	289643	293242	1.2
第一产业(人)	6414	9207	43.5
第二产业(人)	108069	106021	-1.9
第三产业(人)	175160	178014	1.6
在岗职工人数(人)	83387	75316	-9.7
乡村劳动力(人)	9206	9207	
# 农、林、牧、渔业(人)	6488	6778	4.5
国民经济综合指标			
生产总值(万元)	8838909	9427200	7.5
第一产业(万元)	13400	12900	3.0
第二产业(万元)	3294000	3462700	6.3
# 工业(万元)	2704000	2854400	6.8
第三产业(万元)	5531509	5951500	8.2
人均生产总值(元)	151753	185886	12.9
全社会固定资产投资(万元)	4927909	5056874	2.6
按登记注册类型分			
# 国有(万元)	799025	2321560	190.5
集体(万元)	1300		
有限责任公司(万元)	3203116	1392753	-56.5
股份有限公司(万元)	288215	76596	-73.4
私营企业(万元)	145647	581305	299.1
外商及港、澳、台投资企业(万元)		71306	
一般公共预算收入(万元)	809018	833333	3.0
一般公共预算支出(万元)	937225	902707	-3.7
住户存款余额(万元)	6682605	7384796	10.5
在岗职工工资总额(万元)	589128	590943	0.3

21－1 续表 1

指　　标	2015	2016	2016 年比 2015 年增长(%)
在岗职工平均工资(元)	70822	72046	1.7
全体居民人均可支配收入(元)	36729	39553	7.7
城镇常住居民人均可支配收入(元)	38807	41679	7.4
农村牧区常住居民人均可支配收入(元)			
农村牧区经济			
农作物总播种面积(公顷)	2267	2686	18.5
#粮食作物播种面积(公顷)	2152	2567	19.3
农牧业机械总动力(万千瓦)	11.36	11.50	1.2
化肥施用折纯量(吨)	673	685	1.8
农村用电量(万千瓦小时)	734	717	-2.3
农、林、牧、渔业总产值(万元)	24374	26192	3.0
粮食产量(吨)	10000	11900	19.0
油料产量(吨)	17	18	3.5
甜菜产量(吨)		23	0.0
猪牛羊肉产量(吨)	2052	2326	13.4
#猪肉产量(吨)	717	900	25.5
牛肉产量(吨)	255	301	18.0
羊肉产量(吨)	1080	1125	4.2
羊毛产量(吨)	8	2	-78.8
年末牲畜存栏头数(万头只)	8.96	9.61	7.3
#大牲畜(万头只)	0.38	0.49	28.9
羊(万只)	7.71	7.68	-0.4
猪(万头)	0.87	1.44	65.5
规模以上工业			
工业企业单位数(个)	66	59	-10.6
#内资企业(个)	64	57	-10.9
工业总产值(万元)	5477957	5649945	3.1
内资企业(万元)	4966413	4905722	-1.2
国有企业(万元)	1170345	685741	-41.4
集体企业(万元)			
股份合作企业(万元)			
联营企业(万元)			
有限责任公司(万元)	3189255	3293333	3.3
股份有限公司(万元)	412934	752706	82.3
私营企业(万元)	66317	20750	-68.7
其他企业(万元)	127562	153192	20.1
港、澳、台商投资企业(万元)	4104	4200	2.3
外商投资企业(万元)	507440	740023	45.8

21－1 续表2

指　　标	2015	2016	2016 年比 2015 年增长(%)
工业企业增加值(万元)			8.1
工业企业资产总计(万元)	18257318	18727400	2.6
工业企业负债合计(万元)	13132691	13090030	-0.3
工业企业产品销售收入(万元)	6504292	6869048	5.6
工业企业利润总额(万元)	517502	719791	39.1
建筑业			
建筑企业单位数(个)	151	149	-1.3
建筑企业从业人员(人)	32693	20288	-37.9
建筑业总产值(万元)	1127249	1073415	-4.8
交通运输邮电通信业			
公路里程(公里)	1309	1384	5.7
邮电业务总量(万元)	143560	148728	3.6
本地电话用户(户)	83604	73423	-12.2
国内贸易			
社会消费品零售总额(万元)	2231793	2440468	9.4
城镇(万元)	2231793	2440468	9.4
乡村(万元)			
科技教育卫生			
各类专业技术人员(人)	9162	9402	2.6
幼儿园数(所)	85	72	-15.3
学龄儿童入学率(%)	100.0	100.0	
小学学校数(所)	35	30	-14.3
小学专任教师数(人)	2202	1991	-9.6
小学在校学生数(人)	38903	37774	-2.9
普通中学学校数(所)	20	17	-15.0
普通中学专任教师数(人)	2574	2164	-15.9
初中在校学生数(人)	16036	12658	-21.1
高中在校学生数(人)	13981	13798	-1.3
卫生机构数(所)	422	418	-0.9
#医院(所)	40	35	-12.5
卫生院(所)	6	6	
床位数(张)	4619	3538	-23.4
#医院(张)	4470	3497	-21.8
卫生院(张)	69	41	-40.6
卫生技术人员(人)	4221	4225	0.1
#医院(人)	6818	3193	-53.2
卫生院(人)	74	69	-6.8

21－2 康巴什区主要经济指标

指　　标	2015	2016	2016 年比 2015 年增长(%)
行政区域土地面积(平方公里)	373	373	
人口和就业			
年末户籍人口(人)	22100	26400	19.5
# 男性(人)			
# 乡村人口(人)			
年末常住人口(人)	153000	154000	0.7
# 男性(人)			
# 乡村人口(人)	10000	10000	
年末总户数(户)			
# 乡村户数(户)	564	57	-89.9
出生人口(人)			
死亡人口(人)			
全社会就业人员(人)		88858	
第一产业(人)		1777	
第二产业(人)		19549	
第三产业(人)		67532	
在岗职工人数(人)		17025	
乡村劳动力(人)	566	43	-92.4
# 农、林、牧、渔业(人)	74	31	-58.1
国民经济综合指标			
生产总值(万元)	787000	839900	7.0
第一产业(万元)			
第二产业(万元)	159000	164100	8.0
# 工业(万元)	123000	126600	9.5
第三产业(万元)	628000	675800	6.7
人均生产总值(元)	77479	54717	-29.2
全社会固定资产投资(万元)	413531	464211	12.3
按登记注册类型分			
# 国有(万元)	242334	291081	20.1
集体(万元)			
有限责任公司(万元)	68477	60140	12.2
股份有限公司(万元)	12373		
私营企业(万元)	25567	50399	97.1
外商及港、澳、台投资企业(万元)			
一般公共预算收入(万元)	95346	101228	6.2
一般公共预算支出(万元)	107286	102740	-4.2
住户存款余额(万元)			
在岗职工工资总额(万元)		162364	

21－2 续表1

指　　标	2015	2016	2016年比2015年增长(%)
在岗职工平均工资(元)		95683	
全体居民人均可支配收入(元)			
城镇常住居民人均可支配收入(元)		41523	
农村牧区常住居民人均可支配收入(元)			
农村牧区经济			
农作物总播种面积(公顷)	3	3	3.3
#粮食作物播种面积(公顷)			
农牧业机械总动力(万千瓦)			
化肥施用折纯量(吨)	22	3	-88.6
农村用电量(万千瓦小时)	28	0.03	-99.9
农、林、牧、渔业总产值(万元)		37	
粮食产量(吨)			
油料产量(吨)			
甜菜产量(吨)			
猪牛羊肉产量(吨)		8	
#猪肉产量(吨)		1	
牛肉产量(吨)		3	
羊肉产量(吨)		4	
羊毛产量(吨)			
年末牲畜存栏头数(万头只)	0.42	0.15	-64.3
#大牲畜(万头只)	0.01	0.01	-11.1
羊(万只)	0.41	0.14	-65.9
猪(万头)			
规模以上工业			
工业企业单位数(个)	4	4	
#内资企业(个)	4	4	
工业总产值(万元)	183637	298794	62.7
内资企业(万元)	183617	298794	62.7
国有企业(万元)			
集体企业(万元)			
股份合作企业(万元)			
联营企业(万元)			
有限责任公司(万元)	183637	298794	62.7
股份有限公司(万元)			
私营企业(万元)			
其他企业(万元)			
港、澳、台商投资企业(万元)			
外商投资企业(万元)			

21－2 续表 2

指　　标	2015	2016	2016 年比 2015 年增长(%)
工业企业增加值(万元)			7.3
工业企业资产总计(万元)	1266350	1442729	13.9
工业企业负债合计(万元)	875284	961289	9.8
工业企业产品销售收入(万元)	282538	256586	-9.2
工业企业利润总额(万元)	15252	2313	-84.8
建筑业			
建筑企业单位数(个)	14	14	
建筑企业从业人员(人)	1908	1506	-21.1
建筑业总产值(万元)	71029	134458	89.3
交通运输邮电通信业			
公路里程(公里)	48	108	125.9
邮电业务总量(万元)	7.3	7.4	1.4
本地电话用户(户)	107200	140160	30.7
国内贸易			
社会消费品零售总额(万元)	985479	1078602	9.4
城镇(万元)	985479	1078602	9.4
乡村(万元)			
科技教育卫生			
各类专业技术人员(人)		1537	
幼儿园数(所)	11	12	9.1
学龄儿童入学率(%)	100.0	100.0	
小学学校数(所)	6	6	
小学专任教师数(人)	368	432	17.4
小学在校学生数(人)	4246	5253	23.7
普通中学学校数(所)	3	3	
普通中学专任教师数(人)	377	398	5.6
初中在校学生数(人)	2492	2528	1.4
高中在校学生数(人)	898	1101	22.6
卫生机构数(所)		24	
#医院(所)		3	
卫生院(所)			
床位数(张)		1031	
#医院(张)		831	
卫生院(张)			
卫生技术人员(人)	1291	1276	
#医院(人)		853	
卫生院(人)			

21－3　达拉特旗主要经济指标

指　　标	2015	2016	2016 年比 2015 年增长(%)
行政区域土地面积(平方公里)	8241	8241	
人口和就业			
年末户籍人口(人)	364257	369306	1.4
# 男性(人)	185134	187407	1.2
# 乡村人口(人)	296740	300941	1.4
年末常住人口(人)	331400	332700	0.4
# 男性(人)			
# 乡村人口(人)	145600	145200	-0.3
年末总户数(户)	163723	166068	1.4
# 乡村户数(户)	60449	69510	15.0
出生人口(人)	3392	7558	122.8
死亡人口(人)	2117	1723	-18.6
全社会就业人员(人)	243479	243904	0.2
第一产业(人)	71959	72982	1.4
第二产业(人)	52506	52198	-0.6
第三产业(人)	119014	118724	-0.2
在岗职工人数(人)	31585	33520	6.1
乡村劳动力(人)	110063	126272	14.7
# 农、林、牧、渔业(人)	86779	99496	14.7
国民经济综合指标			
生产总值(万元)	4718100	4908000	7.1
第一产业(万元)	322300	333000	3.5
第二产业(万元)	2665300	2715700	7.5
# 工业(万元)	2424100	2467500	7.9
第三产业(万元)	1730500	1859400	7.1
人均生产总值(元)	142301	147809	6.9
全社会固定资产投资(万元)	2150000	2408000	12.1
按登记注册类型分			
# 国有(万元)	548716	1079310	96.7
集体(万元)	3500		
有限责任公司(万元)	1508421	1033538	-31.5
股份有限公司(万元)	54720	31879	-41.7
私营企业(万元)	6824	155853	2183.9
外商及港、澳、台投资企业(万元)		84529	
一般公共预算收入(万元)	213612	222750	4.3
一般公共预算支出(万元)	518688	410034	-20.9
住户存款余额(万元)	1120554	1280653	14.3
在岗职工工资总额(万元)	191657	213144	11.2

21－3 续表1

指标	2015	2016	2016年比2015年增长(%)
在岗职工平均工资(元)	61137	64431	5.4
全体居民人均可支配收入(元)	24550	26449	7.7
城镇常住居民人均可支配收入(元)	33863	36403	7.5
农村牧区常住居民人均可支配收入(元)	14341	15359	7.1
农村牧区经济			
农作物总播种面积(公顷)	136687	137080	0.3
#粮食作物播种面积(公顷)	83260	82063	-1.4
农牧业机械总动力(万千瓦)	97.62	103.96	6.5
化肥施用折纯量(吨)	62420	55658	-10.8
农村用电量(万千瓦小时)	60430	61489	1.8
农、林、牧、渔业总产值(万元)	551066	592993	3.3
粮食产量(吨)	581039	583180	0.4
油料产量(吨)	29171	34711	19.0
甜菜产量(吨)	85959	81237	-5.5
猪牛羊肉产量(吨)	38667	40534	4.8
#猪肉产量(吨)	12000	13000	8.3
牛肉产量(吨)	1558	1499	-3.8
羊肉产量(吨)	25109	26035	3.7
羊毛产量(吨)	3915	3566	-8.9
年末牲畜存栏头数(万头只)	206.72	197.86	-4.3
#大牲畜(万头只)	6.85	6.51	-5.0
羊(万只)	194.11	185.66	-4.4
猪(万头)	5.76	5.69	-1.2
规模以上工业			
工业企业单位数(个)	53	52	-1.9
#内资企业(个)	50	49	-2.0
工业总产值(万元)	6498604	6621828	1.9
内资企业(万元)	6286451	6470908	2.9
国有企业(万元)			
集体企业(万元)			
股份合作企业(万元)			
联营企业(万元)			
有限责任公司(万元)	3869092	3342756	-13.6
股份有限公司(万元)	536364	750276	39.9
私营企业(万元)	1616888	1997392	23.5
其他企业(万元)	264107	380484	44.1
港、澳、台商投资企业(万元)	28934	8525	-70.5
外商投资企业(万元)	183219	142396	-22.3

21－3 续表2

指　　标	2015	2016	2016年比2015年增长(%)
工业企业增加值(万元)			7.6
工业企业资产总计(万元)	5576261	6176589	10.8
工业企业负债合计(万元)	3087184	3553073	15.1
工业企业产品销售收入(万元)	6435374	6780804	5.4
工业企业利润总额(万元)	1388167	1631082	17.5
建筑业			
建筑企业单位数(个)	13	13	
建筑企业从业人员(人)	1675	2070	23.6
建筑业总产值(万元)	76477	221124	189.1
交通运输邮电通信业			
公路里程(公里)	2586	3267	26.3
邮电业务总量(万元)	28711	28711	
本地电话用户(户)	10755	10755	
国内贸易			
社会消费品零售总额(万元)	581146	646941	11.3
城镇(万元)	391974	437093	11.5
乡村(万元)	189172	209848	10.9
科技教育卫生			
各类专业技术人员(人)	6365	6702	5.3
幼儿园数(所)	87	79	-9.2
学龄儿童入学率(%)	100.0	100.0	
小学学校数(所)	25	27	8.0
小学专任教师数(人)	1259	1336	6.1
小学在校学生数(人)	20282	22443	10.7
普通中学学校数(所)	9	10	11.1
普通中学专任教师数(人)	1156	1156	
初中在校学生数(人)	9109	8327	-8.6
高中在校学生数(人)	4820	5096	5.7
卫生机构数(所)	291	359	23.4
#医院(所)	7	9	28.6
卫生院(所)	22	22	
床位数(张)	1377	1425	3.5
#医院(张)	933	986	5.7
卫生院(张)	361	356	-1.4
卫生技术人员(人)	1640	1767	7.7
#医院(人)	908	954	5.1
卫生院(人)	248	244	-1.6

21－4 准格尔旗主要经济指标

指　　标	2015	2016	2016年比2015年增长(%)
行政区域土地面积(平方公里)	7551	7551	
人口和就业			
年末户籍人口(人)	324205	326516	0.7
# 男性(人)	164155	164996	0.5
# 乡村人口(人)	255999	257609	0.6
年末常住人口(人)	371600	373100	0.4
# 男性(人)			
# 乡村人口(人)	118100	118000	-0.1
年末总户数(户)	145268	147035	1.2
# 乡村户数(户)	35356	37256	5.4
出生人口(人)	6714	4040	-39.8
死亡人口(人)	1767	1356	-23.3
全社会就业人员(人)	195321	195396	
第一产业(人)	35000	35007	
第二产业(人)	68411	68413	
第三产业(人)	91910	91976	0.1
在岗职工人数(人)	56136	55180	-1.7
乡村劳动力(人)	79071	82320	4.1
# 农、林、牧、渔业(人)	44883	46726	4.1
国民经济综合指标			
生产总值(万元)	11077800	11432000	7.1
第一产业(万元)	92500	100700	3.5
第二产业(万元)	6642300	6753200	7.3
# 工业(万元)	6072300	6164000	7.6
第三产业(万元)	4343000	4578200	6.8
人均生产总值(元)	298031	307023	6.9
全社会固定资产投资(万元)	5082124	5743000	13.0
按登记注册类型分			
# 国有(万元)	1619786	2326507	43.6
集体(万元)		627	
有限责任公司(万元)	3430940	3060323	-10.8
股份有限公司(万元)	1322		
私营企业(万元)		275109	
外商及港、澳、台投资企业(万元)		64955	
一般公共预算收入(万元)	790005	818329	3.6
一般公共预算支出(万元)	931981	967876	3.9
住户存款余额(万元)	2536526	2678829	5.6
在岗职工工资总额(万元)	431419	487973	13.1

21－4 续表1

指　　标	2015	2016	2016年比2015年增长(%)
在岗职工平均工资(元)	76482	85838	12.2
全体居民人均可支配收入(元)	30175	32469	7.6
城镇常住居民人均可支配收入(元)	38698	41523	7.3
农村牧区常住居民人均可支配收入(元)	14459	15500	7.2
农村牧区经济			
农作物总播种面积(公顷)	65154	67108	3.0
#粮食作物播种面积(公顷)	37637	39847	5.9
农牧业机械总动力(万千瓦)	28.88	29.69	2.8
化肥施用折纯量(吨)	9541	9419	-1.3
农村用电量(万千瓦小时)	3725	3726	
农、林、牧、渔业总产值(万元)	158444	170499	3.2
粮食产量(吨)	81429	96086	18.0
油料产量(吨)	3185	3250	2.0
甜菜产量(吨)	529	533	0.8
猪牛羊肉产量(吨)	12446	12584	1.1
#猪肉产量(吨)	5800	5838	0.7
牛肉产量(吨)	325	327	0.6
羊肉产量(吨)	6321	6419	1.6
羊毛产量(吨)	358	115	-67.9
年末牲畜存栏头数(万头只)	48.42	47.63	-1.6
#大牲畜(万头只)	1.11	1.07	-3.6
羊(万只)	42.41	41.70	-1.7
猪(万头)	4.89	4.86	-0.6
规模以上工业			
工业企业单位数(个)	102	106	3.9
#内资企业(个)	97	101	4.1
工业总产值(万元)	9931311	10853902	9.3
内资企业(万元)	9795212	10664610	8.9
国有企业(万元)	2140430	2186879	2.2
集体企业(万元)	5400	8223	52.3
股份合作企业(万元)			
联营企业(万元)			
有限责任公司(万元)	4353846	5044971	15.9
股份有限公司(万元)	2730785	2756154	0.9
私营企业(万元)	564751	668382	18.3
其他企业(万元)			
港、澳、台商投资企业(万元)	116376	162929	40.0
外商投资企业(万元)	19723	26362	33.7

21－4 续表2

指　　标	2015	2016	2016年比2015年增长(%)
工业企业增加值(万元)			6.4
工业企业资产总计(万元)	24200018	27817334	14.9
工业企业负债合计(万元)	13096865	13432924	2.6
工业企业产品销售收入(万元)	9400560	10808499	15.0
工业企业利润总额(万元)	1471340	1558071	5.9
建筑业			
建筑企业单位数(个)	12	12	
建筑企业从业人员(人)	1170	819	-30.0
建筑业总产值(万元)	47775	50622	6.0
交通运输邮电通信业			
公路里程(公里)	3500	4422	26.3
邮电业务总量(万元)	171200	182800	6.8
本地电话用户(户)	60265	60251	
国内贸易			
社会消费品零售总额(万元)	991087	1095207	10.5
城镇(万元)	660572	731169	10.7
乡村(万元)	330514	364038	10.1
科技教育卫生			
各类专业技术人员(人)	7340	7340	
幼儿园数(所)	41	41	
学龄儿童入学率(%)	100.0	100.0	
小学学校数(所)	25	25	
小学专任教师数(人)	1505	1565	4.0
小学在校学生数(人)	24057	25707	6.9
普通中学学校数(所)	12	13	8.3
普通中学专任教师数(人)	1475	1512	2.5
初中在校学生数(人)	10402	9349	-10.1
高中在校学生数(人)	5374	5748	7.0
卫生机构数(所)	272	275	1.1
#医院(所)	8	8	
卫生院(所)	13	13	
床位数(张)	1557	1491	-4.2
#医院(张)	1319	1269	-3.8
卫生院(张)	238	222	-6.7
卫生技术人员(人)	2108	2111	0.1
#医院(人)	1395	1366	-2.1
卫生院(人)	238	217	-8.8

21－5 鄂托克前旗主要经济指标

指　　标	2015	2016	2016年比2015年增长(%)
行政区域土地面积(平方公里)	12221	12221	
人口和就业			
年末户籍人口(人)	78750	79556	1.0
# 男性(人)	39724	40114	1.0
# 乡村人口(人)	55211	55815	1.1
年末常住人口(人)	71000	71200	0.3
# 男性(人)			
# 乡村人口(人)	29900	28600	-4.3
年末总户数(户)	28039	28947	3.2
# 乡村户数(户)	13697	13588	-0.8
出生人口(人)	1004	1089	8.5
死亡人口(人)	429	343	-20.0
全社会就业人员(人)	53998	55689	3.1
第一产业(人)	24537	23545	-4.0
第二产业(人)	13226	14284	8.0
第三产业(人)	16235	17860	10.0
在岗职工人数(人)	7306	6105	-16.4
乡村劳动力(人)	24777	24615	-0.7
# 农、林、牧、渔业(人)	20666	20623	-0.2
国民经济综合指标			
生产总值(万元)	1289900	1364200	8.1
第一产业(万元)	112100	122100	3.4
第二产业(万元)	791600	819900	8.6
# 工业(万元)	635800	657800	9.7
第三产业(万元)	386200	422200	9.0
人均生产总值(元)	181421	191871	8.1
全社会固定资产投资(万元)	2320576	2672519	15.2
按登记注册类型分			
# 国有(万元)	2099133	2561500	22.0
集体(万元)			
有限责任公司(万元)	175616	100774	-42.6
股份有限公司(万元)			
私营企业(万元)			
外商及港、澳、台投资企业(万元)			
一般公共预算收入(万元)	160016	181014	13.1
一般公共预算支出(万元)	287909	299814	4.1
住户存款余额(万元)	238293	288501	21.1
在岗职工工资总额(万元)	50101	44384	-11.4

21－5 续表1

指　　标	2015	2016	2016年比2015年增长(%)
在岗职工平均工资(元)	66589	72040	8.2
全体居民人均可支配收入(元)	26027	28132	8.1
城镇常住居民人均可支配收入(元)	35545	38318	7.8
农村牧区常住居民人均可支配收入(元)	14501	15603	7.6
农村牧区经济			
农作物总播种面积(公顷)	29180	52387	79.5
#粮食作物播种面积(公顷)	18321	19810	8.1
农牧业机械总动力(万千瓦)	27.71	29.95	8.1
化肥施用折纯量(吨)	19519	19548	0.1
农村用电量(万千瓦小时)	4533	4638	2.3
农、林、牧、渔业总产值(万元)	192882	207557	3.1
粮食产量(吨)	100000	93852	-6.1
油料产量(吨)	3570	3850	7.8
甜菜产量(吨)			
猪牛羊肉产量(吨)	17572	18088	2.9
#猪肉产量(吨)	3800	3795	-0.1
牛肉产量(吨)	3050	3200	4.9
羊肉产量(吨)	10722	11093	3.5
羊毛产量(吨)	1810	1500	-17.1
年末牲畜存栏头数(万头只)	92.54	91.69	-0.9
#大牲畜(万头只)	3.38	3.87	14.5
羊(万只)	83.66	82.30	-1.6
猪(万头)	5.50	5.52	0.4
规模以上工业			
工业企业单位数(个)	15	17	13.3
#内资企业(个)	15	17	13.3
工业总产值(万元)	1992038	2193370	10.1
内资企业(万元)	1992038	2193370	10.1
国有企业(万元)			
集体企业(万元)			
股份合作企业(万元)			
联营企业(万元)			
有限责任公司(万元)	827821	869522	5.0
股份有限公司(万元)	23704	26053	9.9
私营企业(万元)	1140513	1297794	13.8
其他企业(万元)			
港、澳、台商投资企业(万元)			
外商投资企业(万元)			

21－5 续表2

指　　标	2015	2016	2016年比2015年增长(%)
工业企业增加值(万元)			8.7
工业企业资产总计(万元)	1493307	1564694	4.8
工业企业负债合计(万元)	1145359	1219195	6.4
工业企业产品销售收入(万元)	1494271	1634685	9.4
工业企业利润总额(万元)	-84146	-52530	—
建筑业			
建筑企业单位数(个)	6	7	16.7
建筑企业从业人员(人)	1580	1880	19.0
建筑业总产值(万元)	138001	129961	-5.8
交通运输邮电通信业			
公路里程(公里)	2044	2996	46.6
邮电业务总量(万元)	10180	10017	-1.6
本地电话用户(户)	7000	4620	-34.0
国内贸易			
社会消费品零售总额(万元)	204300	228245	11.7
城镇(万元)	120135	135375	12.7
乡村(万元)	84165	92870	10.3
科技教育卫生			
各类专业技术人员(人)	2269	2391	5.4
幼儿园数(所)	9	11	22.2
学龄儿童入学率(%)	100.0	100.0	
小学学校数(所)	5	5	
小学专任教师数(人)	333	333	
小学在校学生数(人)	4689	4763	1.6
普通中学学校数(所)	3	3	
普通中学专任教师数(人)	336	321	-4.5
初中在校学生数(人)	2215	2105	-5.0
高中在校学生数(人)	966	929	-3.8
卫生机构数(所)	116	81	-30.2
#医院(所)	3	3	
卫生院(所)	7	7	
床位数(张)	368	368	
#医院(张)	270	270	
卫生院(张)	78	78	
卫生技术人员(人)	443	411	-7.2
#医院(人)	178	164	-7.9
卫生院(人)	79	80	1.3

21－6　鄂托克旗主要经济指标

指　　标	2015	2016	2016年比2015年增长(%)
行政区域土地面积(平方公里)	20367	20367	
人口和就业			
年末户籍人口(人)	97650	97910	0.3
# 男性(人)	49126	49249	0.3
# 乡村人口(人)	58921	60261	2.3
年末常住人口(人)	160300	161200	0.6
# 男性(人)			
# 乡村人口(人)	41000	40700	-0.7
年末总户数(户)	41731	43103	3.3
# 乡村户数(户)	11250	11360	1.0
出生人口(人)	1132	1150	1.6
死亡人口(人)	565	493	-12.7
全社会就业人员(人)	85866	88442	3.0
第一产业(人)	30028	32154	7.1
第二产业(人)	22566	22736	0.8
第三产业(人)	33272	33552	0.8
在岗职工人数(人)	39408	38667	-1.9
乡村劳动力(人)	24520	25100	2.4
# 农、林、牧、渔业(人)	21145	21550	1.9
国民经济综合指标			
生产总值(万元)	4357500	4534600	8.2
第一产业(万元)	74900	82000	3.4
第二产业(万元)	3325400	3420600	8.5
# 工业(万元)	3017400	3101800	9.0
第三产业(万元)	957200	1032100	7.3
人均生产总值(元)	271665	282090	7.9
全社会固定资产投资(万元)	3000120	3406865	13.6
按登记注册类型分			
# 国有(万元)	430977	463858	7.6
集体(万元)			
有限责任公司(万元)	1700194	1059902	-37.7
股份有限公司(万元)		62553	
私营企业(万元)	868849	1448265	66.7
外商及港、澳、台投资企业(万元)		372287	
一般公共预算收入(万元)	354348	379846	7.2
一般公共预算支出(万元)	488719	531149	8.7
住户存款余额(万元)	705696	845360	19.8
在岗职工工资总额(万元)	232552	221170	-4.9

21－6 续表1

指　　标	2015	2016	2016年比2015年增长(%)
在岗职工平均工资(元)	58563	57430	-1.9
全体居民人均可支配收入(元)	27956	30186	8.0
城镇常住居民人均可支配收入(元)	36832	39668	7.7
农村牧区常住居民人均可支配收入(元)	14418	15485	7.4
农村牧区经济			
农作物总播种面积(公顷)	25064	25685	2.5
#粮食作物播种面积(公顷)	18171	18534	2.0
农牧业机械总动力(万千瓦)	17.58	18.18	3.4
化肥施用折纯量(吨)	4355	4410	1.3
农村用电量(万千瓦小时)	897	905	0.9
农、林、牧、渔业总产值(万元)	134442	144671	3.4
粮食产量(吨)	102965	99515	-3.4
油料产量(吨)	7266	7582	4.3
甜菜产量(吨)			
猪牛羊肉产量(吨)	21292	23630	11.0
#猪肉产量(吨)	4326	4410	1.9
牛肉产量(吨)	2508	3120	24.4
羊肉产量(吨)	14458	16100	11.4
羊毛产量(吨)	334	230	-31.1
年末牲畜存栏头数(万头只)	113.17	111.80	-1.2
#大牲畜(万头只)	2.71	2.99	10.3
羊(万只)	106.56	104.80	-1.7
猪(万头)	3.90	4.01	2.8
规模以上工业			
工业企业单位数(个)	56	45	-19.6
#内资企业(个)	52	41	-21.2
工业总产值(万元)	5563946	6061260	8.9
内资企业(万元)	3895951	4516999	15.9
国有企业(万元)	82357		-100.0
集体企业(万元)	1755	2021	15.1
股份合作企业(万元)			
联营企业(万元)			
有限责任公司(万元)	2821352	2716643	-3.7
股份有限公司(万元)	326539	1186849	263.5
私营企业(万元)	650143	599531	-7.8
其他企业(万元)	13806	11955	-13.4
港、澳、台商投资企业(万元)		154772	
外商投资企业(万元)	1667994	1389490	-16.7

21－6 续表 2

指　　标	2015	2016	2016 年比 2015 年增长(%)
工业企业增加值(万元)			16.7
工业企业资产总计(万元)	12563394	11768413	-6.3
工业企业负债合计(万元)	8713942	7876321	-9.6
工业企业产品销售收入(万元)	5050573	5735533	13.6
工业企业利润总额(万元)	45164	146414	224.2
建筑业			
建筑企业单位数(个)	5	5	
建筑企业从业人员(人)	681	470	-31.0
建筑业总产值(万元)	19137	19788	3.4
交通运输邮电通信业			
公路里程(公里)	3822	3700	-3.2
邮电业务总量(万元)	16709	14360	-14.1
本地电话用户(户)	16000	13000	-18.8
国内贸易			
社会消费品零售总额(万元)	390190	435385	11.6
城镇(万元)	270056	302098	11.9
乡村(万元)	120134	133287	10.9
科技教育卫生			
各类专业技术人员(人)	3648	3648	
幼儿园数(所)	20	20	
学龄儿童入学率(%)	100.0	100.0	
小学学校数(所)	8	8	
小学专任教师数(人)	741	727	-1.9
小学在校学生数(人)	9563	10087	5.5
普通中学学校数(所)	5	5	
普通中学专任教师数(人)	573	567	-1.0
初中在校学生数(人)	3555	3212	-9.6
高中在校学生数(人)	1407	1351	-4.0
卫生机构数(所)	173	163	-5.8
# 医院(所)	5	5	
卫生院(所)	10	10	
床位数(张)	608	608	
# 医院(张)	466	466	
卫生院(张)	127	127	
卫生技术人员(人)	836	922	10.3
# 医院(人)	484	488	0.8
卫生院(人)	90	122	35.6

21－7 杭锦旗主要经济指标

指　　标	2015	2016	2016年比2015年增长(%)
行政区域土地面积(平方公里)	18814	18814	
人口和就业			
年末户籍人口(人)	142379	143540	0.8
# 男性(人)	72556	73097	0.7
# 乡村人口(人)	113504	115573	1.8
年末常住人口(人)	112900	113400	0.4
# 男性(人)			
# 乡村人口(人)	51800	50600	-2.3
年末总户数(户)	68421	65948	-3.6
# 乡村户数(户)	28497	28817	1.1
出生人口(人)	1430	2817	97.0
死亡人口(人)	878	873	-0.6
全社会就业人员(人)	84283	86324	2.4
第一产业(人)	46871	46431	-0.9
第二产业(人)	17421	18580	6.7
第三产业(人)	19991	21313	6.6
在岗职工人数(人)	12146	12183	0.3
乡村劳动力(人)	54439	59784	9.8
# 农、林、牧、渔业(人)	47704	50396	5.6
国民经济综合指标			
生产总值(万元)	896100	1002300	9.1
第一产业(万元)	176100	192100	3.1
第二产业(万元)	345200	407800	13.7
# 工业(万元)	261700	321000	17.7
第三产业(万元)	374800	402400	7.7
人均生产总值(元)	79126	88582	9.2
全社会固定资产投资(万元)	1551308	1750023	12.8
按登记注册类型分			
# 国有(万元)	163745	378127	130.9
集体(万元)			
有限责任公司(万元)	1367183	601916	-56.0
股份有限公司(万元)		215799	
私营企业(万元)		479041	
外商及港、澳、台投资企业(万元)			
一般公共预算收入(万元)	122980	123000	
一般公共预算支出(万元)	321118	283934	-11.6
住户存款余额(万元)	362002	407698	12.6
在岗职工工资总额(万元)	86238	88751	2.9

21—7 续表 1

指　　标	2015	2016	2016 年比 2015 年增长(%)
在岗职工平均工资(元)	71916	73849	2.7
全体居民人均可支配收入(元)	24150	26003	7.7
城镇常住居民人均可支配收入(元)	33716	36144	7.2
农村牧区常住居民人均可支配收入(元)	14258	15354	7.7
农村牧区经济			
农作物总播种面积(公顷)	79264	78591	-0.8
#粮食作物播种面积(公顷)	42984	44546	3.6
农牧业机械总动力(万千瓦)	47.19	54.79	16.1
化肥施用折纯量(吨)	23141	23634	2.1
农村用电量(万千瓦小时)	5523	5583	1.1
农、林、牧、渔业总产值(万元)	296093	318621	3.1
粮食产量(吨)	378500	386036	2.0
油料产量(吨)	73388	70005	-4.6
甜菜产量(吨)			
猪牛羊肉产量(吨)	19476	19274	-1.0
#猪肉产量(吨)	2100	2152	2.5
牛肉产量(吨)	1214	877	-27.8
羊肉产量(吨)	16162	16245	0.5
羊毛产量(吨)	3820	3500	-8.4
年末牲畜存栏头数(万头只)	142.29	139.61	-1.9
#大牲畜(万头只)	2.13	3.31	55.4
羊(万只)	137.05	133.20	-2.8
猪(万头)	3.11	3.10	-0.3
规模以上工业			
工业企业单位数(个)	18	20	11.1
#内资企业(个)	18	19	5.6
工业总产值(万元)	251182	553986	120.6
内资企业(万元)	281182	524977	86.7
国有企业(万元)			
集体企业(万元)			
股份合作企业(万元)			
联营企业(万元)			
有限责任公司(万元)	155846	441610	183.4
股份有限公司(万元)	19399	12199	-37.1
私营企业(万元)	75937	71168	-6.3
其他企业(万元)			
港、澳、台商投资企业(万元)			
外商投资企业(万元)		29009	

21－7 续表2

指　　标	2015	2016	2016年比2015年增长(%)
工业企业增加值(万元)			80.2
工业企业资产总计(万元)	1136367	2262282	
工业企业负债合计(万元)	877890	1808710	106.0
工业企业产品销售收入(万元)	210329	374104	77.9
工业企业利润总额(万元)	11463	16665	45.4
建筑业			
建筑企业单位数(个)	4	4	
建筑企业从业人员(人)	250	268	7.2
建筑业总产值(万元)	8520	13137	54.2
交通运输邮电通信业			
公路里程(公里)	2862	5347	86.8
邮电业务总量(万元)	12069	13087	8.4
本地电话用户(户)	12300	9400	-23.6
国内贸易			
社会消费品零售总额(万元)	358120	391773	9.4
城镇(万元)	243025	266364	9.6
乡村(万元)	115095	125409	9.0
科技教育卫生			
各类专业技术人员(人)	3473	3373	-2.9
幼儿园数(所)	17	17	
学龄儿童入学率(%)	100.0	100.0	
小学学校数(所)	4	4	
小学专任教师数(人)	474	499	5.3
小学在校学生数(人)	5960	6498	9.0
普通中学学校数(所)	5	5	
普通中学专任教师数(人)	561	532	-5.2
初中在校学生数(人)	2936	2610	-11.1
高中在校学生数(人)	1412	1305	-7.6
卫生机构数(所)	160	152	-5.0
#医院(所)	2	3	50.0
卫生院(所)	12	12	
床位数(张)	432	595	37.7
#医院(张)	242	408	68.6
卫生院(张)	143	140	-2.1
卫生技术人员(人)	626	608	-2.9
#医院(人)	305	262	-14.1
卫生院(人)	138	150	8.7

21－8 乌审旗主要经济指标

指　　标	2015	2016	2016年比 2015年增长(%)
行政区域土地面积(平方公里)	11674	11674	
人口和就业			
年末户籍人口(人)	111510	113377	1.7
# 男性(人)	56414	57362	1.7
# 乡村人口(人)	85390	88390	3.5
年末常住人口(人)	132700	133400	0.5
# 男性(人)			
# 乡村人口(人)	56700	55800	-1.6
年末总户数(户)	44173	45049	2.0
# 乡村户数(户)	18569	18615	0.2
出生人口(人)	1588	2701	70.1
死亡人口(人)	584	532	-8.9
全社会就业人员(人)	90899	92081	1.3
第一产业(人)	38548	38587	0.1
第二产业(人)	14895	15581	4.6
第三产业(人)	37456	37913	1.2
在岗职工人数(人)	12283	13328	8.5
乡村劳动力(人)	40591	40892	0.7
# 农、林、牧、渔业(人)	33005	33010	
国民经济综合指标			
生产总值(万元)	3989100	4124600	7.3
第一产业(万元)	126100	137200	3.2
第二产业(万元)	3014700	3078300	7.7
# 工业(万元)	2701700	2754800	8.1
第三产业(万元)	848300	909100	6.4
人均生产总值(元)	298028	310004	7.9
全社会固定资产投资(万元)	3805218	4300520	13.0
按登记注册类型分			
# 国有(万元)	3091960	1936603	-37.4
集体(万元)			
有限责任公司(万元)	253214	332390	31.3
股份有限公司(万元)	26661	67688	153.9
私营企业(万元)	423028	1662872	293.1
外商及港、澳、台投资企业(万元)			
一般公共预算收入(万元)	281236	336900	19.8
一般公共预算支出(万元)	409780	410275	0.1
住户存款余额(万元)	433023	511194	18.1
在岗职工工资总额(万元)	73756	90034	22.1

21—8 续表1

指　　标	2015	2016	2016年比2015年增长(%)
在岗职工平均工资(元)	59877	67010	11.9
全体居民人均可支配收入(元)	25840	27872	7.9
城镇常住居民人均可支配收入(元)	35717	38431	7.6
农村牧区常住居民人均可支配收入(元)	14418	15471	7.3
农村牧区经济			
农作物总播种面积(公顷)	43193	43374	0.4
#粮食作物播种面积(公顷)	22350	22485	0.6
农牧业机械总动力(万千瓦)	53.67	55.48	3.4
化肥施用折纯量(吨)	6870	6878	0.1
农村用电量(万千瓦小时)	1591	1608	1.1
农、林、牧、渔业总产值(万元)	220522	237300	3.2
粮食产量(吨)	172200	124747	-27.6
油料产量(吨)	2129	2132	0.1
甜菜产量(吨)			
猪牛羊肉产量(吨)	36478	36767	0.8
#猪肉产量(吨)	24821	24919	0.4
牛肉产量(吨)	5621	5703	1.5
羊肉产量(吨)	6036	6145	1.8
羊毛产量(吨)	3316	3342	0.8
年末牲畜存栏头数(万头只)	112.18	110.83	-1.2
#大牲畜(万头只)	8.75	8.77	0.2
羊(万只)	89.65	88.10	-1.7
猪(万头)	13.78	13.96	1.3
规模以上工业			
工业企业单位数(个)	20	21	5.0
#内资企业(个)	18	20	11.1
工业总产值(万元)	7092688	8002519	12.8
内资企业(万元)	6952487	7898606	13.6
国有企业(万元)			
集体企业(万元)			
股份合作企业(万元)			
联营企业(万元)			
有限责任公司(万元)	624763	1031711	65.1
股份有限公司(万元)	6261437	6784879	8.4
私营企业(万元)	66287	82015	23.7
其他企业(万元)			
港、澳、台商投资企业(万元)	137685		-100.0
外商投资企业(万元)	2516	103913	4030.1

21－8 续表2

指　　标	2015	2016	2016年比 2015年增长(%)
工业企业增加值(万元)			7.9
工业企业资产总计(万元)	4256414	5461128	28.3
工业企业负债合计(万元)	2635983	3402000	29.1
工业企业产品销售收入(万元)	7086195	7788461	9.9
工业企业利润总额(万元)	830134	808098	-2.7
建筑业			
建筑企业单位数(个)	5	5	
建筑企业从业人员(人)	1164	969	-16.8
建筑业总产值(万元)	26521	38455	45.0
交通运输邮电通信业			
公路里程(公里)	2661	3788	42.4
邮电业务总量(万元)	14010	14240	1.6
本地电话用户(户)	15921	13420	-15.7
国内贸易			
社会消费品零售总额(万元)	380032	419794	10.5
城镇(万元)	304246	337099	10.8
乡村(万元)	75786	82695	9.1
科技教育卫生			
各类专业技术人员(人)	3104	3264	5.2
幼儿园数(所)	23	26	13.0
学龄儿童入学率(%)	100.0	100.0	
小学学校数(所)	8	8	
小学专任教师数(人)	583	671	15.1
小学在校学生数(人)	8384	9166	9.3
普通中学学校数(所)	5	5	
普通中学专任教师数(人)	422	424	0.5
初中在校学生数(人)	2687	2661	-1.0
高中在校学生数(人)	1332	1293	-2.9
卫生机构数(所)	117	118	0.9
#医院(所)	4	5	25.0
卫生院(所)	8	8	
床位数(张)	533	627	17.6
#医院(张)	365	445	21.9
卫生院(张)	122	136	11.5
卫生技术人员(人)	680	715	5.1
#医院(人)	332	342	3.0
卫生院(人)	124	123	-0.8

21－9 伊金霍洛旗主要经济指标

指　　标	2015	2016	2016 年比 2015 年增长(%)
行政区域土地面积(平方公里)	5487	5487	
人口和就业			
年末户籍人口(人)	173699	174850	0.7
# 男性(人)	87716	88178	0.5
# 乡村人口(人)	129550	130269	0.6
年末常住人口(人)	206400	207800	0.7
# 男性(人)			
# 乡村人口(人)	61900	61700	-0.3
年末总户数(户)	75207	75166	-0.1
# 乡村户数(户)	30520	30551	0.1
出生人口(人)	3462	2841	-17.9
死亡人口(人)	873	832	-4.7
全社会就业人员(人)	156108	155570	-0.3
第一产业(人)	49602	49701	0.2
第二产业(人)	51987	50259	-3.3
第三产业(人)	54519	55610	2.0
在岗职工人数(人)	53374	54014	1.2
乡村劳动力(人)	61792	61844	0.1
# 农、林、牧、渔业(人)	49602	49603	
国民经济综合指标			
生产总值(万元)	6598866	6814200	7.5
第一产业(万元)	69000	75300	3.2
第二产业(万元)	3948900	4003800	6.9
# 工业(万元)	3545500	3589200	7.4
第三产业(万元)	2581000	2735000	8.5
人均生产总值(元)	294791	329029	16.2
全社会固定资产投资(万元)	3933009	4377203	11.3
按登记注册类型分			
# 国有(万元)	2178036	3437728	57.8
集体(万元)			
有限责任公司(万元)	1191491	791871	-33.5
股份有限公司(万元)	129921	184	-99.9
私营企业(万元)	205390	114290	-44.4
外商及港、澳、台投资企业(万元)			
一般公共预算收入(万元)	772629	788558	2.1
一般公共预算支出(万元)	799657	847680	6.0
住户存款余额(万元)	2085331	2350653	12.7
在岗职工工资总额(万元)	409116	431647	5.5

21－9 续表 1

指　　标	2015	2016	2016 年比 2015 年增长(%)
在岗职工平均工资(元)	76513	80266	4.9
全体居民人均可支配收入(元)	30629	32958	7.6
城镇常住居民人均可支配收入(元)	38690	41514	7.3
农村牧区常住居民人均可支配收入(元)	14445	15488	7.2
农村牧区经济			
农作物总播种面积(公顷)	30035	30243	0.7
#粮食作物播种面积(公顷)	22018	22041	0.1
农牧业机械总动力(万千瓦)	29.08	29.40	1.1
化肥施用折纯量(吨)	3428	3450	0.6
农村用电量(万千瓦小时)	5728	5745	0.3
农、林、牧、渔业总产值(万元)	121546	130794	2.9
粮食产量(吨)	89667	84194	-6.1
油料产量(吨)			
甜菜产量(吨)			
猪牛羊肉产量(吨)	5584	5602	0.3
#猪肉产量(吨)	1500	1512	0.8
牛肉产量(吨)	289	292	1.0
羊肉产量(吨)	3795	3798	0.1
羊毛产量(吨)	28	30	5.4
年末牲畜存栏头数(万头只)	41.68	41.05	-1.5
#大牲畜(万头只)	1.09	1.10	0.9
羊(万只)	37.86	37.20	-1.7
猪(万头)	2.72	2.75	1.1
规模以上工业			
工业企业单位数(个)	57	55	-3.5
#内资企业(个)	56	54	-3.6
工业总产值(万元)	6575309	8516558	29.5
内资企业(万元)	6487250	8406222	29.6
国有企业(万元)	856491	1126255	31.5
集体企业(万元)			
股份合作企业(万元)		48667	
联营企业(万元)			
有限责任公司(万元)	5418481	5978325	10.3
股份有限公司(万元)	34057	177840	422.2
私营企业(万元)	178221	973539	446.3
其他企业(万元)		101596	
港、澳、台商投资企业(万元)	88059	110337	25.3
外商投资企业(万元)			

21－9 续表2

指　　标	2015	2016	2016年比2015年增长(%)
工业企业增加值(万元)			8.2
工业企业资产总计(万元)	15346441	13158574	-14.3
工业企业负债合计(万元)	5036309	4742517	-5.8
工业企业产品销售收入(万元)	6209073	6959134	12.1
工业企业利润总额(万元)	982281	1514727	54.2
建筑业			
建筑企业单位数(个)	9	10	11.1
建筑企业从业人员(人)	1766	1956	10.8
建筑业总产值(万元)	25616	27564	7.6
交通运输邮电通信业			
公路里程(公里)	3432	4202	22.4
邮电业务总量(万元)	685	941	37.4
本地电话用户(户)	48036	49573	3.2
国内贸易			
社会消费品零售总额(万元)	481096	531653	10.5
城镇(万元)	313198	348308	11.2
乡村(万元)	167898	183345	9.2
科技教育卫生			
各类专业技术人员(人)	4694	4915	4.7
幼儿园数(所)	26	28	7.7
学龄儿童入学率(%)	100.0	100.0	
小学学校数(所)	17	17	
小学专任教师数(人)	828	915	10.5
小学在校学生数(人)	11317	12554	10.9
普通中学学校数(所)	7	7	
普通中学专任教师数(人)	714	719	0.7
初中在校学生数(人)	3805	3834	0.8
高中在校学生数(人)	1996	2009	0.7
卫生机构数(所)	242	183	-24.4
#医院(所)	9	11	22.2
卫生院(所)	15	15	
床位数(张)	1099	1339	21.8
#医院(张)	652	886	35.9
卫生院(张)	362	368	1.7
卫生技术人员(人)	1117	1273	14.0
#医院(人)	473	632	33.6
卫生院(人)	246	232	-5.7

二十二、盟市资料

资料整理员：郝东娜 陈耀龙

高新产业园区

22－1 各盟市地区生产总值及第一产业增加值(2016年)

单位:亿元、%

地区	地区生产总值			第一产业增加值		
	绝对量	位次	比上年增长	绝对量	位次	比上年增长
全区	**18632.57**		**7.2**	**1628.65**		**3.0**
呼和浩特市	3173.59	3	7.7	113.49	8	3.0
包头市	3867.63	2	7.6	95.04	10	3.6
呼伦贝尔市	1620.86	6	7.0	248.43	3	3.5
兴安盟	522.46	11	8.0	125.61	6	4.0
通辽市	1949.38	4	7.4	262.64	2	3.6
赤峰市	1933.28	5	7.3	292.41	1	3.7
锡林郭勒盟	1045.51	7	7.2	115.30	7	3.9
乌兰察布市	938.87	8	6.8	127.92	5	3.3
鄂尔多斯市	**4417.93**	**1**	**7.3**	**107.60**	**9**	**3.2**
巴彦淖尔市	915.38	9	7.0	158.14	4	3.8
乌海市	572.23	10	6.8	4.88	12	3.7
阿拉善盟	342.32	12	7.8	12.67	11	3.8

22－2 各盟市第二产业增加值及全部工业增加值(2016年)

单位:亿元、%

地区	第二产业增加值			#全部工业增加值		
	绝对量	位次	比上年增长	绝对量	位次	比上年增长
全区	**9078.87**		**6.9**	**7758.24**		**7.0**
呼和浩特市	884.43	5	8.7	679.30	5	8.5
包头市	1822.15	2	8.1	1586.79	2	8.2
呼伦贝尔市	724.02	6	5.7	616.70	6	6.3
兴安盟	207.46	12	9.6	165.26	12	9.5
通辽市	977.68	3	8.4	889.95	3	8.6
赤峰市	908.57	4	7.1	761.36	4	7.0
锡林郭勒盟	613.71	7	6.7	540.77	7	6.9
乌兰察布市	460.28	9	5.9	405.62	8	6.4
鄂尔多斯市	**2461.38**	**1**	**7.5**	**2180.04**	**1**	**7.8**
巴彦淖尔市	463.41	8	7.0	388.72	9	7.2
乌海市	323.76	10	4.5	280.86	10	5.0
阿拉善盟	227.16	11	8.1	203.84	11	8.0

注:本表绝对额按当年价格计算,增长速度按可比价格计算。

22－3 各盟市第三产业增加值及人均地区生产总值(2016年)

地 区	第三产业增加值(亿元)			人均地区生产总值(元)		
	绝对量	位 次	比上年增长	绝对量	位 次	比上年增长
全 区	**7925.05**		**8.3**	**74069**		**6.9**
呼和浩特市	2175.67	1	7.7	103235	4	6.7
包 头 市	1950.44	2	7.5	136021	3	6.5
呼伦贝尔市	648.40	6	9.9	64140	7	7.0
兴 安 盟	189.39	11	9.2	32649	12	8.0
通 辽 市	709.06	5	7.7	62424	8	7.4
赤 峰 市	732.30	4	8.9	44936	10	7.3
锡林郭勒盟	316.50	8	9.3	100073	6	6.9
乌兰察布市	350.67	7	9.2	44517	11	7.0
鄂尔多斯市	**1848.95**	**3**	**7.5**	**215488**	**1**	**6.8**
巴彦淖尔市	293.83	9	8.8	54480	9	6.6
乌 海 市	243.58	10	9.9	102725	5	6.4
阿拉善盟	102.49	12	7.7	139951	2	6.8

22－4 各盟市分盟市农、林、牧、渔业总产值(2016年)

单位:亿元、%

地 区	农、林、牧、渔业总产值	农业产值	林业产值	牧业产值	渔业产值	农、林、牧、渔业服务业	比上年增长
全 区	**2794.22**	**1415.07**	**98.64**	**1202.90**	**33.03**	**44.57**	**3.1**
呼和浩特市	199.81	78.82	2.95	112.48	2.99	2.57	3.2
包 头 市	169.36	61.64	0.95	103.14	1.27	2.37	3.4
呼伦贝尔市	419.61	216.71	29.60	155.19	11.36	6.75	3.3
兴 安 盟	213.72	115.64	7.49	85.77	1.88	2.93	3.9
通 辽 市	446.58	245.95	12.40	180.72	2.23	5.28	3.7
赤 峰 市	497.82	270.32	19.20	197.92	2.87	7.51	3.6
锡林郭勒盟	208.68	61.06	2.39	141.93	0.31	2.99	3.8
乌兰察布市	223.14	105.78	7.17	103.78	1.08	5.33	3.2
鄂尔多斯市	**182.87**	**102.39**	**7.34**	**67.04**	**2.49**	**3.59**	**3.1**
巴彦淖尔市	269.62	146.17	7.76	106.56	4.68	4.46	3.9
乌 海 市	8.63	3.51	0.31	4.51	0.08	0.22	3.5
阿拉善盟	21.50	12.49	1.18	7.02	0.24	0.57	3.6

注:农、林、牧、渔业总产值总量为现行价格,增长速度为可比价格。

22－5 各盟市粮食、油料产量及牲畜总头数(2016年)

单位:万吨、万头(只)、%

地区	粮食产量		猪牛羊肉产量		年末牲畜总头数		牧业年度牲畜总头数	
	绝对量	比上年增长	绝对量	比上年增长	绝对量	比上年增长	绝对量	比上年增长
全 区	**2780.25**	**-1.7**	**226.65**	**4.8**	**7001.14**	**-4.2**	**13597.92**	**0.1**
呼和浩特市	130.82	0.4	9.86	2.5	224.58	-16.7	327.39	-14.4
包头市	106.37	0.7	16.04	3.2	251.50	-5.3	438.30	1.0
呼伦贝尔市	603.70	-2.8	27.63	12.3	886.82	-6.5	2176.26	1.9
兴安盟	450.49	3.5	20.20	10.8	660.77	-5.1	1317.47	-1.9
通辽市	695.81	0.8	45.61	3.9	1117.22	-2.5	2202.65	4.3
赤峰市	503.25	-2.5	33.68	5.4	989.04	-2.7	2231.96	-2.3
锡林郭勒盟	36.85	0.3	29.38	14.1	687.82	-5.8	1630.17	4.8
乌兰察布市	105.20	4.6	21.43	3.3	519.02	-4.2	766.43	-5.8
鄂尔多斯市	**147.95**	**0.6**	**15.88**	**3.4**	**750.24**	**-2.1**	**1259.03**	**0.7**
巴彦淖尔市	218.28	1.6	21.46	9.6	774.99	-4.2	1056.48	-2.3
乌海市	4.16	1.5	1.33	2.5	11.84	-3.7	15.90	5.7
阿拉善盟	15.65	-12.8	1.29	-5.8	127.30	0.1	175.88	-0.1

22－6 各盟市规模以上工业企业主要指标(2016年)

地区	工业企业单位数(个)		工业企业增加值比上年增长(%)	主营业务收入(亿元)		利税总额(亿元)	
	绝对量	比上年增加数(个)		绝对量	比上年增长(%)	绝对量	比上年增长(%)
全 区	**4344**	**-34**	**7.2**	**19797.91**	**7.3**	**1242.09**	**31.0**
呼和浩特市	270	-7	9.1	1717.65	3.5	102.01	54.0
包头市	646	-1	8.9	3248.91	12.5	108.46	261.4
呼伦贝尔市	389	-27	5.5	1197.77	0.3	47.05	-38.2
兴安盟	219	22	9.9	408.91	10.7	33.29	11.8
通辽市	610	2	9.3	2634.81	7.9	166.13	16.4
赤峰市	544	-10	7.0	1983.54	3.5	69.15	15.0
锡林郭勒盟	396	2	7.1	885.42	0.2	12.14	-40.9
乌兰察布市	340	-14	6.5	880.90	4.8	26.88	-0.5
鄂尔多斯市	**383**	**8**	**8.9**	**4653.89**	**11.3**	**599.14**	**29.3**
巴彦淖尔市	290	7	7.1	768.44	4.5	24.39	93.4
乌海市	149	-6	4.5	381.38	9.3	16.60	
阿拉善盟	106	-10	8.9	487.78	20.8	31.39	36.9

22－7 各盟市社会消费品零售总额(2016年)

单位:亿元、%

地区	社会消费品零售总额	比上年增长	按销售单位所在地分		
			城镇	其中:城区	乡村
全区	**6700.76**	**9.7**	**6056.15**	**4785.50**	**644.61**
呼和浩特市	1481.46	9.5	1347.91	1236.66	133.55
包头市	1400.22	9.7	1364.67	1199.39	35.55
呼伦贝尔市	600.27	10.0	544.80	452.52	55.47
兴安盟	230.57	10.0	183.82	117.97	46.75
通辽市	515.34	9.8	358.36	204.15	156.98
赤峰市	700.25	9.9	570.28	355.87	129.97
锡林郭勒盟	244.70	9.6	200.38	96.58	44.31
乌兰察布市	317.11	9.2	242.43	112.59	74.68
鄂尔多斯市	**726.81**	**10.1**	**607.66**	**304.78**	**16.30**
巴彦淖尔市	257.68	9.9	224.51	108.47	33.17
乌海市	151.93	9.3	151.93	129.10	—
阿拉善盟	74.44	9.4	67.15	38.73	7.28

22－8 各盟市固定资产投资(2016年)

单位:亿元、%

地区	固定资产投资	比上年增长	中央项目投资	地方项目投资	房地产开发
全区	**15283.45**	**12.0**	**1168.28**	**14115.16**	**1133.48**
呼和浩特市	1849.17	14.2	119.27	1729.90	520.52
包头市	2955.82	14.4	57.20	2898.62	184.57
呼伦贝尔市	982.33	6.1	57.56	924.77	87.76
兴安盟	510.84	20.1	3.70	507.14	41.50
通辽市	1475.51	14.5	94.72	1380.80	48.85
赤峰市	1469.28	15.5	88.00	1381.28	109.92
锡林郭勒盟	718.41	17.0	202.19	516.22	12.92
乌兰察布市	661.38	5.4	39.17	622.21	15.85
鄂尔多斯市	**3050.08**	**12.0**	**229.70**	**2820.38**	**58.84**
巴彦淖尔市	734.69	10.6	9.21	725.48	29.59
乌海市	165.12	5.2	4.50	160.62	22.10
阿拉善盟	425.08	22.1	14.36	410.72	1.06

22－9 各盟市城乡收入及在岗职工平均工资(2016年)

单位:元、%

地区	城镇常住居民人均可支配收入			农村牧区常住居民可支配收入			在岗职工平均工资		
	绝对量	位次	比上年增长	绝对量	位次	比上年增长	绝对量	位次	比上年增长
全区	**32975**		**7.8**	**11609**		**7.7**	**61994**		**7.1**
呼和浩特市	40220	3	7.7	14517	5	7.6	56213	11	4.7
包头市	40955	1	7.5	14692	4	7.5	63987	5	7.4
呼伦贝尔市	28885	7	7.6	12540	12	7.8	59167	7	8.1
兴安盟	24279	12	8.4	8533	11	8.1	58778	8	7.1
通辽市	27444	8	8.2	11585	8	7.7	57029	10	7.4
赤峰市	27336	9	8.5	9517	9	8.0	59602	6	7.6
锡林郭勒盟	32903	6	8.2	13188	7	7.9	66949	2	7.6
乌兰察布市	26565	10	8.0	9085	10	7.8	65280	3	15.0
鄂尔多斯市	**40221**	**2**	**7.4**	**15480**	**2**	**7.3**	**74496**	**1**	**5.5**
巴彦淖尔市	26259	11	8.0	14476	6	7.4	54427	12	6.4
乌海市	36515	4	7.5	15475	3	7.5	58301	9	4.9
阿拉善盟	34737	5	7.7	16746	1	7.6	65132	4	7.6

注:1.乌海市农牧民纯收入改为农村居民收入,与各盟市已没有可比性。
2.城镇非私营单位在岗职工平均工资为上报国家数。

22－10 各盟市财政收支主要指标(2016年)

单位:亿元、%

地区	公共财政预算收入			公共财政预算支出		
	绝对量	位次	增长	绝对量	位次	增长
全区	**2016.43**		**7.0**	**4512.73**		**6.1**
呼和浩特市	269.65	3	9.0	419.97	3	16.4
包头市	271.21	2	7.5	414.36	4	5.4
呼伦贝尔市	106.03	6	2.6	412.73	5	10.2
兴安盟	30.15	12	13.1	217.02	10	-4.6
通辽市	128.34	4	6.5	358.08	6	2.4
赤峰市	111.78	5	6.9	438.85	2	5.7
锡林郭勒盟	105.05	7	12.0	244.20	8	9.0
乌兰察布市	56.66	10	2.7	303.30	7	-4.7
鄂尔多斯市	**451.03**	**1**	**1.2**	**561.64**	**1**	**-2.0**
巴彦淖尔市	69.95	9	6.4	236.04	9	2.9
乌海市	81.56	8	1.3	129.04	11	21.4
阿拉善盟	35.02	11	7.0	91.63	12	8.4

22－11 各盟市部分年份常住人口

单位：万人

地区	2007	2008	2009	2010	2011	2012	2013	2014	2015	2016
全区	**2428.83**	**2444.33**	**2458.22**	**2472.18**	**2481.71**	**2489.85**	**2497.61**	**2504.81**	**2511.04**	**2520.13**
呼和浩特市	271.78	277.03	282.16	287.36	291.19	294.88	300.11	303.06	305.96	308.87
包头市	252.56	256.63	261.09	265.61	269.29	273.16	276.62	279.92	282.93	285.75
呼伦贝尔市	257.15	256.13	255.35	254.62	253.97	253.47	253.19	252.95	252.65	252.76
兴安盟	161.35	161.42	161.35	161.32	160.99	160.73	160.34	160.12	159.91	160.14
通辽市	312.51	313.13	313.70	314.01	313.64	313.25	312.75	312.40	312.08	312.48
赤峰市	441.59	438.83	436.29	433.84	431.93	431.30	430.62	430.38	429.95	430.52
锡林郭勒盟	101.00	101.69	102.26	102.86	103.31	104.06	103.89	104.04	104.29	104.69
乌兰察布市	216.85	215.93	214.97	214.06	213.46	212.94	212.30	211.71	211.13	210.67
鄂尔多斯市	**171.65**	**180.72**	**187.82**	**194.95**	**199.93**	**200.42**	**201.75**	**203.49**	**204.51**	**205.53**
巴彦淖尔市	169.55	168.64	167.81	166.92	166.33	166.92	167.06	167.23	167.73	168.32
乌海市	50.80	51.78	52.61	53.45	54.14	54.84	55.31	55.42	55.58	55.83
阿拉善盟	22.04	22.40	22.79	23.19	23.53	23.88	23.85	24.09	24.35	24.57